KB211485

무신과 문신

Generals and Scholars: Military Rule in Medieval Korea
By Edward J. Shultz
© 2000, University of Hawai'i Press
All rights reserved.
Korean translation copyright © 2014 by Geulhangari Publishers

GENERALS
AND SCHOLARS

무신과
문신

에드워드 슐츠 지음 — 김범 옮김

한국 중세의
무신 정권

Military
Rule
in
Medieval
Korea

글항아리

한국어판 서문

한국사에서 고려시대는 대체로 간과되어왔으며 무신 집권기는 더욱 그랬다. 그러나 고려 왕조와 무신 집권기의 역사는 고려의 풍부한 전통을 새롭게 통찰할 수 있는 기회를 준다. 12세기 무렵 고려는 세계에서 가장 성숙한 나라 중 하나였다. 그것은 유연한 문치 구조를 발달시켰는데, 그 원동력은 과거를 거쳐 관원을 선발함으로써 뛰어난 지도자들을 자주 배출한 제도에 부분적으로 기인했다. 13세기 중반 몽골의 침입을 받을 때조차도 고려의 중앙 권력은 전국에 명령을 하달하고 필수적인 조세를 걷었다. 무신 집권기에는 특히 선종이 널리 퍼짐으로써 새로운 종교적 발전이 나타났다. 문신의 행정력 없이는 외세에 군사적으로 저항할 수조차 없다는 것을 깨달으면서 고려가 문반 통치의 우위를 다시 발견한 것이 무신 집권기였다는 사실 또한 역설적이다. 무신과 문신 지도자들은 무신과 문신이 생존하려면 서로 협력해야만 하는 공생의 고리로 연결되어 있다는 사실을 알게 되었다.

필자는 박사논문을 쓰던 1970년대에 이 책의 연구를 시작했다. 무신 집권기를 선택한 부분적인 까닭은 시기가 적절했기 때문이었다. 박정희와 군인들은 1961년에 정권을 차지했고 그 뒤 정권은 민간으로 이양되었지만, 무신이 통치하던 한국의 과거를 되돌아보는 것은 매우 흥미로웠다. 이런 요소들은 자연스럽게 나를 고려의 무신 집권기로 데려갔다. 나는 고려의 경험과 현대 한국의 상황 사이에 비슷한 측면이 있는지 알고 싶었고, 이런 질문을 거쳐 두 시대를 특징지은 본질을 더욱 잘 이해할 수 있었다. 이 연구를 완성하는 과정에서 이용한 거의 모든 자료는 한국의 1·2차 자료였고, 그러므로 이 책을 쓰는 데 영감을 준 사람들 또한 한국의 스승과 동료·학생들이었다.

이제 한국어판이 출간되니 참으로 기쁘다. 지루한 작업인 번역을 매우 훌륭하게 마친 김범 박사에게 깊이 감사드린다. 번역이 거의 끝날 무렵에야 나는 그가 한국사를 전공했다는 사실을 알았는데, 그 때문에 그는 영어로 된 이 책의 내용을 좀 더 익숙하게 알았을 것으로 생각한다. 김범 박사와 이 책을 출간해 준 글항아리의 강성민 대표에게 깊이 감사드린다.

모쪼록 이 책이 고려시대와 한국 현대사를 좀 더 잘 이해하는 데 조금이라도 도움이 되기를 바란다.

들어가며

1170년(의종 24) 가을 소수의 무신이 반란을 일으켜 국왕 의종(재위 1146~1170)을 감금하고 많은 문신을 살해했다. 그 뒤 20년 이상 무신들은 상부에서 서로 공모하다가 무너졌고, 농민·노비·승려들은 하부에서 백성을 동요시켜 나라는 불안해졌다. 1196년(명종 26) 장군 최충헌崔忠獻(1149~1219)이 일어나면서 어느 정도 다시 안정되었다. 장군 최충헌과 그의 후손들은 1258년(고종 45)까지 무신 집정執政으로서 왕조를 지배했고, 그해에 문신들은 몽골과 강화를 맺고 왕권을 회복시켰다. 왕실이 결국 몽골에게 완전히 지배된 1258년부터 1270년(원종 11)까지 12년 동안 권력은 몇 명의 야심찬 집정 사이에서 옮겨갔다.

고려 왕조 중반의 이런 무신 집권기는 학자들의 관심을 거의 끌지 못했다. 사실 고구려·백제·신라의 극적인 건국과 500년의 긴 조선 왕조 사이에 놓인 고려시대(918~1392) 전체는 그저 일시적인 학문적 관심만을 받았다. 특히 무신 집권기는 1000년에 걸친 문신 지배와 견주어 변칙으로 간주되었기 때문에 거의 잊혔는데, 한 세기에 걸친 무신 지배는 표준에서 예외로 여겨졌고 그래서 진지하게 연구할 가치가 없는 것으로 치부되었다. 왕조를 개창하는 데 공로를 세웠거나 침략자들을 물리친 일부 무장에 관련된 연구를 제외하면 한국 학자들은 문반 지배층에 초점을 맞췄다.

『고려사』와 『고려사절요』는 일반적으로는 고려시대와 특별히는 무신 집권기에 관련된 두 가지 핵심적 기본 자료다. 두 역사서 모두 고려에서 물려받은 기록을 바탕으로 조선이 건국된 뒤 첫 세기 동안 씌어졌다. 자기 왕조의 합법성을 입증하려는 열망을 가진 조선의 학자들은 고려의 역사를 매우 비판적인 관점에서 보았고, 특히 무신 집권기를 실패의 시기로 지목하면서 그 시대를 연구하는 것은 붕괴된 어떤 사회를 연구하는 것이라고 주장했다. 그 시기는 살육을 자행한 무신들이 불법적으로 나라를 접수해 부패하고 퇴보했다고 평가되었다. 문신은 힘과 공포로 지배한 무신에게 모든 권력을 양도했다. 국왕은 아첨꾼과 비천한 출신의 인물로 둘러싸인 허수아비였다. 그 역사서들은 왕조의 권위에 합법성을 부여하려는 열망에서 무신 집권기를 암흑기로 묘사한 유학자들이 편찬했다. 무신들은 "반란을 일으킨 신하"로 폄하되었고 그들의 열전은 『고려사』의 끝부분으로 밀려났다.[1]

무신 집권기에 관련된 이런 부정적 해석은 20세기에 들어와서도 대체로 유지되었다. 처음으로 한국사를 연구한 서양 역사학자들은 논문을 쓰면서 조선의 자료에 의존했고 그저 거기서 개진된 견해를 되풀이했다. 호머 헐버트Homer Hulbert는 800쪽에 이르는 *History of Korea*(1905)를 쓰면서 성리학적 역사 편찬의 전통을 상징하는 15세기의 역사서인 『동국통감東國通鑑』을 크게 참고했다. 헐버트는 무신 집권기에 20쪽의 소략한 분량만 할애했고, 그 대부분도 몽골의 한반도 침략에 초점을 맞추었다. 그는 무신 집권을 다루면서 살인·방화·반란·음모에 관련된 장황한 설명 이상은 언급하지 않았다. 헐버트는 마지못해 한 부분에서 최충헌을 개혁자라고 불렀지만, 곧 그가 '야망과 권력'에 유혹되었다고 지적했다. 최충헌의 아들이자 계승자인 최우崔瑀(1249년 사망)도 나을 것이 없었다. 헐버트는 그가 "집과 토지를 빼앗아 200보가 넘는 호화로운 저택을 지었다"고 서술했다. 20세기 초반에 집필한 제임스 스카스 게일James S. Gale도 비슷한 자료를 사용해서 무신들에게 단지 몇 쪽만 할애했으며 서술도 전혀 다르지 않았다. 그는 최씨 정권에 대해 고려를 착취한 '거대한 흡혈귀'라고 표현했다. 그는 "그들의 범죄를 모두 나열하려면 책 한 권이 다 찰 것이다. 두 형제와 아들 하나가 있었지만, 모두 똑같이 나빴다"고 덧붙였다. 게일은 최씨와 그의 추종자들이 고려를 '도둑의 소굴'로 바꿔놓았다고 결론지었다.[2]

1950년대 동안 처음으로 변화의 바람이 불었다. 한국전쟁이 한창이던 1951년에 일본 학자 하타다 다카시旗田巍는 한국사를 개관한 통사인 『조선사朝鮮史』를 집필하면서 무신 집권기에 10쪽 정도를 할애했다. 이전의 역사가들처럼 하타다는 정변의 첫 과정에서 문신이 살해되고 최충헌이 집권하는 과정에서 이어진 살육을 서술했다. 그러나 이제는 진부해진 이런 이야기와 함께 하타다는 새로운 제도를 논의하고 그 뒤에 일어난 변화를 분석했다. 그는 "이로써 최씨 정권은 호전적이었지만, 중세의 전사戰士가 아니라 구질서의 관원이었음을 알 수 있다"고 결론지었다.3 이처럼 하타다는 이전 역사서의 부정적 서술을 조심스럽게 극복했고 새로운 시각에서 무신 지도자들을 파악했다. 이 시대에 대한 짧은 설명에서 그는 분석과 해석을 모두 진보시켰고 무신과 관련해 약간 달라진 관점을 제시했다.

1960년대에는 김상기의 『고려시대사』와 7권으로 이뤄진 『한국사』에서 이병도가 집필한 『중세편』 같은 개설서에서 무신 집권기의 원동력에 관련된 이해의 기초를 놓았다. 이병도는 75쪽 이상을 무신 집권기에 할애하면서 무신의 제도 개혁을 자세히 다뤘다. 1961년에 이기백은 대학 교재인 『국사신론』을 출간했는데, 그것은 그가 뒤에 다시 펴낸 인기 있는 대학 교재의 저본이 되었다. 그는 그 책들에서 무신 정권에 한 장 전체를 배정했다. 그는 그 시대의 사건들을 그저 서술하는 데 만족하지 않고 1170년과 1196년에 나타난 무신들의 행동과 그들을 반란으로 몰고 간 조건을 이해하려고 노력하면서 역사적 맥락 안에서 핵심적 쟁점을 파악했다.4

1970년대 전반 이후에 발표된 여러 연구는 그 시기의 다양한 양상을 좀 더 조명했다. 1971년에 변태섭은 고려 제도사에 관련된 뛰어난 연구로 이후의 학문에 기초를 놓았다. 변태섭은 자신의 선행 연구를 기초로 무신과 그들의 사회적·정치적 지위를 정밀하게 분석했다. 15년 뒤 김당택은, 처음에는 박사논문에서 그리고 뒤에는 단행본에서, 그때까지 한국에서 발표된 연구들보다 개인과 제도를 더욱 깊이 분석하면서 무신 집권기를 일관된 전체로 살펴보았다. 1990년에 민병하는 이전 연구에서 핵심 부분을 모아 『고려무신정권연구』라는 제목의 책으로 다시 출간했다. 같은 때에 김광식은 불교의 변화에 초점을 맞춰 무신 집권기를 살펴보았다. 홍승기는 여러 측면의 변화를 조명했다. 그는 사회사를 연구한 『고려 귀족사회와 노비』에서 무신 집권기 동안 노비에 영향을 준 사회적 문제들을 몇 장에 걸쳐 살펴보았다. 1995년에 홍승기는 자신의 제자·동료들과 함께 무신 정권의 핵심 쟁점들을 연구한 논문을 모은 『고려 무인정권 연구』라는 저서를 편집했다.[5] 그 책은 김당택의 선행 연구와 마찬가지로 제도의 서술을 넘어 그 시대의 주요 사건을 고려시대사의 전반적인 주제와 연관지어 분석했다.

　지금까지 무신 집권기만을 연구한 영문 단행본은 나오지 않았다. 따라서 이 책의 목적은 기본 자료를 다시 검토할 뿐만 아니라 동시대의 가장 수준 높은 논저를 바탕으로 한 연구를 산출하는 것이다. 『고려사』와 『고려사절요』는 고려시대의 기본 자료다. 중국 역사 편찬의 전통을 충실히 따른 『고려사』는 세가世家·지志·연표年表·열전列傳으로 구성되어 있다. 세가는 연대순에 따라 각 왕대의 주요 사건을 간결하게 서술했다. 지는 이런 부분을 보충해 등용·토지·군사 같은 기본 제도를 좀 더 자세하게 기술했다. 연표는 중국에서 일어난 사건을 기준으로 60년의 주기에 따라 왕조의 개요를 연대순으로 제시한 것이다. 열전은 왕조의 주요 인물을 종실·제신諸臣·폐행嬖倖·반역 등의 범주로 나누어 조명했다. 『고려사절요』는 『고려사』보다 짧지만 비슷하거나 동일한 자료를 편년체로 서술했다.

많지는 않지만 묘지명이나 문학 소품 같은 그 밖의 고려시대 자료들은 이 시대를 보는 또 다른 창문을 제공한다. 고려시대의 유명한 인물의 삶을 자세히 묘사한 묘지명은 12세기 이후 점차 많아졌다. 공식적인 역사서처럼 이런 비문들은 대부분 서술적이지만, 그 시대의 삶과 제도에 관련된 추가적 이해를 제공한다. 아울러 12세기 후반부터 13세기 전반의 문인들은 그 시기를 자세히 설명한 저술을 남기기도 했다. 이런 자료들을 왕조의 공식적인 역사서들과 결합하면 무신 집권기의 윤곽이 조금씩 나타난다.

고려시대에 관련된 지식은 동아시아사의 윤곽을 그리는 데도 중요하기 때문에 이 책은 한국사 이외와도 관련이 있다. 일본과 중국 학생들은 여기서 한국사가 지속적으로 발전해왔으며 무신 집권기는 비교 연구에 훌륭한 초점이라는 사실을 발견할 수 있을 것이다. 12세기 이전 한국은 정치적·사회적 제도의 다수를 중국의 통치 형태에서 본받았다—1170년 이후 갑자기 무신이 흥기하면서 중국의 전범과는 거의 닮지 않았지만 일본에서 나타난 제도적 혁신과 놀랄 만큼 비슷한 현상이 새롭게 나타났다. 일본에서 무사층의 대두가 한국에서 무신의 흥기와 일치한다는 사실은 이 두 문화를 함께 연구해야 한다는 필요성을 부각시켰다. 무신 집권기에 고려는 다양한 통치 형태를 실험했는데, 일부는 중국과 일본 전통 모두에서 발견되고 일부는 한국의 독창적인 제도였다. 일본은 중국의 모형과는 다른 전통을 실험하면서 제도의 일부를 근본적으로 계속 개선한 반면 한국은 많은 부분에서 끝내 중국의 모형으로 되돌아갔다. 이런 동아시아 삼국의 역사를 이해하려면 독자적 전통—그리고 기존의 통치 개념에 도전한 시대인 무신 집권기—을 좀 더 깊이 이해해야 한다. 필자는 이 책이 그런 연구를 심화하기를 바란다. 『무신과 문신』에서는 중세 한국의 무신 통치에 관련된 서구와 비서구의 이해 모두에 기여하는 새로운 해석을 제시했다. 또한 핵심적 사건과 인물을 서술했을 뿐만 아니라 한국사의 이 역동적 시대를 새롭게 이해하려고 시도했다.

필자는 처음 박사논문의 주제로 무신 집권기를 연구하면서 스승이자 동료이며 친구인 마노아 소재 하와이 대학교의 강희웅Hugh H. W. Kang에게 거의 모든 지도를 받았다. 그는 필자를 훌륭하게 지도해 1970년대 전반 서강대학교로 유학 가도록 이끌었으며, 그 유명한 사학과는 이기백·이광린 교수가 귀감이 되고 있었다. 강희웅처럼 이 학자들은 필자의 연구에 시간과 격려와 도움을 제공했다. 그들의 제자들은 모두 인생의 동지가 되었다. 특히 홍승기·정두희·이종욱·김한규는 풍부한 학문적 생각과 시간을 제공해주었다. 필자는 한국에서 김당택·박종기·민현구 교수와 교류하면서 고려시대의 이해를 심화했다. 여기 인용된 연구의 수많은 저자께도 감사드린다. 그리고 필자의 생각에 공감해 들어주고, 부탁한 책과 그 밖의 자료를 보내주었으며, 심지어 숙소까지 제공한 신상철·김승경·이건·허민호·이희

문 교수 등 여러 좋은 친구에게 감사한다.

UCLA의 존 던컨John B. Duncan 교수는 언제나 기꺼이 생각을 공유하고 필자의 연구를 타당하게 비판해준 가까운 친구이자 동료였다. 워싱턴 대학교의 제임스 팔레James Palais 교수는 고려 제도의 본질을 더욱 분명히 이해하도록 도와주었다. 하와이 대학교의 최영호 교수는 조선시대사를 비롯한 한국사에 풍부한 지식을 갖고 있었다. 교토에 있는 국제일본학연구소의 가사야 가즈히코笠谷和比古 교수와 간사이 외국어대학의 조지 흘라와시George Hlawatsch 교수는 중세 일본과 한국 제도를 비교하는 데 도움을 주었다. 하와이 대학교 출판부의 조엘 브래드쇼Joel Bradshaw, 한국학 연구소의 마이클 맥밀런Michael Macmillan, 서 오하우West O'ahu 소재 하와이 대학교의 대니얼 보일런Daniel B. Boylan 교수는 좀 더 치밀한 원고를 만드는 데 도움을 주었다. 이 모든 분께 진정한 감사와 고마움을 보낸다. 그러나 변함없이 조언하고 도와준 나의 가장 가까운 가족—카마일Kamaile과 케오니Keoni, 그리고 카네코아Kanekoa—에게는 어떤 말로도 인사할 수 없다.

머리말

무신 집권기는 문신 통치가 무신 지배에 길을 내주고 그 뒤 1270년 (원종 11)에 몽골 지배가 시작된 고려의 과도기였다. 정변과 침략은 엄청난 사회적·제도적·지적 압력으로 고려의 전통을 시험했다. 그러나 문신적 규범과 문신의 중요성, 군주제라는 우월한 이상, 사회 지배층과 혈연관계의 비중, 그리고 불교의 영향력—고려의 모든 기준—은 무신 집권기에도 계속 기반으로 남아 있었다. 이런 전통은 무신 집권기의 새로운 발전과 맞물리면서 그 뒤의 원 간섭기와 조선 시대의 사건과 제도에 영향을 주었다. 이 시대의 무신들은 사회적 해방의 요구를 다루고 권력을 나누는 방법이라는 통치의 핵심적 쟁점과 마주쳤다.

1170년의 정변은 수십 년 동안 무신을 차별하고 문반 지배층이 분열한 것에 마침내 무신이 개입한 결과였다(1장). 무신이 반란을 일으키자 의종은 동생 명종明宗(재위 1170~1197)에게 양위하고 물러났다(고려 국왕의 계보는 〈그림 1〉 참조). 정변의 지도자인 정중부鄭仲夫 (1179년 사망)를 비롯한 일련의 무신이 나라를 지배하면서 명종은 통치하지 못하고 그저 왕위를 지킬 뿐이었다. 그 뒤 26년 동안 내부의 갈등과 반란, 그리고 행정적 혼란이 계속되었으며, 정변과 암살로 권력은 무신 정중부에서 무신 경대승慶大升(1183년 사망), 그리고 그 뒤 천민 출신인 이의민李義旼(1196년 사망)에게 넘어갔다. 이런 격동기를 거치면서 일부 무신 지도자들은 문반 지배층과 계속 협력했지만 일부는 새로 차지한 권력을 오만하게 남용했다.

그림 1. 1122~1259년의 고려 국왕들

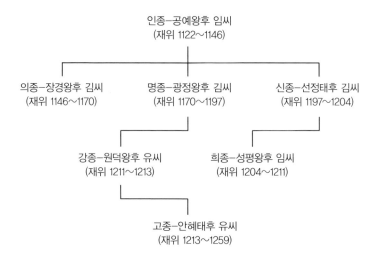

* 왕비 혹은 그와 비슷한 지위의 여성들은 각자의 공식적 연호가 있었다. 가계 혈통이 중시되었기 때문에 성씨가 주로 사용되었다. 대부분 왕들은 한 명의 배우자만 두었다.

이런 갈등과 반란의 기간은 1196년(명종 26) 장군 최충헌의 정변으로 이어졌다(2장). 최충헌은 1196년에 이의민을 암살함으로써 나라가 무정부 상태로 빠져드는 것을 막았으며 1197년에는 명종을 강제로 동생 신종神宗(재위 1197~1204)에게 양위시켰다. 최충헌과 그의 아들 최우(최이崔怡라고도 부른다), 손자 최항崔沆(1257년 사망), 그리고 증손 최의崔竩(1258년 사망)는 나라의 실질적 통치자가 되었다. 외형적 정통성을 보유하기 위해 최충헌은 통합 초기에 여러 국왕을 재빨리 즉위시키고 폐위시켰다. 신종이 즉위 7년 만에 붕어하자 그의 아들 희종熙宗(재위 1204~1211)이 새 국왕이 되었다. 희종은 최충헌의 지배를 7년 동안 참은 뒤 반란을 시도했다. 그 시도가 실패하자 최충헌은 그를 명종의 아들 강종康宗(재위 1211~1213)으로 대체했다. 강종은 2년 동안 재위했다. 그의 아들 고종高宗(재위 1213~1259)은 46년 동안 재위했고 마지막 최씨 집정이 암살된 1년 뒤 붕어했다. 최충헌은 이 모든 방법으로 사회질서를 안정시켰고 새로운 사적 기구를 만들어 자신의 통치를 촉진시켰다. 그 기구들의 일부는 최씨 정권이 몰락한 뒤에도 오래 존속했다. 그러나 그는 안정을 추구하면서 고려를 운영하려면 문반 지배층에게 기대는 것이 가장 효과적이라는 사실을 깨달았다.

3~5장에서는 그 시기의 인물뿐만 아니라 최씨의 문무 통치기구를 다뤘다. 과거의 유산은 최충헌이 계속 통치하는 데 도움을 주었다. 보수적 인물인 최충헌은 문반 지배층을 행정에 복귀시키려고 했다. 그리고 그는 유교 이념을 후원해 왕정을 계속 인정하겠다는 생

각을 확인했다. 그는 정치적으로 합의제 기구에 계속 의존하고 사회적 해방을 제한해 사회질서를 동결시키려고 했다. 그러나 최충헌은 과거에 얽매이지 않았다. 실제로 그는 공적·사적 기구를 모두 활용하는 혁신적인 이중 조직을 발전시켰다. 최씨 정권이 고려를 통치한 기간에 전통에서 벗어난 사례는 여럿 있었다. 무신 집정에게 충성하는 사병은 곧 관군을 대체해 권력을 주도적으로 결정하는 세력이 되었다. 최충헌과 그의 가족은 이런 새 질서를 지배했다. 최씨 집정에게 충성을 맹세한 인물들은 문객門客으로 알려지게 되었고, 비슷한 충성관계가 그 밖의 군사와 지도자 사이에서도 발전했다.

노비의 신분 상승을 막으려는 최충헌의 열망에도 불구하고 사회상황(6장), 지식인과 불교계(7장), 그리고 경제적 환경(8장)에서 흥미로운 변화가 나타났다. 최씨 집정에게 충성을 맹세한 천계 출신의 인물들은 왕조 초반부터 존재했던 사회적 장벽을 뛰어넘어 높은 지위로 올라갔다. 경제적 변화는 사회적 변동을 수반했다. 왕조는 조정의 개입 없이 부를 획득하고 분배한 개인들에게 토지의 통제력을 점차 빼앗겼다. 선종禪宗이 불교의 중심으로 등장하면서 종교계에도 변화가 나타났다.

결국 최씨 정권은 수많은 이유 때문에 무너졌지만, 핵심적 원인은 이중적 행정에서 나타난 제도적 모순 때문이었다(9장). 최씨 정권이 통치하는 동안 처음에는 거란이 침략을 시작했고 좀 더 파괴적인 몽골의 침입은 전국을 유린하면서 최씨 정권의 통치를 약화시켰다. 청년에 불과했던 마지막 최씨 집정은 자신의 정권과 나라 모두 다스리지 못했다. 그러나 권력의 정점에 있던 최충헌과 최우는 국왕들도 거의 그러지 못했던 예술과 종교를 주도적으로 후원하면서 나라를 지배했다.

고려의 세 제도—토지·군사·과거제도—를 이해하는 것은 무신이 집권한 이 세기에 일어난 변화를 이해하는 데 도움을 준다. 고려의 토지제도는 매우 복잡했고 오늘날에도 충분히 이해되지 않았지만, 일부 특징은 분명하다. 학자들은 전통적으로 고려는 당의 균전제均田制—농민이 일정한 토지를 보장받았다—의 원칙을 받아들였다고 믿었지만, 정밀하게 연구한 결과 두 토지제도에 사용된 용어는 비슷했어도 운영은 상당히 달랐다는 사실이 드러났다. 10세기에 고려가 건국되었을 때 지방 호족들은 대부분의 토지를 장악했다. 그 뒤 한 세기 넘게 국가는 토지 통제력을 늘리려고 노력했으며 그 결과 지배층이 누리던 경제력의 일부가 축소되었다. 첫 두 세기 내내 고려의 귀족과 국가는 토지 통제권을 놓고 끊임없이 갈등했다.

976년(경종 1)에 경종景宗(재위 975~981)은 토지 관계에 대한 국가의 권한을 확정하려는 목적에서 전시과 제도를 도입했는데, 거기서 국가는 전지田地와 시지柴地의 수조권을 문신·무신과 서리들에게 분급했다. 수조권을 받은 사람은 일정한 분량의 토지에서 지대를 걷을 수 있는 권리를 갖게 되었다. 이런 조세의 수취는 조정의 서리가 아니라 전시과 수급자의 하인들이 수행했다. 수조권은 토지 생산의 50퍼센트로 추산된다. 전국에서 경작할 수 있는 토지의 20퍼센트 정도가 이 범주에 들어갔다. 이 토지의 경작자는 대토지 소유자와 농민 모두였다. 수조권은 대부분 세습된 것으로 나타난다.

전시과는 고려 토지소유 관계의 전체를 포괄하지 않았다. 왕실에 식량을 공급하고 관원에게 수입을 제공한 것은 공전公田이었다. 고려 토지소유의 또 다른 범주인 민전도 공전으로 간주되었다. 국가는 이런 형태의 공전에서 산출된 생산의 25퍼센트 정도를 조세로 걷었다. 이 수입은 국고로 들어갔지만, 민전은 '사유'라는 본질상 사고팔거나 양도할 수 있다는 특징을 가졌다. 일반적으로 사유지라고 불리는 또 다른 범주는 사전私田이었다. 학자들은 정설을 확정하는 데 크게 이견을 보이고 있지만, 이 사전은 '소유주'가 국가에 무거운 부담을 지는 대신 조세가 면제되어 토지에 관련된 최소의 부담만 지도록 한 것으로 보인다. 12세기부터 지방에서 만연하기 시작한 대토지는 대부분 이 범주에 들어갔지만, 10세기 이후 지방 지배층의 대토지 소유도 사전으로 여겨졌다. 이 범주에 들어가는 토지가 확대된 것은 국가의 조세 기반을 줄이고 녹봉이나 그 밖의 지출에 사용하기 위해 국고로 들어가는 수입을 감소시켰기 때문에 국가에 큰 영향을 주었다.[1]

토지제도 이외에 두 번째 논쟁인 고려 군사제도의 본질도 논의할 필요가 있다. 군인의 지위는 왕조가 개창된 직후부터 계속 하락했다. 10세기 후반인 성종(재위 981~997)의 치세 무렵 왕조의 군사제도는 병부兵部와 추밀원樞密院의 통제 아래 놓였다. 문신은 이 두 관서—그것은 군사작전뿐만 아니라 인사 문제도 감독했다—모두에 임명되었으며 따라서 대부분의 군사 정책을 결정했다. 군사는 이군二軍과

육위六衛라는 두 조직으로 나뉘어졌다.

이군
응양군鷹揚軍(1000명)
용호군龍虎軍(2000명)

육위
좌우위左右衛(1만3000명. 상비군)
신호위神虎衛(7000명. 상비군)
흥위위興威衛(1만3000명. 상비군)
금오위金吾衛(7000명. 예비군)
천우위千牛衛(2000명. 특수군)
감문위監門衛(1000명. 특수군)

규모에 상관 없이 이 부대에는 각각 지휘관(상장군)과 부지휘관(대장군)이 있었으며 그들은 중방重房이라는 자문기구를 구성했다.[2] 고려 전기 동안 중방의 기능은 확실치 않지만, 최고 문반 관서 아래 직속된 가장 높은 무신의 모임이었으며, 따라서 권력을 향한 특별한 잠재력을 갖고 있었다.

장비나 훈련에서 최고였을 것으로 생각되는 이군은 국왕 경호를 맡았다. 그들의 지위는 육위보다 높았다. 이 여덟 부대(이군과 육위) 중에서 용호군의 지휘관은 중방 구성원의 대변인으로 활동하면서 큰 명망을 얻었다. 세 개의 상비군은 육위 중에서 가장 중요한 부대였는데, 보병과 기병으로 구성되어 전쟁에 대비한 훈련을 받았고 수도 지역을 방어하는 데 필수적이었다. 경찰 업무를 수행한 예비군은 6000명 정도의 상비 병력과 1000명의 작업부대로 유지되었다. 두 개의 특수부대는 몇 가지 기능을 수행했는데, 천우위는 의장대였고 감문위는 궁궐과 수도의 문들을 지켰다.[3]

군사적 기능을 가진 다른 조직도 물론 있었다. 전쟁 같은 비상사태가 일어날 경우 특별히 동원되어 중앙군과 경호부대에 충원된 5개 부대는 대체로 원수元帥의 지휘를 받아 상황에 따라 배치되었다. 이 부대에는 귀족은 물론 평민도 충원되었다. 그 부대는 비상사태 동안 유지되었지만, 평화가 찾아오면 방어 책임은 지방 거주자들에게 물려졌다. 북방의 양계兩界는 다양한 행정 조직으로 나뉜 주州와 진鎭으로 구성되었다. 각 거주자가 국방의 책임을 맡았기 때문에 모든 세금은 국방비에 충당하도록 그 지역에 남겨졌다. 남부 지방에서는 기병인 정용精勇이 경찰 업무를 맡았고 보병인 보승保勝은 전투를 책임졌다. 세 번째 부대인 품군品軍은 작업 기능을 수행했다. 농민은 이 부대에 배속되었다.[4]

일반적으로 평민은 지방군에 입대했고, 중앙군은 좀 더 우월한 집단인 직업군인과 지휘관—상장군과 대장군—출신으로 구성된 것으로 생각된다. 중방에 참여한 지휘관에는 문치 행정을 담당한 주요 귀족 가문 출신은 드물었지만, 뛰어난 군사적 업적을 이룬 가문에서 선발되는 경우가 많았다. '무반'이라고 불린 그들은 고려 왕조에서 군인을 공급하는 특수층인 '군반씨족軍班氏族'이었다. 직업군인이 나이 들거나 병에 걸리면 그 가문의 다른 사람이 그 지위를 물려받았다. 군반씨족 가문이 완전히 사라지면 9품으로 짜인 고려의 품계에서 6품 이하 관원의 자제나 심사를 통과한 농민 중에서 선발되어 대체되었다. 군반씨족 출신은 관원의 지위까지 승진할 수 있었기 때문에 평민 출신은 군무軍務에서 더 높은 자리로 진입할 가능성이 있었다.[5]

여기서 관심을 둔 고려의 세 번째 제도는 과거제도다. 세습적 특권이 고려 무반제도의 기본이었듯이, 문반 구조에서도 가문은 그 선발과 승진에 영향을 주었다. 고려 지배층은 그 자손이 정치적 결정에 영향력을 행사할 수 있도록 보장하는 여러 제도를 만들었다. 중국의 정치적 전통에서 발원한 '음서蔭敍'에 따라 5품에 오른 인물은 누구나 상속자를 관직에 지명할 수 있었다.[6] 좀 더 어렵지만 더욱 많은 사람이 접근할 수 있는 경로는 과거를 치르는 것이었다. 당의 선례를 따른 과거는 958년(광종 9)에 시작되었다. 그 뒤 그것은 2~3년마다 정규적으로 치러졌다. 매년 과거에 급제한 평균 인원은 성종 때 7.6명에서 예종(재위 1105~1122) 때는 22.5명으로 늘어났다.[7] 유교 경전의 지식을 검증하는 이 시험은 높은 수준의 학문적 능력을 요구했으며, 이론적으로는 평민이 개인적 재능을 바탕으로 고위 관직에 진출할 수 있는 길을 제공했다. 그러나 과거를 보려면 응시자는 4대조까지 흠 없는 사회적 경력을 지녔고 그의 가계에 추문이나 비천한 출신이 없다는 것을 입증하는 자료를 제출해야 했다. 이부吏

部·병부·한림원翰林院은 등용과 승진의 다른 부분을 감독했다. 아울러 중서문하성에 소속된 간의대부諫議大夫는 문·무 관원의 임명을 재가하는 권한을 가졌다.

이 제도들은 11세기에 개선되었지만 12세기부터 심각한 도전에 직면했다. 고려사회에서 경쟁과 긴장을 일으킨 것은 토지·군사·과거제도의 제도적 기능장애였는데, 12세기 후반과 13세기의 사건에 직접 영향을 주었다. 중국의 체제를 따른 이런 제도들은 고려의 규범에 맞도록 수정해야 했으며, 자신의 권력을 안정시키려는 최충헌은 거기에 큰 관심을 기울였다. 토지제도와 군사제도는 고려의 사회적 요구에 맞추기 위해 13세기에 특히 중요하게 바뀌었다. 세 제도 중에서 과거제도는 대체로 온전하게 유지되었으며 무신 집권기와 그 뒤에도 주요 가문들이 자손을 관직에 진출시키는 중요한 경로로 계속 남았다. 이어지는 장들에서는 세 제도를 모두 다시 살펴볼 것이다.

일러두기

−원서에는 서기 연도만을 표기했지만 이 책에서는 괄호 안에 왕대를 병기했다.

−인명·지명·서명 등의 한자는 원칙적으로 처음에만 표기했다.

−표와 부록에 나오는 인명은 알파벳 순서를 가나다 순서로 다시 배열했다.

1장

무신의 난

1170년 음력 8월 고려 국왕 의종이 사찰들을 방문하고 있을 때 상장군 정중부는 부하인 산원散員 이의방李義方·이고李高와 정변을 일으켜 의종을 폐위하고 권력을 휘두르던 여러 관원을 살해했다. 이 반란은 우발적 행동이 아니라 조용한 가을 순행에서 거대한 무력이 폭발한 결과였다.

복잡한 이 정변을 모두 이해하려면 그 기원을 연구해야 한다. 이 정변은 분노한 무신들이 일으킨 단순한 무력 반란보다는 좀 더 복잡했다. 그 뿌리는 무신들이 주요 문신들에게 자신의 권한을 넘기도록 강요받고 있다는 것을 깨달은 왕조 초기로 거슬러 올라간다. 12세기 전반, 무신은 자신이 문신의 분쟁에 중재자가 되었다는 사실을 알게 되면서 그들의 힐책을 점차 달가워하지 않게 되었다. 왕실이 권력을 심각하게 남용하고 의종이 국정에 더욱 태만해지면서 무신들은 정변을 일으켰다.

무신의 역할

무신의 지위는 왕조가 수립된 뒤부터 계속 하락했다. 고려를 건국한 왕건王建은 군사력으로 자신의 왕조를 세운 뒤 핵심 장수들에게 권력을 나눠주었다. 그러나 왕조를 안정시키고 강력한 중앙 조정이 통치하도록 하려는 목적에서 고려 왕실은 곧 문신 우위의 정책을 추구했다. 고려의 주요 무신들은 이 체제를 좀처럼 수용하지 않았고, 자신의 약화되는 지위를 다시 주장하려는 마지막 시도로 1014년(현종 5)에 정변을 일으켰다. 이 정변의 효과는 반년도 지속되지 않았지만, 무신들이 문신 우위의 정책에 불만을 갖고 있으며 이러한 정치적 인식이 다시 살아났다는 사실을 보여주었다. 주요 문신들은 무신의 자존심을 달래는 대신 문신이 우위라는 생각을 계속 분명히 나타냈다. 고려가 북방에서 침략을 받았을 때 관군을 이끈 것은 문신이었는데, 강감찬姜邯贊(948~1031)은 거란을 막았고 윤관尹瓘(1111년 사망)은 여진을 물리쳤다. 비슷하게 1135년(인종 13) 서경西京(지금의 평양)에서 반란이 일어났을 때 전략을 세운 사람은 저명한 학자인 김부식金富軾(1075~1151)이었다. 문신은 계속 군사 지휘권을 맡으면서 무신을 보조적 역할로 격하시켰다.

　무신과 문신은 긴장 때문에 갈라섰다. 그리고 문신이 군사권을 장악했어도 무신의 필요와 요구를 묵살할 수는 없었다. 11세기 말인 1095년(현종 1) 왕조의 가장 저명한 관원 중 한 사람인 이자의李資義가 권력을 탈취하려고 하자 그의 주요한 맞수였던 소태보邵台輔는 몇몇 장수의 도움을 얻어 그보다 한발 앞설 수 있었다. 왕국모王國髦 같은 무신의 이런 결정적 지원이 없었다면 소태보는 이자의를 무찌를 수 없었을 것이다.[1]

인종(재위 1122~1146) 때의 사건들은 고려에서 무신의 애매한 상태를 보여준다. 이자겸李資謙과 묘청妙淸이 일으킨 두 가지 큰 반란은 왕조를 커다란 곤경에 빠뜨렸으며, 문신이 왕조 기구를 안정적으로 통제하려면 무신의 도움에 의존할 수밖에 없었다. 두 반란은 문신 우위의 신화를 폭로했다.[2] 이런 가식에도 왕조는 주요 무반직과 의사 결정에서 무신을 효과적으로 배제시켰다. 강희웅은 이렇게 파악했다.

무신은 야전 부대인 육위와 이군의 지휘관으로만 복무하도록 엄격히 제한되었으며, 직업군인의 전문 기술은 가장 효과적인 결과를 도출하는 데 사용된 것으로 생각된다. 무신은 분명히 고려 전기의 조정에서 책임 있는 정치적 지위로부터 완전히 배제되었다.[3]

무신들은 대대로 수많은 불만을 갖고 있었다. 그들의 경제적 지위가 악화된 것은 분명했다.[4] 10세기부터 왕조는 무신을 희생시켜 문신에게 수조권 분급을 우대했다. 1076년(문종 30)에 전시과가 마지막으로 개정되었다. 직접적 영향은 모든 관원의 수조지를 축소시킨 것이었지만, 고위 관원보다 하위 관원이 더 많이 줄었다. 무신들은 새 제도의 어떤 측면에서는 이익을 보았다. 상장군은 5품에서 3품으로 올라갔고, 하위 무신들도 비슷하게 품계가 올라갔다. 그러나 실질적으로 보면 예컨대 옛 제도에서 모두 130결의 수조지를 받은 상장군은 문종(재위 1046~1083) 때 5결이 줄었다. 수조지뿐 아니라 녹봉도 고위직을 독점하던 문신이 우대받았다. 수많은 관원에게 수조지로 분급된 토지의 질을 파악하기는 어렵지만, 여기서도 무신은 불이익을 받은 것으로 보인다.[5]

무신은 사회적·정치적으로도 어려움을 겪었다. 고려는 문·무반을 9품으로 나누고 각 품을 정·종으로 나누었다. 가장 높은 무신—상장군—은 정3품이었다. 이 품계를 넘어 승진하려면 무신은 문반 호칭을 받았는데, 11~12세기에는 드문 일이었다. 무신은 나라가 위기에 빠졌을 때 최고의 군사 지휘권을 맡을 권리가 부인되었을 뿐아니라 가장 높은 문반 관서에 임명되는 것도 거의 허용되지 않았으며, 허용되더라도 문반 호칭만 주었다. 무신은 중서문하성이나 추밀원(합해서 재추宰樞라고 불렸다)의 명망 있는 관직을 거의 갖지 못했다. 예컨대 의종 때는 거기에 무신이 한 명도 들어가지 못했다.

무신의 사회적 지위도 마찬가지로 모호했다. 왕조의 법령에 따르면 무신과 문신 모두 5품 이상 오르면 음서를 거쳐 자신의 상속자를 관직에 진출시킬 수 있었고, 그 밖에 자제를 국립 학교에 보낼 수 있는 것과 같은 특권도 있었다. 아울러 1040년대부터 무신도 『고려사』 열전에 나타나기 시작하는데, 지위 상승의 또 다른 징표로 생각된다.[6] 다수의 무신이 문반직을 가졌다는 사실도 중요하다. 그 두 보기는 기계 노씨와 충주 양씨 출신이다.[7] 이 가문들은 무신의 난의 지도층이었고, 그들과 주요 문반 지배층 사이에 건널 수 없는 사회적 간격은 없었다고 추정된다.

그들은 어느 정도 사회적 인정을 받았지만, 무신은 자신들의 불평등한 지위를 알게 되었다. 1110년(예종 5) 무과가 시행되어 각 과목마다 일정한 숙련도를 측정했다. 이 시험으로 군인이 자신의 기예에 따라 임명되어 군역의 전문적 기준과 사회적 권위는 높아졌다. 그러나 무신의 진출을 시기한 문신들은 23년 뒤 무과를 폐지했다.[8] 일반 군인들이 수행하는 역할도 바뀌었다. 더 이상 국방에만 종사하지 않게 된 군인들은 도랑을 파는 것 같은 허드렛일과 그 밖의 공공사업에 점차 더 많이 투입되었다.[9]

12세기 중반 고려의 관원과 군인은 서로 불리하게 만들어진 제도에 자신들이 갇혀 있다는 사실을 깨달았다. 그러나 그들은 자신의 상징적 중요성을 알고 있었는데, 10~11세기에 거란 침입을 막았고 그 뒤 12세기 초반에는 여진을 물리쳤다. 고려군의 군사적 대비는 1126년(인종 4, 송 흠종 정강 1, 금 태종 천희 4)에 송을 무너뜨린 여진의 금金이 고려를 정복하는 것을 막았다. 고려의 군사력은 북쪽 국경을 지켰을 뿐만 아니라 1095년(헌종 1) 이자의의 난과 1126년 이자겸의 난, 1135년(인종 13) 묘청의 난도 진압했다. 이런 대단히 소중한 기여에도 불구하고 고려의 군인은 왕조의 사회적·정치적·경제적 제도에 발목이 잡혀 있었다. 고려의 문반 지배층은 그 통치의 많은 부분에서 송의 제도를 따랐지만, 그 당시 그것은 여진의 맹공을 견디지 못했다는 측면에서 상황은 더욱 모순적이었다.[10]

아울러 그 사건들은 전혀 다른 방식으로 무신의 지위에 큰 영향을 주었다. 1140년대 북쪽 국경이 안정되면서 고려는 그곳을 방어하는 데 부담을 덜 느끼게 되었다. 마이클 로저스Michael Rogers에 따르면 이런 상황으로 "무신의 토대는 더욱 빨리 무너져 문신에게 유리해졌다."[11] 이런 모든 요인 때문에 무신은 문신의 지배에 휩쓸리게 되었다.

의종의 치세: 왕실과 궁중

무신의 불만과 함께 왕실 내부의 갈등은 당시의 열정을 격동시켰다. 의종이 왕자였을 때 부왕 인종과 왕비 임씨는 그에게 왕위를 계승할 수 있는 자격이 있는지 의문을 갖고 있었다. 인종은 의종의 자질과 통치 능력에 심각한 의구심을 품었고, 왕비는 둘째 아들이자 의종의 동생인 왕자 경暻을 공개적으로 지지했다. 의종은 왕실의 사부師傅였던 정습명鄭襲明의 확고한 도움 덕분에 즉위할 수 있었다. 정습명은 국왕과 왕비에게 의종이 즉위한 뒤 개인적으로 인도하고 가르칠 것이라고 확신시켰다.[12] 반대 속에서 왕위를 계승한 의종은 왕권의 영향력이 제한적이며 왕실의 특권을 행사할 수 있는 능력이 축소되었음을 깨달았다. 그는 자신의 독립을 주장하려는 열망에서 동조하는 모든 집단과 연합했고, 그 결과 왕실과 중앙 귀족이 벌인 내부적 권력 투쟁에 스스로 휩싸이게 되었다.[13]

치세 시작부터 의종은 자신의 형제와 모후의 가문인 정안 임씨를 의심했다. 한 형제는 즉시 모든 정치적 계획을 버리고 유명한 흥왕사興王寺에서 승려가 되었다.[14] 또 다른 형제인 왕자 경은 1151년(의종 5) 의종이 여러 직책을 박탈하고 그의 측근들을 숙청하면서 더 심각한 곤란을 겪었다. 경은 모후의 가문, 특히 임극정任克正과 좋은 관계였으며, 축출된 정서鄭敍·최유청崔惟淸·이작승李綽升과 임씨 가문을 매개로 간접적 관계를 맺었다.[15] 의종은 경과 일군의 관원이 정안 임씨 가문과 연합해 반역을 꾸미고 있다는 소문을 환관 정함鄭諴과 국왕의 측근인 문신 김존중金存中이 아뢰자 의심을 품었다.[16] 혐의는 입증되지 않았지만, 정함과 김존중은 경과 그 인척을 연루시키는 이야기를 거듭 아뢰었다. 김존중의 동기는 결코 순수하지 않았다. "김존중은 태후太后 누이의 남편妹婿인 내시낭중內侍郎中 정서와 태후의 동생 임극정과 사이가 좋지 않았다"고 『고려사』는 지적했다.[17] 김존중과 환관 정함은 오랜 친구였다. 그러나 그들은 작은 원한 때문에 국왕의 두려움을 이용해 분위기를 조성했으며 '반反의종' 세력을 축출한 것이었다.

1151년에 좌천된 인물들은 혼인관계, 대간과의 관련, 출신 지역 등으로 연결되어 있었다. 예컨대 정서는 지금 부산 근처인 동래 출신인데, 음서로 관직에 나와 내시內侍에 임명되었다.[18] 그의 가문은 지방 정치에서 오랫동안 중요한 위치에 있었으며, 그 출신의 다수는 호장戶長으로 활동했다. 정서는 내시로 근무하면서 우선 환관과 김존중에게 도전해 1151년의 사건에서 공로를 세웠다. 그러나 그 사건은 더욱 깊은 분열을 드러냈다. 의종은 모후의 가문을 의심했을 뿐만 아니라 한안인韓安仁과 연합한 인물들을 공격하는 데 집중했는데, 한안인은 예종(재위 1105~1122) 때 등장해서 그 뒤 인종의 치세가 시작될 때 이자겸에게 숙청되었다.[19] 한안인은 1122년(예종 17)에 사망했지만, 그의 측근들은 인종과 의종 때 정치에 계속 영향력을 행사했으며 이 숙청의 대상으로 떠올랐다. 그들 중 일부는 대간으로 의종에게 간쟁을 올려 그의 왕권을 약화시켰다는 혐의가 상당히 많았다. 그러나 왕실의 세력은 강했다. 왕실은 정서를 축출한 지 한 달만에 최유청·이작승의 죄목을 비롯해 그가 연루된 범죄를 공식 문서에 기록했다.

그다음 6년 동안 정서에 관련된 기록은 없다. 그 뒤 1157년(의종 11)에 의종이 동생 경을 천안부天安府로 유배 보내고 김이영金貽永·임극정은 물론 1151년에 축출한 인물들—정서·최유청·이작승—을 다시 좌천시키면서 또 다른 분열이 일어났다. 의종은 어머니인 태후 임씨가 이 조처를 막을지도 모른다는 우려에서 우선 그녀를 보제사普濟寺로 보내고, 자신은 그 뒤에 이어진 사건을 통제할 능력이 없다는 것을 보여주려고 노력했다.[20] 한 사신史臣은 이렇게 평가했다.

왕자 경이 모반한 실상은 분명치 않고 모후도 살아 있는데 굳이 귀양 보냈으니 의종은 은혜가 적다고 할 만하다. 최유청은 마음이 정직해 한 시대의 뛰어난 신하였으며, 이작승은 청렴하고 강직해 간관의 풍모가 있었지만 정함의 시기를 받아 유배되었으니 안타깝다.[21]

이때 숙청된 사람들은 1170년의 무신의 난까지 중앙 정치에서 대부분 사라졌다. 그러나 그들은 1150~1160년대에 무신들과 미약하고 다소 간접적인 관계를 발전시켰다. 예컨대 김이영은 정서의 처남이었고, 무신의 난의 공인된 지도자인 정중부와 혼인관계를 맺었다.[22] 최유청의 아들 최당崔讜과 손자 최린崔璘은 중앙군에서 군적軍籍을 담당하면서 무신들의 불만을 지켜보았고, 중앙 정치에 대한 그들의 환멸에 공감했다고 생각된다.[23]

의종은 권력을 가진 관원, 특히 정안 임씨와 연결된 인물들과 결별하기로 마음먹었다. 의종의 혼인관계는 인척 정치, 특히 그 어머니의 유력한 가문에서 벗어나려는 시도를 보여준다. 왕자였을 때 그는 왕족인 사도司徒 왕온王溫의 딸과 혼인했는데, 그녀는 문종의 증손녀였다.[24] 이전의 국왕들은 외부 영향을 줄이려는 목적에서 자신의 혼인관계를 바꾸기도 했다. 의종은 1148년(의종 2)에 최탄崔坦의 딸과 두 번째로 혼인했다. 최탄의 가문은 다소 절충적 선택임이 분명했다. 최탄의 아버지는 앞서 한안인이 이끈 일군의 신흥 세력에게 숙청되었지만, 최탄은 정안 임씨 출신인 임원애任元敱의 딸과 결혼했다. 의종은 강력한 정치적 권력을 갖지 못한 가문과 혼인해 복잡한 관계에서 벗어나고 싶어했던 것 같다.[25]

전통적으로 고려 국왕들은 분열된 문반 구조와 맞닥뜨려야 했다. 의종도 예외는 아니었다. 고려시대를 연구한 학자들은 고려의 왕권이 중앙 귀족 가문의 거대한 권력에 견주어 상대적으로 약했다는 결론에 대부분 동의하고 있다. 많은 귀족이 포진한 재추는 정치권력의 중심이 되었다. 그들은 합의제였지만 효과적으로 나라를 다스렸으며 서로 힘을 모아, 가끔은 개별적으로, 국왕의 행동을 방해했다. 이 집단의 구성원들은 의종에 대한 생각이 갈렸지만, 또 다른 중앙 관서인 대간은 이때부터 목소리를 키우기 시작했다.[26] 국법에 따르면 대간은 국왕의 부당한 행동과 국무의 그릇된 처리를 비판하는 임무를 지녔다. 이 관서는 문·무 관원의 임명을 재가하기도 했으며 왕권을 제약하는 중요한 기관이 되었다.

제도화된 간쟁

의종의 치세 동안 대간은 국왕과 그의 행동을 강력히 규제했다. 대간은 기구로서 완전히 성숙했으며 자기 의지를 관철시킬 수 있는 모든 권력을 행사했다. 대간은 의종의 미숙한 국정 운영, 신중치 못한 인사, 그리고 전체적인 행동을 공격하는 발언을 수없이 제기했다. 어떤 국왕도 미덕의 귀감은 아니었고 의종은 더욱 그랬지만, 이 시기의 대간은 극렬하게 간쟁했으며 그 비판의 대부분은 그렇게 효과적이지 않았다.[27] 대간은 일반 사안만 비판한 것이 아니었다. 그들은 국왕의 격구擊毬를 거듭 비판해 쟁점으로 만들었고, 결국 1152년(의종 6)에 의종은 그 경기를 그만두었다.[28] 의종이 등용한 인물들도 대간에게 비슷한 의심을 받고 거부되었다. 그들은 정책을 비판했을 뿐만 아니라 환관과 내시, 그리고 의종을 보좌하는 고위 관원도 비난

했다. 왕자 경의 회계를 도운 환관 정함은 특별한 공격 목표였다.[29]

의종은 다양한 방법으로 이 공격에 저항했다. 한 전략은 간쟁을 그저 무시하는 것이었다.[30] 의종은 결심이 서면 대간과 맞섰고, 그들이 자신의 결정을 받아들이도록 강요했다.[31] 한 사례에서 의종은 무례한 상소에 매우 분노한 나머지 그것을 대간 앞에서 불살랐다.[32] 그러나 이것은 극단적 행동이었고, 의종은 외교적 방법을 선호했다. 그는 주요 관원과 대간을 궁궐과 후원의 연회에 초대해 여러 번 미리 접촉했고, 경험이 풍부한 술자리와 연회의 기술로 그들을 설복했다.[33] 의종은 대간의 간쟁을 피하는 데 상당히 능숙했다. 그는 1160년(의종 14)에 다른 방법이 모두 실패한 것으로 보이자 비판자들을 침묵시킬 독창적 방법을 고안했다. 역사서의 기록은 다음과 같다.

국왕은 경룡재慶龍齋로도 알려진 인지재仁智齋로 거둥해 시를 지었다. "꿈속에서 참으로 길지吉地라는 말을 똑똑히 들었는데, 부소산 아래가 따로 신선이 사는 곳이네夢裏明聞眞吉地, 扶蘇山下別神仙." 계속해서 국왕은 그곳에 재齋를 짓고 장식했다. 그는 날마다 폐행들과 함께 술 마시고 놀면서 국정을 돌보지 않았다. 간관은 그만두시라고 주청했지만, 그때마다 국왕은 시를 이용해 꿈을 설명하며 그들의 말을 거부했다. 이때부터 대간은 잠잠해졌다.[34]

의종은 대간을 조종해 자신의 목적을 이루려고 시도했다. 그것을 가장 잘 보여주는 사건은 1151년과 1157년에 동생인 왕자 경과 그 밖의 잠재적 정적을 권력에서 축출하는 데 대간을 이용한 것이다. 두 사례 모두에서 국왕은 승리를 자신하면서 대간에 의지해 고발을 심의하고 자신의 정적에 관련된 의견을 이끌어내는 데 성공했다.

의종의 지지자들

의종에게 자신을 방어하는 세력이 없던 것은 아니었다. 일군의 지배 층은 국왕이 모후의 가문 및 대간과 대결할 때 자발적으로 그와 연 합했다. 그는 국왕으로서 상징적 권력을 갖고 합법성을 체현했을 뿐만 아니라 사무를 처리하는 데 뛰어난 능력을 지니고 있었다. 많은 귀족은 당시의 상황과 국왕을 지지함으로써 자신의 삶이 편해졌다 는 사실을 깨달았고, 아마 그들의 개인적 경제도 나아졌을 것이다. 그 밖의 인물들은 의종에게 반대하는 세력을 싫어했기 때문에 국왕 과 연합했다. 의종의 즉위를 도운 정습명은 계속 충직한 조언자였다. 이전에는 정안 임씨의 정적이었던 김존중은 의종과 가까운 관계를 유지했다. 김존중은 의종을 도운 관원들과 마찬가지로 과거에 급제했다.[35] 이렇게 국왕은 통치에 매우 필요한 유능한 관원 집단을 가 졌던 것이다.

　의종은 연합 세력을 찾으면서 환관과 내시 가운데서도 적극적인 지원자들을 발견했다. 유학자들은 늘 환관을 회의적으로 평가했다.

자신의 선택이나 사고로 환관이 되면 자녀를 낳지 못했기 때문에 유학자들은 그들을 불효한 부류로 간주했다. 더욱이 환관과 유교적 관원들은 국왕의 신임을 두고 자주 경쟁하면서 서로 정적이 되었다. 고려 왕조의 역사를 편찬한 인물들은 그들을 의종의 천벌로 간주했다. 그러나 의종에게 그들은 자신의 노력을 언제나 도와주는 자발적이고 유익한 조력자였다. 정함은 이 집단이 자행한 악행을 전형적으로 보여주었지만, 정치에 관여해 많은 관원의 승진과 좌천을 좌우한 인물들도 있었다. 환관은 국왕의 거둥을 수행하고 왕실 경비를 감독하면서 의종 치하에서 자신들이 부유해질 수 있는 수많은 방법을 찾아냈다.[36]

내시들도 국왕의 뜻을 사주했다. 원래 국왕의 후원을 받아 조정 관서에서 견습하는 귀족 자제인 그들은 매일 국왕의 측근에서 근무하면서 중앙 정치의 세부 사항과 통치의 복잡한 내용을 배웠다. 의종의 치세 동안 내시의 사회적 지위는 그 자리를 차지한 유력 가문 출신이 줄어들면서 크게 변동했다. 의종 때 내시로 알려진 36명 중에서 5명만이 급제자였다. 6명은 천민이나 기술직 출신이 분명했고 일부는 환관이었다. 의종은 자신의 왕위를 지켜줄 인물들이 필요했다. 그는 대단하지 않은 배경의 내시를 선발해 조정에 배치함으로써 자신을 전적으로 돕기로 기꺼이 맹세한 인물들을 찾아냈다. 그들은 국왕과 한 몸이 되어 그에 대한 반대를 견제했고, 끝없이 계속되는 유흥에 참여했으며, 전체적으로 실정과 방탕이 팽배한 분위기를 조장했다.[37]

내시들은 국왕의 부적절한 행동을 제지하는 대신 국정의 태만을 부추겼다. 내시는 셀 수 없이 많은 의종의 거둥을 수행하면서 중독의 분위기를 조장했다. 그들은 국왕에게 사치스러운 선물을 경쟁적으로 바쳐 재정적 파탄도 초래했다. 한 기록은 이 집단의 부패를 비판했다.

좌·우번으로 구성된 내시들은 다투어 진귀한 보물을 국왕께 바쳤다. 이때 우번에는 유력한 가문 출신의 자제가 많았는데, 환관을 이용해 국왕의 뜻을 빙자해 국가 기관과 개인의 진귀한 보물과 서화 같은 물건을 많이 걷었다. 또 화려하게 치장한 기둥을 세우고 그 위에 수많은 인형을 만들었다. 그들은 외국인이 공물을 바치는 모습처럼 꾸며 청색과 홍색의 일산日傘 두 개와 준마 두 필을 바쳤다. 좌번은 모두 유학자여서 잡희雜戱에는 익숙하지 않았기 때문에 바친 물품이 우번의 100분의 1도 되지 않았다. 그들은 그렇게 부족한 것을 부끄러워해 다른 사람에게서 준마 5필을 빌려 바쳤다. 국왕은 그것들을 모두 받고 좌번에는 백은白銀 10근과 붉은 실丹絲 60근을, 우번에는 백은 10근과 붉은 실 95근을 하사했다. 그 뒤 좌번은 말 값을 갚지 못해 날마다 빚을 독촉받으니 그때 사람들이 비웃었다.[38]

대간은 이런 여러 행동을 비판했고 일부 내시의 축출을 주청했다.[39]

인간 의종

여러 논쟁의 중심에 선 의종은 복잡한 인물로 생각된다. 20세의 젊은 나이로 즉위한 그의 성격은 정치가라기보다는 탐미주의자에 가까운 것으로 보인다. 그는 시를 좋아했고 자연의 경이에 관련된 글을 자주 썼다. 그는 궁궐 주위에 정원과 인공 연못을 만들었다. 그는 특별히 경치가 좋은 지역을 들으면 그곳을 방문하거나 희귀한 나무를 심어 더욱 장식했다. 물가에 정자를 지었지만 물이 배를 띄우기에 너무 얕자 둑을 건설해 호수로 만든 사례도 있었다.[40] 한번은 밤에 왕궁 뒤에서 깜박거리는 불빛이 숲을 가로질러간 적이 있었다. 어두워진 뒤 의종이 숲을 산책하느라 그 불빛이 나타난 것임을 알고 인근 주민들은 놀랐다.[41] 그는 전국의 울창한 산을 수없이 유람했고 도성 개경만큼 지방을 잘 알고 있었다.[42]

불교는 그의 정신적 지침이 되었다. 그의 많은 지방 순행은 자신이 기도하고 명상하며 종교 의식을 거행한 사찰을 순례한 것이었다. 도성 궁궐에 있을 때 의종은 불경을 공부하고 불교 제례에 참석하면서 위안을 얻었다. 그는 자신의 신앙을 바깥으로 내보이려는 의도에서 사찰을 중수하거나 건축했고, 많게는 승려 3만 명을 초청해 연회를 베풀기도 했다.[43] 한번은 흥왕사에 가다가 노파를 보고 옷과 술을 하사하기도 했다. 보현원普賢院에 행차하다가는 거지에게 옷과 솜을 내리고 다른 여행객들에게도 이틀 동안 먹을 수 있는 쌀과 국을 하사했다.[44]

그러나 의종이 유교적 수행을 무시한 것은 아니었다.[45] 그는 젊었을 때부터 유교 경전을 배웠고, 유교 교리를 지침으로 삼을 것으로 예상되었다. 그는 통치하면서 관원과 백성에게 유교적 이상을 유념하라고 자주 권유했으며 스스로도 유교적 원리를 따르려고 노력했다. 개인적으로도 그는 세금이 무겁고 죄수가 많으며 녹봉을 받지 못하는 관원이 많은 상황을 개탄했다. 그는 만성적 자연재해를 고민했으며 백성의 가난한 삶에 진정한 관심을 보였다.[46] 이런 행동으로 의종은 유교적 군주로서 자신의 타고난 능력을 보여주는 상징적 몸짓을 한 것이었다.

그 밖에도 의종은 왕권을 강화하기 위해 여러 방법을 도입했다. 그는 왕실 경비대를 후원하면서 견룡군牽龍軍에 특별한 관심을 보였다. 왕실의 부흥을 나타내려는 목적에서 서경에 중흥사中興寺라는 사찰을 짓기도 했다. 아울러 『상정고금예문詳定古今禮文』을 편찬해 예절의 인식을 강화하고 관원들에게 적용되는 왕권을 강화하려고 했다.[47] 의종 때는 왕실의 신성한 기원을 선언해 의종의 정통성을 높인 김관의金寬毅의 『편년통록編年通錄』도 간행되었다.[48]

무신의 불만

의종이 마주친 내부적 반대—처음에는 왕실에서 나왔고 그 뒤에는 대간이 앞장선 일군의 귀족이 제기했다—는 국왕에게 커다란 타격을 주었음이 분명했다. 치세가 진행되면서 의종은 정치적 결정을 점차 싫어하고 여행과 탐미적 취미에 빠져들었다. 귀족과 환관·내시들은 무신의 불만과 문반 지배층의 불만 섞인 요구를 무시하면서 이런 쾌락으로 도피하는 국왕에게 적극 협력했다. 무신과 문신의 임무 차이는 더욱 뚜렷해졌다. 문신은 거듭된 행차마다 의종을 수행했지만, 따라간 무신들은 지친 몸으로 추운 곳에서 경호해야 했다. 더욱 교만해진 문신들은 고위 무신들을 조롱하기까지 했다. 왕조 기록에 따르면 7척이 넘는 당당한 체격을 가졌고 그 뒤 무신의 난을 주도한 장군 정중부는 유력한 귀족 가문 출신의 문신에게 긴 수염이 태워지는 조롱과 수모를 당하기도 했다.[49]

환관들도 모욕에 동참했다. 무신은 고위 문신과 가문의 품격에 필적하는 경우가 거의 없었지만 환관보다는 분명히 더 높은 사회적 지위를 갖고 있었다. 그럼에도 의종의 지나친 관대 때문에 오만해진 환관들은 인신공격이나 농담을 순진한 무신들에게 퍼부었다. 1156년(의종 10) 낭장 최숙청崔淑淸은 환관 정함과 문신 이원응李元膺의 무례한 행동에 분노해 그들을 죽이려고 했다. 이 계획이 발각되자 조정에서는 최숙청을 유배 보냈다.[50] 또 다른 무신인 우학유于學儒는 무신 사이에서 형성되고 있는 불만을 폭로하면서 이렇게 말했다. "내 아버지는 늘 내게 '무신이 문신에게 굴욕을 당한 지 오래되었으니 분노가 없을 수 있겠느냐?'라고 경계하셨다."[51]

왕실 호위부대의 하나인 견룡군은 불만의 핵심이 되었다. 의종은 자신의 권위를 강화하고 모후 가문의 야망을 억제하는 데 이 부대

—11세기 후반 왕권을 강화하기 위해 창설되었다—를 이용했다.[52] 의종은 그들이 자신을 후원자로 생각해 자신과 자신의 조직에 충성하기를 바라면서 미미한 사회적 배경을 가진 인물들을 이 집단에 참여시켰다. 우선 의종은 그들에게 관심을 베풀었고 함께 격구를 즐기면서 특별한 관계로 발전시켰다. 그러나 치세가 오래되면서 그는 유력한 문신들의 지지를 구했고 점차 견룡군에서 멀어졌으며, 이 부대의 원망과 무신의 환멸은 더욱 커졌다.[53]

무신들은 이미 1164년(의종 18)에 자신의 불만을 해결할 급진적 방법을 고려하기 시작했다. 국왕은 그해 봄에 지방을 순행하면서 문신 학자들과 노래하고 술 마시면서 경치를 감상했다. 호위 부대의 장수와 병사 모두 그런 수많은 행차에 지쳤고 분노로 불타올랐다. 국왕 호위부대의 대장군이었던 정중부와 그 밖의 무신들이 처음으로 군사 정변을 고려한 것은 바로 이때였다.[54] 그들은 치밀한 계획을 세우지 않았지만, 시간이 가면서 점점 더 극단적으로 변해갔고 행동을 결심했다. 그들이 보기에 국왕과 그 측근·환관·내시, 그리고 문반 귀족들은 국무를 저버리고 향락에만 빠져 있었다. 한때 의종의 특별한 관심을 받았던 병사들은 문신의 변덕에 영합한 이 국왕에게서 버림받았다고 느꼈다. 무신의 관심은 외면당했을 뿐만 아니라 조정에서는 무신의 행동을 자주 처벌했다. 국왕의 거둥에서 문신이 탄 말이 발을 헛디뎌 유시流矢가 국왕이 탄 마차 근처에 떨어졌다. 사고를 일으킨 당사자는 책임지는 대신 침묵했고, 국왕은 자신을 호위하던 무신이 자기 목숨을 노린 것이라고 믿게 되었다. 문제가 된 무신은 억울하게 유배되었다.[55] 비슷한 사건이 또 일어나자 무신 이의 방과 이고는 동료 무신들이 그렇게 오랫동안 억눌러왔던 분노를 표출했다. "지금 문신들은 오만하고 술에 찌들었으며 배부르지만 무신들은 굶주리고 고통스럽다. 언제까지 이것을 참을 것인가?" 수염이 태워진 것에 아직도 분개하고 있던 정중부는 반란을 성공시킬 수 있는 기회를 잡았다.[56]

1170년 무신의 난의 지도자인 정중부는 해주 정씨 출신인데, 그 가문에서 배출한 정정숙鄭旌淑은 묘청의 난을 진압하는 데 공헌했을 뿐만 아니라 명예로운 문반직에도 진출한 유명한 장수였다.[57] 정중부는 과거에 자신의 조상 정정숙 같은 무신은 주요한 문반 귀족들이 국내 또는 국제적인 위기를 해결할 수 없을 때 왕조에 봉사하도록 부름받았다는 사실을 기억한 것이 분명했다. 정중부는 조정을 휩쓸고 있는 불안한 상황도 잘 알고 있었다. 그는 자기 사돈이 유배되는 것을 보았다. 그는 환관과 내시가 국정 운영에 개입하면서 대간의 권력이 침해받는 것을 목격했다. 그는 국왕에게 모여든 문신이 더욱 오만해지는 것을 경험했다.

또 다른 두 지도자인 이의방과 이고도 정중부와 마찬가지로 견룡군에 소속되었고 무인들에게 퍼부어지는 학대를 매일 지켜보았다. 교위校尉인 그들은 정중부보다 품계가 낮았고 사회적 배경도 덜 밝혀져 있지만, 자신들이 감수하고 있는 학대에 격분해 있었고 반대 의견을 강경하게 밝혔다. 정중부가 앞장서도록 만든 것은 그들의 분노였다. 정변 뒤 한 달 동안 그들은 문신을 더욱 적극적으로 공격했다.

정중부처럼 이의방도 문반 가문과 간접적 관련을 가졌는데, 그의 동생이 문신 문극겸文克謙과 혼인관계를 맺었기 때문이다.**59**

문반 구조의 분열은 날마다 더욱 뚜렷해졌다. 의종은 재추·환관·내시 등의 아첨하는 신하로 둘러싸였다. 이들에게서 축출되거나 국정에 환멸을 느낀 일부는 외면하기 시작했으며, 일부는 빠르게 악화되는 사태를 종식시킬 마지막 세력은 무신이라고 생각했다. 왕자 경과 정안 임씨, 그리고 무신 사이의 느슨한 관계는 이미 형성되어왔다. 문신들이 분열하지 않았다면—그리고 핵심 관원들이 왕실의 행동에 환멸을 느끼지 않았다면—무신의 난이 성공할 수 있는 기회는 크게 줄었을 것이다. 그들은 1170년 여름 피할 수 없는 갈등으로 나라를 몰고 간 주요 세력이었다. 그 뒤 음력 8월 무신들은 정중부의 신호에 따라 봉기해 50명 이상의 문신·환관·내시를 죽이거나 유배 보내고 의종을 강제로 퇴위시켰다. 『고려사』의 기록은 다음과 같다.

국왕이 보현원의 문을 들어선 뒤 신하들이 물러가려고 할 때 이고 등은 임종식林宗植·이복기李復基 등을 문 앞에서 직접 죽였다. 한뢰韓賴는 친한 환관에게 의지해 몰래 국왕의 침상 아래 숨었다. 국왕은 크게 놀라 환관 왕광취王光就에게 막도록 했다. (⋯) 곧 승선承宣 이세통李世通 등과 호종하던 문신 및 대소 신료·환관들이 모두 죽임을 당해 시체가 산처럼 쌓였다.**60**

정변 이후

정변의 성공을 확인한 무신들은 문신들의 협력을 이끌어냈다. 실제로 의종과 그의 측근들에게 비판적이었던 많은 문신은 새 조정에서 중요한 지위로 올라갔다. 그러나 무신이 반란을 지휘했기 때문에 그들은 보조적 역할에 그쳤다. 주동자는 정중부·이의방·이고였는데, 모두 국왕의 호위부대 출신이었다. 무신 지도자들은 처음에 자신들의 거사에 참여하기를 거부한 관원들을 살해했지만, 그들의 주요 목표는 의종 주위에 모여 나라를 그르치고 무신을 모욕한 인물들이었다. 무신 지도자들은 적어도 23명의 내시를 권력에서 축출했다.[61] 숙청해야 할 가장 거대한 단일 집단이었던 내시는 의종의 치세 동안 궁중 사무에 지속적으로 개입해왔다. 그들은 늘 의종의 가장 가까운 조언자로서 국왕과 확고히 연합했고, 그 때문에 무신뿐만 아니라 문신의 증오도 많이 샀다. 내시와 함께 부정한 방법으로 자리를 얻거나 의종의 실정에 기여한 13명의 인물도 축출되었다. 그들은 내시와 비슷하게 대부분 오랫동안 병사와 무신을 괴롭힌 환관과 고위 문신이었다.

정변에서는 의종 때 국방 정책을 입안한 인물들도 숙청되었다. 추밀원 관원 6명, 병부 관원 3명, 그리고 전 병마사 4명이 정변에서 희생되었다.[62] 무신 지도자들이 국가의 군사 조직을 확실하고 완전히 통제하기 위해서뿐만 아니라 문신의 재반란을 막기 위해서도 이들과 그 밖에 무반직을 가진 문신을 제거하는 것은 핵심이었다.

1014년(현종 5)에 일어난 주요한 첫 번째 무신의 난의 온건한 목표가 그런 재반란으로 좌절되었다는 것은 주목할 만하다.

끝으로 무신은 의종의 방종에 가담했던 대간은 물론 중서문하성의 관원도 숙청했다. 무신들은 최유칭崔褒偁·최온崔溫·허홍재許洪材 등 문하시중 11명 중 3명을 제거했는데, 모두 의종의 측근이었다. 또한 추밀원과 중서문하성의 하위 관원 9명도 축출했다. 추밀원은 국방 문제를 논의하고 왕명 출납을 관장한 관서였다.[63] 뒤의 기능에서 그들은 국왕에게 올릴 사안을 결정하고 왕실의 발언을 대변했다. 중서문하성은 매일 간언하고 정책을 입안하는 중요한 역할을 맡았다. 치세 말기 의종에게 포섭된 대간 중에서도 9명의 고위 관원 중 4명이 좌천되거나 살해되었다. 천문 현상을 보고하고 자연 사건을 관찰해 간언하는 책임을 맡은 사천대司天臺도 비슷하게 그 관원 중 3명이 축출되었다. 이 모든 관서에 있던 사람들은 무신과 문신의 열망을 좌절시켰으며 의종을 이용해 자신의 개인적 이익을 채웠다.

자주 비판된 대로, 무신 지도자들이 1170년의 정변에서 모든 문신을 가차 없이 학살한 것은 아니었다. 그들은 숙청 대상을 상당히 선별했다. 예컨대 윤인첨尹鱗瞻은 정변에서 살아남았고 다음 왕대에 고위직으로 승진했지만, 그의 형제 윤돈신尹敦信과 아들 윤종악尹宗諤은 모두 살해당했다. 무신 지도자들은 의종의 치세 동안 국정의 혼란을 초래했으며 지나치게 과시하고 게으른 관원들을 가장 자주 공격했다. 임무에 충실하고 정직했던 관원들은 대부분 처벌되지 않았다. 이런 개혁적 성향과 함께 나타난 것은, 일단 권력을 장악하면 국방 정책의 수립은 물론 무력적 기반을 완전히 통제하려는 무신 지도자들의 열망이었다.

무신 지도자들이 모두 정변에 찬성한 것은 아니었다. 일찍이 지적되었듯이, 정변의 주요한 추진력은 견룡군에 소속된 인물들에게서 나왔으며, 그 뒤 새 조정에서 요직으로 승진한 것도 그들이었다.[64] 장군 우학유 같은 그 밖의 인물들은 정변 결과에 우려를 나타냈고 주모자에 참여하지 않는 쪽을 선택했다. 그 뒤 우학유는 자신의 태도를 후회하면서 이의방 가문과 혼인관계를 맺어 자신을 보호했다.[65] 이군 육위에 소속된 무신들은 무신의 난 이후 첫해 동안 부수적인 국방 정책을 계속 운영했다.

의종의 아우로 왕위를 계승한 명종(재위 1170~1197)의 치세 동안 무신 지도자들이 확립한 중방은 의사 결정의 중심 기구가 되었지만, 문반 구조는 정책 수립에 여전히 중요했다. 새 지도자들은 오랫동안 문신이 통치해온 고려는 남아 있는 문신이 운영하는 것이 최선이라고 결정했다. 이 정책으로 그들의 통치는 유능한 행정과 합법성을 모두 누릴 수 있게 되었다. 왕조의 문반 구조에서 핵심적인 인사 운영은 1170년 무신의 난의 참신한 측면을 보여준다.

명종의 치세 첫 5년 동안 조정을 장악한 44명은 그들 중 일부였다.[66] 9명(20퍼센트)만이 무반 품계를 가진 것으로 기록되어 있는 반면, 34명(77퍼센트)은 현직 문신이었다. 그런 문신 중 22명(65퍼센트)이 문과에 급제했는데, 전체의 절반이다. 그들 중 대부분의 가문은 알려져 있지 않지만, 적어도 21명(48퍼센트)은 1170년 이전 5품 이상의 품계를 가진 아버지를 두었다. 완전한 기록이 남아 있다면 이런 수치는 좀 더 높아질 것이 분명하다. 그들 중 12명(27퍼센트)은 5품 이상의 조부가 있는 것으로 밝혀졌다. 최유청처럼 유력한 지방 가문 출신의 직계 조상을 가진 일군의 인물들도 계속 관직을 가졌다. 유력한 지방 가문—예종 때 한안인과 관련해 처음 보이며 그 뒤 인종과 의종 때는 통합의 중심이 되었다—은 명종 때도 계속 잠재력을 가졌다.[67] 관직에 진출한 천계 출신은 하나가 아니었다. 그 숫자를 가늠하면, 평민 출신도 조정에 들어갈 수 있었지만 아버지가 이미 일정한 관직을 가졌다면 그 사람이 성공할 수 있는 기회는 결정적으로 높아졌다는 것이 명백해진다. 그리고 과거에 급제한 인물은 더 확실하게 관직에 임명되었다.

이런 흐름은 가장 중요한 기구인 재추의 구성을 살펴보면 더욱 뚜렷해진다. 이 시기에 기록이 남아 있는 13명의 재추 중에서 4명은 무신이었고 나머지 9명은 문신이었다. 무신들은 이전에 재추로 활동하지는 못했지만 저명한 가문 출신이었다. 그 4명 중 3명은 이전 왕대에 유명한 장군을 배출한 가문 출신이었다. 예컨대 양숙梁淑은 의종 때 문반직을 가지기도 했다. 문신 9명 중 적어도 5명은 과거에 급제했으며, 8명은 이전에 관원을 배출한 가문 출신이었다. 임극정·최유청·윤인첨 같은 인물은 정변 직후 재추가 되었다. 경주 김씨·경원 이씨·이천 서씨도 두각을 나타냈다. 재추의 유력 인물들이 정변으로 급격히 변동한 것은 분명히 아니었다.

무신 지도자들이 중앙 조정의 특정 영역을 장악하려고 시도한 것

같지는 않다. 재추에서 그랬듯이, 추밀원의 중요한 하위 관직은 대부분 문신과 무반 가문이 공평하게 분배했다. 병부에 임명된 무신은 이의방 혼자였다. 이의방은 정변 주도자 중 한 사람이었고, 그 관직을 거점으로 많은 사람의 승진을 포함해 그 관서의 업무를 지시할 수 있었던 것이 분명했다.

그 뒤 문신들은 다양한 이유로 새 체제에 참여했다. 새 지도자들은 의종을 강제로 퇴위시키고 명종을 옹립했지만, 왕실은 인물들을 선택하는 데 영향력을 갖고 있었다. 외척은 물론 민영모閔令謨·최여해崔汝諧 같은 명종의 일부 측근은 국왕과의 관계 덕분에 관직을 받았다.[68] 그리고 앞서 말했듯이 문신들은 합법성의 근거를 빌려주었으며 행정을 운영했다.

정변은 이전부터 시작되어 의종 때 격화된 정치적·사회적 갈등의 산물이었다. 독립하려는 의종의 모색은 역설적으로 그를 몰락시켰다. 그는 강력한 정적들을 괴롭혔다. 조정 관원·환관·내시의 방탕과 오만을 용인한 그의 방임은 문신과 무신의 분노를 불러왔다. 국왕과 그의 동생·모후 사이에 형성된 분열은 당시의 정치를 더욱 일그러뜨렸다. 견제할 수 있는 왕조의 정치 기구는 없었으며, 언론 기관의 간쟁—정치적 음모에 따라 고무되고 과도한 압력을 부과한 것이 분명한—은 무시되었다. 긴장이 커지면서 무신 지도자들의 불만과 문신 학자들의 환멸은 1170년의 무신의 난으로 융합되었다.

정변이 끝나고 명종이 즉위하면서 무신 정권은 점차 문제를 드러냈고 혼란에 빠져들었다. 명종의 치세가 시작되면서 일부에게는 과

거의 불만을 해소할 수 있는 기회가 주어졌다. 이의방과 그 뒤의 이의민 등에게 그것은 권력을 잡고 나라의 부를 차지할 수 있는 기회가 되었다.

2장

명종의
치세

GENERALS AND SCHOLARS

1170년 무신 지도자들은 명종을 옹립했지만 이 새 국왕은 뒤이은 권력 투쟁에서 부차적인 볼모의 지위로 격하되었다. 고려의 역사에서 가장 불안한 기간 중 하나인 명종의 치세는 고려에 멸망이 가까워오는 것을 지켜보았다. 장군들은 정변과 반정변을 거치면서 급격히 교체되었고, 무정부 상태로의 이런 전락은 1196년(명종 26)에 최충헌이 집권하고 이듬해 명종을 퇴위시킨 뒤에야 멈췄다. 이 장에서는 명종의 치세에 나타난 사회적·정치적 혼란을 탐구할 것이다. 새로운 무신 지도자들은 무신과 문신 사이의 권력 구도를 수정하려고 했지만, 새로운 균형에 이르지는 못했다. 이 시대는 통제를 잃고 개인적 변덕과 탐욕에 항복한 모든 사회에서 나타나는 현상을 생생하게 보여준다. 이런 배반의 시대의 산물인 장군 최충헌은 불안을 진정시키고 자신의 통치 아래 나라를 영광스런 지난날로 되돌릴 수 있는 방법을 찾으려고 노력했다.

무신의 통치

1170년 무신 지도자들은 즉시 권력의 결정권자가 되었다. 그들은 명종을 국왕으로 추대하고 각 관서에 통치를 돕게 했지만, 새 체제는 무신 체제와 무신 개인들이 이끌었다. 정중부는 이고·이의방과 함께 정책을 수립하면서 중방의 도움을 받았다. 중방은 어떤 문신들을 숙청에서 제외해야 하는가를 결정해 정변에서 중요한 역할을 했다.[1] 정변이 끝난 뒤 정중부 등의 주도자는 중방을 거쳐 정책을 결정했다. 최고 자문기구로서 중방은 적절한 처벌과 사법적 판단, 그리고 문반 구조의 운영까지 심의했다.[2] 여러 측면에서 중방은 이전에 재추가 수행했던 핵심 역할을 맡았다. 또한 중방은 문신의 권력을 줄이는 정책도 수립했다. 그들은 문반 관직 수의 감축을 요구했다. 내시직은 다른 관서와 겸임케 했다.[3] 또한 문신의 임명 절차를 감독했을 뿐만 아니라 순찰의 파견을 지시하고 군사 재판을 원래대로 시행함으로써 국방 정책을 수행했다.[4]

재추와 마찬가지로 중방은 합의로 정책을 결정했다. 무신의 난 이전 고려에서 매우 보편적이었던 소수의 합의에 따른 의사결정 과정은 중방으로 이어졌다. 그러나 이제 고위 문신 대신 장군들이 여러 방안의 책임을 맡게 되었다. 명종의 치세 전반前半 동안 중방 지도자들은 국가 권력의 많은 부분을 감독했다. 평화기에 이런 체제는 일정한 안정을 가져왔다. 그러나 몇 년도 안 되어 그것은 체제를 고정시켜버렸다. 정중부를 포함한 어떤 개인도 국가를 지배할 수 없었으며 야심 있는 관원들은 권력을 행사하고 암살과 재암살을 감행해 자기 지위를 높이고 국가를 통제했다.

정중부도 동등한 여러 인물 중 첫 번째에 지나지 않았다. 이고와 이의방도 권력을 향한 경쟁자였기 때문이다. 그들은 모두 견룡군에 있었고, 앞서 지적했듯이 무신의 난을 일으키는 데 핵심 역할을 맡았다. 그들은 중방에서 국가 정책의 주요한 윤곽을 만들었다. 또한 무신 지도자들은 통치 과정에서 많은 문신을 참여시켰다. 무신의 난을 앞뒤로 일부 문신 지도자의 역할 및 무신과의 제휴는 명백했다. 문신 지도자들은 새로운 무신 정권이 안정되도록 도왔고, 그런 노력으로 그 시대에 일정한 합법성을 부여했다.

왕조의 구조

1175년(명종 5)부터 최충헌이 집권한 1196년(명종 26)까지 문반 구조는 이 시기에 일어난 미묘한 변화를 뚜렷이 보여준다. 그중에서도 두드러진 변화는 통치 체제의 변화—특히 무신들의 새로운 중요성—와 고위 관직에 진출하는 장벽이었던 계층적 차별이 약화된 것에서 보이듯이 제도적·사회적 변화였다.

문신은 이 시기(1175~1196)에도 조정에서 관직의 다수를 차지하고 있었다.[5] 이 시기에 문반 품계를 가진 것으로 나오는 76명 중 46명(61퍼센트)은 문반직을 거쳐 입사했고 문신으로 분류되었다.

26명—문반직을 가진 인물 중 34퍼센트 정도—은 원래 무신이었다. 4명의 관직은 명확하지 않다. 1장에서 서술했듯이, 정변 이후 첫 5년과 견주어 이 시기의 변화는 더욱 극적이다. 무신의 참여는 20퍼센트에서 34퍼센트로 늘어났다. 이런 변화와 함께 과거 급제자의 숫자도 줄었다. 앞 시기보다 5퍼센트가 적은 34명(45퍼센트)만이 급제했다. 그럼에도 문신의 74퍼센트가 급제했다는 사실을 고려하면, 과거는 여전히 문신으로 입사하는 중요한 경로였던 것이 분명하다.

가문이 떨어지는 인물들이 명문 출신과 나란히 고위 관직에 오르면서 사회적으로 중요한 흐름이 나타났다. 31명 정도 또는 41퍼센트에 가까운 인물이 5품 이상 오른 아버지가 있었고, 그 집단의 3분의 2 정도는 같은 품계에 이른 조부도 있었다. 이런 수치는 이전 시대의 인물들과 비슷하지만, 출신이 모호하고 낮거나 뛰어나지 않은 인물의 숫자가 늘어났다. 이의민·박순필朴純弼·최세보崔世輔·조원정曺元正 같은 인물은 모두 이전에는 고위 관직에 오를 수 없던 비천한 출신이었다.[6] 1170년 이전 고려를 상징한 엄격한 사회법을 떠올리면 사회적으로 열등한 출신이 높은 지위에 오른 것은 조정의 질과 효율에 즉각적—그리고 부정적—영향을 준 중요한 흐름이었다.

재추의 구성은 이런 흐름을 반영한다. 중방이 재추의 여러 기능을 맡았지만 장군들은 두 관서를 겸직하고 있었는데, 이것은 이 두 관서의 기능이 이 시기에 합쳐지고 있음을 보여준다.[7] 중방은 재추에 의존해 자신의 결정을 합법화했고, 그들을 소집해 국왕과 만나 장군들이 입안한 정책을 승인했다. 이 시기의 재추 35명 중 16명(절반이 조금 안 된다)은 무신이었지만, 18명은 문신이 분명했다. 1170년까지 문신만 재추에 들어갔음을 고려하면, 정변의 영향은 즉각 뚜렷이 나타난 것이었다. 사회적 변화는 박순필·최세보·이의민처럼 사회적으로 비천한 배경을 가진 인물들이 이런 명망 있는 관직을 가졌다는 측면에서 동일하게 극적이었다. 절반이 조금 안 되는 인물(14명)이 5품 이상의 아버지를 두었다. 이것 또한 이전 시대보다 줄어든 수치다.

그들이 가진 관직의 일반적 구성을 살펴보면 또 다른 흐름이 나타난다. 무신은 많은 관직을 차지했는데, 추밀원과 대간 등의 여러 관서에 있는 문신 숫자와 거의 같다. 그러나 문신은 예부·중서문하성·지공거 같은 관서를 계속 독점했다. 예부는 의례를 감독하고 유교 교육을 담당했기 때문에 문신은 자연히 그 관직을 차지했다. 비슷하게 지공거는 무신과 거의 어울리지 않는 기능인 과거를 시행했다. 여기서 조사한 바에 따르면 중서문하성의 1~3품에는 무신이 없었다. 그 구성원 중 확인된 인물들은 1명을 빼고 모두 과거에 급제했다. 이 품계의 관원들이 조정의 정책을 실제로 입안하고 검토하는 업무를 대부분 맡았다. 중방은 재추와 함께 정책을 결정했지만, 품계가 낮았던 그 관서는 기초 작업과 정책 평가의 대부분을 감독했다.

명종의 치세 동안 이런 관서에 임명된 인물들은 당시를 특징지은 새로운 흐름을 반영했다. 문신은 행정 관서의 대부분을 장악했고 거의 모두 과거에 급제했지만, 무신은 권력을 분점했다. 임무의 장벽이 무너지면서 비천한 출신이 핵심 관직을 갖는 것을 막았던 견고한 계층 구분도 그렇게 되었다. 행정 경험이 부족한 인물들이 통치하기 시작한 결과 나라에 심각한 문제가 생겨났다. 정변 이후 첫 10여 년 동안 일부 문신과 무신의 헌신적 지도력이 없었다면 그 문제는 더욱 악화되었을 것이다. 그러나 앞으로 보듯이 이런 유능한 인물들의 행동은 1180년대 이후 발생한 혼란을 막는 데는 충분치 않았다.

무신 내부의 투쟁

정변의 지도자들은 극복해야 할 내부적 문제가 많았다. 이의방·이고·정중부 세 사람 가운데 정중부는 장군이었지만 이의방과 이고는 그보다 낮은 품계의 산원이었다. 이고와 이의방은 채원蔡元과 함께 정변을 공격적으로 밀어붙인 핵심 인물이었지만, 정중부와 그 밖의 장군들은 좀 더 온건한 계획을 갖고 있었다. 실제로 1160년대 중반 정중부의 지원을 이끌어내 그와 다른 핵심 무신의 접촉을 이용한 것은 이고와 이의방이었다.[8] 이들 사이의 긴장이 폭발하는 데는 오래 걸리지 않았다. 무신의 난이 일어난 지 넉 달 만에 이고는 자신의 행동을 비판한 무신 지도자 몇 명을 죽였다. 이 사건 직후 이의방은 이고를 살해했다. 넉 달 뒤 시기한 이의방은 또 다른 무신인 채원을 죽였다.[9] 자신들의 약점을 깨달은 이의방과 정중부는 우호 조약을 맺었고, 그것은 정중부의 아들 정균鄭筠이 갑자기 이의방을 암살한 1174년(명종 4)까지 유지되었다. 정중부와 그의 아들이 이의방을 제거한 뒤 좀 더 온건한 인물들이 책임을 맡았다. 그러나 그 과정에서 요직에 승진하기를 바란 일반 무신들은 자신의 꿈이 깨지는 것을 보았다.

긴장 상태는 20대의 젊은 장군 경대승이 1년 뒤 정중부와 그의 아들 정균을 살해하면서 나라를 분열시켰다. 무신의 지도력이 실패한 데 분개한 경대승은 국왕에게 모든 권력을 복원시키고 나라에서 해악을 몰아내겠다고 맹세했다. 바로 전임자처럼 그는 무신의 난에서 벗어나 분위기를 가라앉히려는 정책에 착수했지만, 이런 행동은 많은 사람의 적대감을 불러왔다. 그는 부담과 불안 때문에 5년도 채 안 되어 사망했다.[10]

경대승의 짧은 집권은 몇 가지 이유에서 주목할 만하다. 첫째, 그는 문신 통치를 복원하겠다고 맹세했지만 중방은 계속 정책을 결정했다.[11] 둘째, 그는 도방都房이라는 특별한 호위부대를 만들었다. 경대승이 신봉자들을 규합해 개인적 호위부대로 삼은 것은 하나의 혁신이었다. 경대승은 정중부를 죽인 뒤 "두려워 결사대 백 수십 명을 자기 집에서 양성했다. 그들을 도방이라고 부르면서 만일의 사태에 대비했다"고 역사서는 기록했다.[12] 끝으로 경대승이 죽은 뒤 새로 등장한 이의민은 나라의 통치권을 장악했다.

노비의 아들인 이의민은 왕국을 빠르게 뒤덮은 배반을 구체적으로 보여주었다. 우선 이의민은 중앙군으로 들어가 무예 실력으로 의종의 관심을 끌고 총애를 받아 즉시 별장別將(정7품)으로 승진했다. 무신의 난과 함께 그는 중랑장(정5품)이 되었고 곧 장군이 되었다. 이의방의 특별한 후원을 받으면서 이의민은 한없이 오만해졌다. 1173년(명종 3)에 그는 의종을 살해했다. 이 범죄에도 불구하고 이의민은 최고 무신 품계까지 승진했고 당시의 좀 더 위험한 반란들을 진압하는 데 공헌했다.[13] 경대승이 집권하자 이의민은 갑자기 눈 밖에 나서 본관인 경주로 물러갔고 정치 환경의 변화를 기다렸다. 경대승이 죽자 이의민은 수도로 돌아왔다.

국왕으로서 명종의 약한 면모는 이의민과의 관계에서 드러났다. 국왕은 경대승이 죽은 뒤 이의민이 경주에 남아 있으면 반란을 일으킬지도 모른다는 우려에서 그를 도성으로 불렀다. 이의민은 장대한 체격으로 명종을 위협했고, 권력을 열망하는 아첨꾼들 때문에 대담해져 나라를 떠맡았다. 그러나 이의민은 국왕과 친밀한 관계를 유지해야 자신의 이익을 자유롭게 추구하는 동시에 그의 후원도 얻을 수 있다는 사실을 알았다.[14] 이의민은 자율권이 커지고 왕국의 유일한 결정권자가 되면서 중방 같은 기구를 무시하고 문반 구조를 이용해 자신의 의지를 관철했다. 그와 그의 아들들은 1184년(명종 14)부터 1196년(명종 26)까지 나라를 약탈했다. 그해 또 다른 장군 최충헌이 그를 암살했다.

새로운 권력관계가 형성되고 여러 무신 지도자 사이에서 경쟁이 분출하면서 명종의 치세는 상당히 불안해졌다. 무신은 자신의 지위를 보호하고 무력으로 자신의 계획을 뒷받침하려는 목적에서 문객門客이라고 불리는 추종자를 양성하기 시작했다. 이자겸 같은 이전의 독재적 문신 지도자들에게 무력의 원천이 되어왔던 사병 조직은[15]

무신의 난이 끝나자 급속히 확대되었다. 무신의 난 직후 채원이 살해되었을 때 그가 거느린 병사는 대부분 그와 함께 죽었다. 1174년에 이의방이 암살되었을 때도 비슷한 현상이 나타났다.[16] 이런 주도자들 외에 조원정 같은 인물은 경호원이나 다름없는 자신만의 수행원 집단을 거느렸다.[17]

경대승의 호위부대인 도방은 이런 흐름을 제도화한 사병 운영을 보여준다. 경대승은 도방에 110명 정도의 병력을 두었다. 그는 자신의 집에 이 부대를 주둔시키면서 격일로 경호케 했다. 그는 그들에게 베개와 담요를 지급하고, 그들에 대한 신임을 보여주려는 목적에서 같은 담요를 덮고 자기도 했다.[18] 지도자와 추종자의 충성의 끈은 매우 강해서 이 연결이 끊어지면 지도자를 잃은 추종자들은 위험에 빠졌다. 예컨대 경대승이 죽자 도방 지휘관인 김자격金子格은 적절한 장례를 치르기 위해 자금을 모았는데, 나중에 도방이 반란을 꾀한다는 무고를 당했다. 조정에서는 질서에 대한 위협을 감지하고 도방 군사 대부분을 유배 보내거나 처형해 경대승의 도방을 해체했다.[19] 사병의 광범한 활용은 당시의 정치 구조를 혼란과 무질서에 빠뜨렸다.

문신들은 몇 개의 무산된 반정변을 일으켜 무신의 난에 뒤따른 혼란을 가중시켰다. 첫 사건은 1173년 동북면 병마사인 김보당金甫當의 난이었다. 김보당은 1171년 공부시랑工部侍郎에서 좌천된 뒤 새로운 무신 지도자들에게 반감을 키웠다. 마침내 그는 1173년 이의방과 정중부를 죽이고 왕권을 완전히 회복하려는 의도로 동북면에서 군사를 일으켰다.[20] 무신 지도자들은 이 반란을 한 달도 안 되어 진압했지만, 서경 관원이었던 또 다른 문신 조위총趙位寵이 이듬해 같은 목적으로 서북면에서 거병했다. 조위총은 의종 말엽 병부상서였으며 이때 다른 문신들과 함께 축출된 것으로 생각된다. 문신에 대한 탄압에 분노한 그는 1년 반 동안 사로잡히지 않고 무신들을 피해 다녔다.[21] 이 두 반란—북방에서 일어났고 비슷한 동기를 가진 인물들이 이끈—은 새 무신 지도자들이 직면한 위험을 극적으로 보여주었다. 북방은 1135년(인종 13) 묘청의 난의 근거지였고 국경과 맞닿아 있기 때문에 외국의 위협에 특히 취약했다. 또한 이 두 사건은 중앙 조정에 대한 경멸이 북방에서 발원했음을 보여준다. 효과적으로 동원되었다면 이런 세력은 새로운 무신 정권에 도전이 될 수 있었다.[22]

고려 사회는 12세기 말엽 천천히 해체되었다. 새 무신 지도자들은 중방에 권력을 통합하고 문반 구조를 운영해 행정적 일관성을 지닌 외형을 유지하려고 노력했지만, 중앙 조정은 통제력을 잃었다. 행정 경험이 없는 인물들—일부는 군인이고 다른 일부는 천계 출신이었다—의 흥기는 통치의 혼란에 분명히 영향을 주었다. 최고 무신 지도자 사이의 권력 투쟁은 개인적 타격만을 가져온 것이 아니라 그들을 추종한 무신들의 경쟁을 촉발시켰다. 문신 권력의 전복에 분노한 문신들도 반란을 일으켰다. 이런 반란들은 즉시 농민과 승려의 대규모 봉기로 이어졌다. 그 뒤 유학자들에게서 노비의 아들로 비판된 이의민이 1184년(명종 14)에 집권했을 때 모든 제한은 사라졌고 약탈과 절도는 당시의 기준이 되었다.

최충헌의 시각: 1170~1196

최충헌은 1196년의 정변을 이끈 직후 명종 때의 비극을 돌이켜보았다. 그는 10조에 걸쳐 개혁의 핵심을 지적한 상소「봉사십조奉事十條」에서 앞선 20년의 실정을 비판했다.[23] 그는 중앙 조정·유력 가문·고위 승려, 그리고 나라를 완전한 몰락에 가깝게 몰고 간 무능한 정책의 책임을 공격했다. 그는 그 상소에서 농민 반란으로 일어난 혼돈과 승려들이 야기한 폐단, 그리고 노비의 불충을 언급했다. 최충헌의 개혁안은 명종 때의 혼란을 이해할 수 있게 하지만, 조심스럽게 연구해야 한다. 그 시대와 국왕에게 제기된 많은 비판은 최충헌의 행동을 정당화하려는 목적에서 인용되었다. 아울러 조선 전기에『고려사』를 편찬한 인물들은 이 시대를 묘사하면서 무신의 실정을 반복해 비판하는 수단으로 이「봉사십조」를 집요하게 이용했다. 그럼에도 최충헌의 개혁안은 이 시대의 특징인 더욱 확대되는 무정부 상태를 살펴볼 수 있는 창문을 제공한다.

최충헌이 보기에 조정은 문제가 있었다. 10조 중 네 조에서 그는 관원들이 국정에 태만한 채 자기 이익만 추구한다고 비판하면서 나라가 정치적·사회적 파산에 빠지도록 내버려두었다고 비판했다. 2조에서 그는 관원이 지나치게 많아 재정적 곤란이 초래되었다고 주장했다.

2조. 요즘 양부兩府(문하부와 추밀원—지은이)와 여러 관서에 인원이
너무 많아 녹봉이 모자라고 폐해가 심각합니다.

최충헌은 왕조 전체의 조직을 개혁하려고 했다. 그가 이 상소를
쓰기 12년 전인 1184년(명종 14) 중방도 비슷한 주장을 제기해 특정
한 문반 관서의 숫자를 줄이려고 했다.[24] 최충헌은 문신의 과도한
숫자 외에도 관원을 부패시킨 명종 때의 여러 문제점을 지적했다.
그는 4·5·7조에서 그 문제를 언급했다.

4조. 공사公私의 조세와 공납은 모두 백성이 내는 것입니다. 백성이
가난하면 어디서 충분히 거둘 수 있겠습니까? 간혹 부패한 서리들은
이익만 추구해 걸핏하면 백성을 수탈합니다. 권세를 가진 가문의 노
비들도 다투어 전조田租를 징수하니 백성은 모두 고통으로 신음하고
있습니다.

5조. 지금 여러 도의 관원들은 민생을 살펴야 하지만 그러지는 않고
착취만 일삼아 나라에 바친다는 명목으로 물품을 운반하지만 개인
적으로 착복하는 경우도 있습니다.

7조. 군현의 향리들은 대부분 탐욕스러워 염치를 잃었지만 각도의
관원들은 내버려둔 채 조사하지 않고 있습니다. 어질고 깨끗한 사람
이 있어도 알지 못하고, 패악을 마음대로 부리게 하며, 깨끗해도 아

무 이익이 없으니 어떻게 경계하고 권면하겠습니까?

8조에서 최충헌은 관원들의 과시하는 행동을 비판했다.

지금 조정 신하들은 절검節儉하지 않아 집을 보수하고 진귀한 보석으로 옷을 장식하면서 그것을 자랑하고 기이하게 여기니 풍속이 날로 그릇되고 있습니다.

조정 관원들에게 불만을 가진 최충헌은 유능한 인물이 많아지면 개혁이 성공할 것이라고 믿었다. 앞서 보았듯이 그의 정변이 일어나기 전 모호하고 열등하거나 뛰어나지 않은 배경 출신으로 고위 관직에 오른 인물이 늘어나고 있었다. 이의민과 그 밖의 천계 출신은 이전 왕대에는 요직을 가질 수 없었다. 천계 출신 외에 권력을 가진 환관들도 권력을 남용해 범죄를 저질렀다.

노비 출신은 명종의 치세 동안 새로운 자유를 얻었다. 일부는 이런 권한을 이용해 면천되었고 다른 일부는 경제적 안정을 얻었다. 1188년(명종 18) 주목할 만한 사건이 일어났다.

평량平亮은 평장사平章事 김영관金永寬의 가노家奴로 견주見州에 살았는데 농사에 힘써 재산을 모았다. 그는 권력자들에게 뇌물을 써 면천해 양민이 되어 산원동정散員同正에 임명되었다. 그의 처는 소감少監 왕원지王元之의 여종이었다. 왕원지는 집이 가난해 식구들을 이끌고 평량에게 가서 의탁했는데, 평량은 따뜻하게 맞아 위로하며 도성으로 돌아가라고 권유한 뒤 몰래 처형 인무仁茂·인비仁庇 등과 길에서 기다려 왕원지 부부와 그 자녀들을 죽였다.**25**

결국 대간이 개입해 평량을 유배 보냈지만, 그는 돈을 이용해 양민으로 신분을 상승시킨 것이었다. 그 밖에도 얼마나 많은 노비가 돈과 영향력을 이용해 사회적 장벽을 무너뜨렸는지는 확언할 수 없지만, 이 기간 동안 노비들은 많은 역할을 수행했다. 이런 흐름은 노비의 처들이 가끔 남편과 떨어져 살면서 다른 주인에게 소속되었다는 사실을 보여준다. 왕원지의 경우처럼 노비 소유주는 안전을 위해 이전 노비에게 자신을 의탁하기도 했다.

노비는 주인이 재산을 모으도록 도왔다. 1177년(명종 7) 염신약廉信若의 노비는 주인의 토지에서 수확하라고 파견되었다가 다른 노비와 언쟁을 벌여 결국 주인이 관직을 잃게 만들었다.**26** 여기서 흥미로운 사실은 염신약이 자기 토지를 관리하고 수확하는 데 노비를 이용했다는 것이다. 주인은 중국으로 가는 공식 사행에 노비를 보내기도 했다. 송유인宋有仁의 노비는 주인의 권력에 기대 사행을 이끈 인물의 명령을 어기고 금으로 갔으며 금 조정이 그의 입국을 불허한 뒤에야 멈췄다.**27** 노비들은 이런 이득이 되는 사행에서 주인들이 재산을 축적하는 데 도움을 주었다.

주인과 노비의 관계는 가까웠다. 주인은 노비의 행동 때문에 처벌받을 수 있었다. 자신의 노비가 물품을 놓고 다른 노비와 싸워 왕공

王琪이 그랬던 것처럼, 염신약은 노비의 행실 때문에 관직을 잃었다. 그리고 주인을 잃으면 노비도 고통을 받았다. 이의민을 암살한 뒤 최충헌은 관원들을 지방으로 보내 그의 노비와 가신들을 처벌했다.[28] 노비의 삶은 고단했지만, 명종의 치세 대부분 동안 나아졌다. 이런 폭넓은 해방을 고려하면, 노비가 이 기간 동안 커다란 소요 하나에만 참여했다는 것은 놀랍지 않다. 그들은 새 질서에 도전할 이유가 없었는데, 지위가 높아졌고 그런 새 지위에서 상당한 정도의 이동성을 누렸기 때문이다.

그 밖의 천계 출신도 이 시기에 비슷한 운명의 상승을 경험했다. 전통적으로 낮은 사회적 지위를 가진 환관은 정책 결정을 도왔다. 그들은 국왕 주위에서 총애를 받으며 많은 사건에 영향을 주었다. 환관과 고위 대간들이 목욕하고 술 마시려고 모인 사례가 있었다.[29] 사회적 행동에 관련된 이런 형식의 이완과 더불어 조정에서 승진에 적용되는 관례적인 한직限職에도 변화가 나타났다. 관노비인 옥공玉工의 아들 조원정은 의종 때는 7품 이상 올라갈 수 없었지만 무신의 난과 함께 최고직으로 승진했다. 이준창李俊昌도 비슷한 사례를 보여준다.

이준창의 어머니는 예종의 궁인 출신이다. 궁인은 본래 천한 노비다. 옛 선례에 따르면 궁인 자손은 7품에서 승진이 제한되며 과거에 급제한 사람만 5품까지 올라갈 수 있다. 이때 이준창은 3품에 임명되었다.[30]

노비와 환관, 그리고 그 밖의 낮은 신분 출신이 요직으로 승진했다. 최충헌은 관원의 자질 저하를 지켜보면서 이런 변화가 농민 불만이 증가하는 데 직접적 영향을 준다고 믿었다.

그는 노비와 환관, 그리고 부패한 관원들의 자유로운 활동이 농민에게 피해를 준다고 파악하면서 "모든 백성이 신음하고 있으며 불만과 고통이 커지고 있다"고 지적했다. 10여 개가 넘는 농민 반란이 명종의 치세 동안 전국에서 터져나왔다. 한국사 내내 농민은 곤경을 겪은 시기에 반란을 일으켰다. 일부는 그저 당시의 부정을 시정하려고 했고 다른 일부는 새로운 사회질서를 세우려고 했다. 의종의 치세 동안 농민의 불만은 심각해졌다. 1162년(의종 16)과 1168년에 소요가 일어나자 중앙 조정은 군사와 관원을 파견했다. 이런 봉기의 원인은 대부분 가난이었다. 무신보다 가장 억압받은 집단은 농민과 사회적으로 규제된 부류였을 것이다. 가난은 농민을 휩쓸었고, 한 사례에서 대부분 농민인 부역 노동자들은 국가 사업에서 일하는 동안 자신의 식량을 준비해야 했다. 그러나 한 일꾼은 너무 가난해 식량을 준비할 수 없어 아내에게 의존했다.

하루는 그의 아내가 먹을 것을 가지고 와서 주면서 친한 사람을 불러 함께 드시라고 말했다. 일꾼은 물었다. "집이 가난한데 어떻게 마련했소? 다른 사람과 사통해서 얻었소, 아니면 훔친 것이오?" 아내는 "못생겼는데 누구와 사통하며 어리석은데 어떻게 훔치겠소? 머리카락을 잘라서 사왔을 뿐이오"라고 대답하면서 머리를 보여주었다.

일꾼은 슬피 울며 음식을 먹지 못했다. 이 이야기를 들은 사람들은 슬퍼했다.[31]

무거운 세금, 재산 상실, 열악한 토지행정도 농민을 토지에서 유리시키면서 피해를 주었다. 의종과 명종의 치세 동안 국왕과 그 측근은 사치스러운 생활로 조정을 무력하게 만들고 농민 불만에 대한 그들의 응답을 지연시켜 이런 상황을 악화시켰다.[32] 최충헌은 그의 개혁 상소에서 이런 행태를 비판했다.

농민을 안정시키려면 건전한 행정이 필수적이었다. 실제로 무신의 난 이후 첫해에 중앙 조정은 여러 지역에서 권력을 확립하려 했고 지방을 통제하려는 시도를 강화했다. 1170년대에 걸쳐 왕조는 여러 지역에 직할 관서를 새로 설치했다. 1178년(명종 8)에는 서경西京 제도를 확대해 복구했다.[33] 같은 기간 동안 인종 때 이후 폐지되었던 찰방사察訪使를 다시 지방으로 파견해 민생을 물었다. 조정에서는 지방 행정을 더 신속히 처리하기 위해 안찰사按察使에게 권농사勸農使를 겸임시켰다.[34]

이런 확대된 제도는 효과가 없었다. 최충헌이 「봉사십조」에서 지방행정 관원을 강력하게 비판한 것을 보면, 청렴한 지방 관원은 드물었다. 아울러 새로운 지방 관서를 지원하려면 조정에는 활력이 필요했다. 그러나 확산되는 정치적 혼란 때문에 조정은 균일한 행정을 확립하거나 그 지시를 집행할 수 없었다. 모든 경우에 농민은 조정의 확대된 통제에 반대했는데, 보호의 강화 없이 더 많은 간섭과 비용을 의미했기 때문이다. 그런 불만에 특별히 응답하기 위해 그들은 지방의 충성과 지방 무신의 정치적 열망을 이용했다.[35] 지방 정책이 더욱 견고해지고 행정이 좀 더 조화되었다면, 농민은 자신들의 불만을 터뜨릴 기회를 갖지 못했을 것이다. 그러나 반대 상황이 발생했고 농민 반란은 나라를 흔들었다.

명종 중반에 중앙 조정이 지방 관원을 도성으로 철수시키면서 고려의 지방 대부분은 방임 상태가 되었다. 지방의 지도자들이나 임의로 파견된 중앙 관원은 명령권을 부여받고 조세를 착복했으며, 그렇게 왕조 재정은 고갈되어갔다. 1186년(명종 16) 후자가 마침내 바닥나자 왕실은 우선 지방의 목牧에서 근무하는 관원에게 재원을 빌렸다. 토지에서 나는 이익은 사용할 수 있었지만, 그 이익의 대부분은 왕실이 아니라 지방 관원이 착복했다. 최충헌은 그런 행태를 질타했다.

최충헌은 승려도 비판했다. 불교는 국가 제도에 영향을 주었을 뿐만 아니라 강력한 종교 권력이었다. 의종은 사찰로 자주 행차했으며 승려들은 귀족·왕실과 긴밀한 관계에 있었다. 명종의 치세 동안 왕자들은 자주 승려가 되었지만 여전히 조정에 머무르며 정치에도 개입했다.[36] 6조에서 최충헌은 그런 행동으로 악화된 결과를 언급했다.

지금 한두 승려만 산에서 살고 있을 뿐 대부분은 늘 왕궁을 배회하면서 침전寢殿까지 들어오고 있지만 폐하께서는 불교에 미혹되어 그

때마다 너그러이 받아들이십니다. 승려는 이미 넘치게 총애를 받았지만 국무에 자주 간섭해 성덕을 더럽힙니다. 그러나 폐하께서는 내신內臣에게 지시해 삼보三寶(법보·불보·승보—지은이)를 이용해 백성에게 곡식을 빌려주어 이익을 걸게 하니 그 폐단이 적지 않습니다. 폐하께서는 승려들을 물리쳐 궁궐에 발을 들이지 못하게 하고 곡식으로 이익을 걸지 못하게 하십시오.

최충헌은 승려의 정치 개입과 함께 고위 관원이 사찰을 더욱 많이 짓는 것도 비판했다. 개인 기부자들은 실제로는 자신의 재단이 된 이런 사찰을 이용해 권력을 사유했다. 최충헌은 9조에서 그들을 공격했다.

태조 때는 반드시 산천의 순역順逆에 따라 사찰을 창건했기 때문에 국토가 평안했습니다. 후대에는 장군과 재상을 비롯한 여러 신하와 무뢰한 승려들이 산천의 길흉에 상관없이 사찰을 건축해 원당願堂이라고 이름 짓고 지맥을 손상시키니 재변이 거듭 일어났습니다. 폐하께서는 음양관陰陽官에게 검토케 해 비보裨補 사찰 외에는 남기지 말고 모두 철거해 뒷사람들이 본받지 못하게 하소서.

불교는 정중부 같은 무신뿐만 아니라 나라를 위협한 독립적 권력이었다. 1174년(명종 4)에 중광사重光寺·홍호사弘護寺·귀법사歸法寺·홍화사弘化寺 등 여러 사찰의 승려 2000여 명이 모여 이의방과 그 형제를 암살하려고 시도했다. 이 사찰들은 교종과 연결되었으며, 교종 승려 중에는 왕족 출신이 많았다. 이런 연관 때문에 교종은 큰 정치적·경제적 권력을 휘둘렀다. 당시의 주요한 토지 소유자 중 하나였던 교종은 온전한 토지제도에도 의지했다. 무신의 권력 장악은 이 종파의 경제적 지위에 도전한 것이었다.[37] 교종 승려들은 자신의 경제적 이익을 보호하기 위해 왕권과 전통 질서를 회복하려는 목표로 무신에 대항한 반란에 참여했다.

왕실은 1174년 교종의 반란을 교사했다. 그런 정황은 1174년(명종 4) 이의방이 암살된 직후 왕자빈으로 맞으라고 강요되던 이의방의 딸을 쫓아내라는 승려들의 요구에서 나타났다. 왕실과 혼인하려던 이의방의 시도는 왕실을 분노케 했으며 승려들에게 도움을 요청하도록 만들었다. 국왕의 형제가 권위 있는 교종 사찰인 흥왕사의 승려였고 국왕은 교종과 대체로 원만한 관계였기 때문에 왕실에서는 새로운 무신 권력자의 권력을 줄이고 이의방 같은 인물을 살해함으로써 왕권을 다시 확립하고자 교종 사찰들에 도움을 요청했다. 왕실은 왕권을 유지하는 데 불교의 영향력을 이용하면서 명종의 치세 전체에 걸쳐 불교를 적극적으로 후원했다. 왕실 구성원들은 승려가 되어 유명한 사찰에 거처했다. 승려는 교대로 궁궐을 호위하고 관군에 참여했다.[38] 승려는 국왕의 의지를 관철하는 강력한 도구였다. 이의방의 암살 시도에 공모한 데서 나타났듯이 그들은 정치에 개입했고 당시의 불안에 한 원인이 되었다.

최충헌은 왕실과 불교가 연합하고 당시 모의에 불교가 연루된 것을 크게 우려했다. 나라의 수반으로서 국왕은 왕조의 주요한 합법적 권력이었다. 왕족에서 선발된 국왕 없이 무신 지도자들이 통치한다는 것은 상상할 수 없는 일이었다. 더욱이 왕위 계승은 중국에 설명해야 했고, 공식적으로 즉위하기 전에 승인을 얻어야 했다.[39] 대부분의 법률 제정은 국왕의 재가를 받았다. 명종은 무신 지도자들의 통제를 자주 받았지만 그들의 정책을 자동적으로 승인하는 존재로 이용되면서 관원을 선발하고 자신의 측근을 조정에 배치할 수 있었다. 국왕은 나라의 도덕적 분위기를 확립했다. 그가 공정한 통치자였고 양심적으로 행동했다면 관원들도 신중하게 행동했을 것이다. 그러나 명종—그가 무신들에게서 고무되었든지 형 의종과 비슷한 성격이었든지—은 국정에 관심을 두지 않았다. 그는 술과 여자에 빠졌다. 그는 환관·총신들과 인사를 논의했고 경쟁과 뇌물을 방임해 관행으로 만들었다.[40] 왕족들은 사찰을 공식적인 거주지로 이용하면서 조정으로 돌아왔고 후궁의 지위에 있던 자신의 모후를 통해 정치에 개입했다. 최충헌은 왕실과 연결된 이런 모든 부도덕한 행동을 걱정했고, 국왕을 합법화해 자신의 권력을 구축하려고 했다.

앞서 보았듯이 재정적 무책임은 국고를 고갈시켰고, 1189년(명종 19) 나라는 지방 관원에게서 재원을 빌릴 수밖에 없었다. 조정 관원들은 왕실 재정을 무시했을 뿐만 아니라 일반적인 국가 정책도 소홀히 했다. 최충헌은 10조에서 이런 태만을 공격하면서 국왕이 현명한 조언을 찾고 간언을 받아들여야 한다고 주청했다.

중서문하성과 대간 관원은 간언의 임무를 맡고 있습니다. 그 때문에 주상께서 허물이 있으면 용감하게 간언해 처벌을 받더라도 달게 여깁니다. 그러나 지금은 모두 아부하고 굽실대며 주상의 뜻을 맞추려고만 합니다.

이 상소에서 최충헌은 대간의 폐기된 기능을 회복시켜야 한다고 주청했으며, 이것은 그 뒤 그가 변화의 도구로 간쟁을 사용할 것을 보여준다.[41]

국왕이 공식적인 궁궐로 돌아오지 않는 것은 또 다른 문제를 낳았다. 1조에서 최충헌은 이런 태만으로 나라가 무질서에 빠질 것이라고 경고했다.

태조는 (…) 궁궐을 지어 국왕이 될 자손들이 만세토록 살게 하셨습니다. 최근 궁궐이 불타 새로 지었는데 어찌 그리 크고 화려합니까? 그리고 미신을 믿어 오랫동안 임어臨御하지 않으시는데, 음양의 이치에 어긋나는지 어찌 알 수 있습니까? 폐하께서는 길일을 선택해 임어하시어 영원히 천명을 이으시기 바랍니다.

최충헌 등이 보기에 명종은 불안을 키우고 있었다.

3조에서 최충헌은 자신들의 부를 추구하는 오만한 무리를 비판했다.

관원들은 탐오하고 비루해 공·사전을 빼앗아 겸병하고 있습니다. 부유한 한 집안이 주군州郡에 걸쳐 토지를 소유한 결과 나라의 조세가 줄고 군사가 궁핍하게 되었습니다.

개인들은 불법적 토지 소유로 자신의 권력만 증가시킨 것이 아니었다. 9조에서 언급했고 염신약의 사례에서도 보았듯이, 그들은 노비를 지방으로 보내 비윤리적인 방법으로 자신의 경제적 자산을 늘리기도 했다. 최충헌은 이런 불법적 행위들이 조정의 세입을 줄여 왕조의 재정 구조를 약화시켰다고 주장했다. 불법을 자행한 인물, 특히 권력을 가진 관원들을 숙청해야 했다.

10개 조항 모두 조정 운영을 재생하고 명종 때의 무절제를 규제해야 한다는 동일한 주제를 반복한 것이었다. 특별한 관심은 평민의 문제와 백성과 조정을 부도덕한 행위에 취약하게 남겨놓은 사회적·정치적 환경에 맞춰졌다. 어느 정도까지 혼돈 상황은 약화된 행정, 무력한 국왕, 불교의 지나친 영향력, 그리고 탐욕스러운 개인의 산물이었다. 그러나 동일하게 해로운 것은 명종의 치세 내내 일어난 수많은 반란과 재반란이었다. 왕조는 이런 파괴적이며 원심력을 가진 요소를 억누르고 국가 권력을 재확립할 수 있는 지도력이 필요했다. 최충헌은 그런 지도력을 발휘하기로 결심했다.

이의민과 최충헌의 대두

최충헌은 명종 때의 문제들이 이의민의 집권으로 전형적으로 나타났다고 보았다.[42] 처음에 의종은 이의민의 남다른 신체적 힘 때문에 그를 본관인 경주에서 불러 중앙군에 배속시켰고, 거기서 그는 상장군까지 올랐다. 의종을 살해한 이의민의 오명 때문에 명종은 경대승이 죽은 뒤 그를 수도로 불렀다. 이의민의 힘에 겁을 먹은 국왕은 그를 재추에 임명했다. 1184년(명종 14)부터 1196년(명종 26)까지 12년 동안 이의민은 일시적 기분에 따라 통치하고 자신의 탐욕에 따라 나라를 수탈한 사실상의 독재자였다. 무신 정권의 중심이었던 중방은 이의민 집권기에 왕조 기록에서 거의 사라졌다. 그는 중방을 억눌러 다른 무신 지도자들이 자신의 정책에 반대하는 것을 잠재웠고, 그 결과 이전의 무인들보다 좀 더 지배적인 지위에 오를 수 있었다. 이의민은 고려의 전통적 문무 행정의 특징인 합의 결정을 폐지했다. 이로써 이의민은 짧았지만 자신의 독재적 통치를 가능케 한 변화를 시작했다. 그러나 간단히 말해서 이런 행동은 영향력 있는 자리에서 소외되어온 최충헌 같은 무신에게서 더 큰 분노를 불러왔다. 앞서 본 「봉사십조」에서 최충헌은 이의민이 초래한 폐해를 자세히 설명했다.

농민 반란은 이의민의 통치를 방해했다. 왕조의 지도력이 사라지고 나라가 정변과 반정변으로 충격을 받아 이제는 철저한 조사에서 놓여난 농민은 자신을 해방시키기 위해 투쟁했다. 이의민과 그 아들들의 계속된 권력 남용은 불만을 가중시켰다. 한 장군은 지방의 소요를 진압하려고 시도했지만 모두 실패했는데, 이의민의 아들 이지순李至純이 지방 도적들과 공모했기 때문임을 알았다. 이지순은 그 장군의 전략을 알자마자 이권을 나누는 조건으로 도적들에게 알려주었다. 정의가 불가능하다는 것을 깨달은 그 장군은 자살했다.[43] 이런 노골적 공격은 명종의 치세를 특징지은 정치·사회·경제적 붕괴를 더욱 심각하게 만들었다. 신중하되 독재적인 통제만이 질서를 다시 세울 수 있었다. 탐욕의 정치밖에 배우지 못한 천민 출신인 이의민은 사회·정치적 안정을 가져올 수 있는 영속적 구조를 세우는 데 실패했다. 그 임무는 다른 인물들—특히 최충헌—에게 남겨졌다.

다른 여러 무신과 문신처럼 최충헌에게 무신의 난 이후의 기간은 어렵고 실망스러웠다. 새 무신 지도자들은 의종의 여러 행정을 특징지은 부정과 부패—「봉사십조」에서 서술했듯이—를 줄이는 대신 그런 상황을 악화시켰다. 물론 당시의 폐단을 바로잡으려는 시도가 있었지만 오래 지속되지 못했고 불규칙했다. 그 뒤 1196년에 최충헌은 이의민을 암살하고 권력을 강화하면서 앞서 정중부·경대승·이의민이 시도한 통치와는 구별되는 방침을 추진했다.[44]

믿기는 어렵지만 최충헌이 권력을 장악한 첫 원인은 비둘기를 둘러싼 언쟁이었다. 왕조 기록들은 최충헌의 동생 최충수崔忠粹가 이의민과 그 가족에게 질렸는데, 그들이 그의 비둘기를 훔쳤을 뿐만 아니라 그가 불평하려고 하자 그를 묶은 것이 최후의 결정타였다고 서술한다. 최충헌은 조심스러웠지만, 싸우겠다는 최충수의 결심을 알게 되자 그 계획에 동참하겠다고 동의했다. 이의민이 산장에 갔을 때 최충헌과 최충수, 그리고 몇몇 최씨 일족이 공격했다. 이의민을 찌르려는 최충수의 첫 시도가 실패하자 최충헌은 안으로 들어가 이의민의 목을 베었다. 이의민의 추종자들은 충격과 공포로 도망쳤으며, 최충헌과 그의 부하들은 달려가 자신들의 성공을 보고하고 자신들의 명분을 널리 지지해달라고 요청했다.[45] 비둘기를 둘러싼 다툼은 이의민을 암살하는 추동력이 되었지만, 최충헌을 이런 행동으로 몰아넣은 또 다른 동기가 있었다. 12세기 말엽은 극한적인 음모의 시대였다. 무신의 난 이후 26년 동안 기선을 잡은 장군들은 자주 승리자로 떠올랐다. 그리고 이의민의 잔혹한 행위는 특히 심각했기 때문에 일부 무신이 정변을 꾸미는 것은 불가피했다. 그의 시도에서 시간 선택과 결말이 성공적이었던 것은 최충헌의 행운이었다.

　최씨 가문에게 이의민은 고려 사회의 하위 계층을 대표했다. 노비와 소금 상인의 아들인 이의민은 그 자신이 비천한 출신이었을 뿐만 아니라 노비 같은 천계 출신을 명망 있는 지위에 승진시켜 고려의 엄격한 사회질서를 침해했다. 대조적으로 최충헌은 성공적 경력을 갖고 있었다. 우봉牛峯 최씨인 최충헌의 아버지 최원호崔元浩는 상장군이었다. 그의 외가도 비슷하게 중요한 무신 가문이었다. 그의 외조부는 남부 지방인 진주 출신의 상장군이었다. 최충헌은 아버지의 품계를 이용해 음서를 받아 문반으로 입사했다. 몇 번 자리를 옮긴 뒤 불만을 품은 그는 무반으로 옮겼고 거기서 더 큰 명성을 얻었다.[46]

그는 명종의 치세가 시작되면서 반무신 반란을 진압해 용맹을 인정받았고 도령都令으로 승진해 수도 지역의 지휘관이 되었다. 그가 승진할 가망은 처음에는 유망한 것처럼 보였지만, 추가 임명은 느려졌다. 명종 중반 동안 그의 활동은 대부분 알려져 있지 않다. 짧은 기간 그는 경상도 안찰사로 나갔고, 도성으로 돌아온 뒤 권력을 잡은 관원들의 부패에 크게 분노했다.[47]

최충헌은 불만이 많았다. 이의민의 통치 아래서 승진하지 못했을 뿐만 아니라 「봉사십조」에서 열거했듯이 그의 독재는 나라에 해악을 끼쳤다. 최충헌과 그의 가문에게 이의민은 당시의 모든 제도적 폐해를 상징했다. 최충헌의 동생은 이의민의 아들들을 '나라의 도적'이라고 불렀으며, 최충헌은 1196년에 나라의 질서를 복구하고 자신의 권력을 확보하려는 목적에서 이의민에게 반란을 일으켰다.

이의민은 엄청난 상대였다. 그의 권력은 아주 커서 최충헌과 그의 동생 최충수는 일단 암살 음모를 도모한 뒤에는 신중하게 움직였다. 그들은 친척과 추종자들을 소규모의 간부 집단으로 편성해 비밀리에 전략—이의민이 산장으로 떠났을 때 몰래 사로잡는 것—을 논의했다.[48] 최씨 집단은 이의민을 살해한 뒤 도성으로 달려가 보복을 차단했다. 최충헌은 백성과 관원의 불만이 자신에게 유리하게 작용할 것으로 예상했지만, 장군 백존유白存儒 같은 몇몇 핵심 관원에게 의존했다. 개성의 거리에서 백존유를 만난 최씨 집단은 수도 경비부대를 모아 최충헌의 명분을 지원해달라고 요청했다. 이 병력의 후원을 확신한 최충헌은 곧 재가를 받기 위해 명종에게 갔다. 명종의 윤허로 최충헌은 자신의 열망을 나라의 명분으로 만들었고 관군을 요청해 이의민의 지지자를 격파했으며 자신의 권력을 강화하기 시작할 수 있었다. 하루도 안 되어 완수된 이런 작전은 최충헌이 나라를 완전히 장악하는 서곡이었으며, 이어지는 기간을 채운 과정이었다.

정변 이후

최충헌은 이의민의 병력을 제거한 뒤 자신의 권력을 안정시킬 수 있는 신중하고 잘 짜인 전략을 추구했다. 그의 권력에 가장 큰 위협은 1170년대에 혼란을 가져온 반정변을 이끌 수 있는 병력을 지휘한 그 밖의 무신들이었다. 집권한 뒤 첫 18개월 안에 최충헌은 적어도 장군 10명, 대장군 6명, 상장군 6명—거의 소멸되어가던 중방 지도자의 절반 이상—을 숙청해 중방 권력을 무효화시키고 의심스러운 장군들을 자신의 명분에 충성하는 인물로 교체했다. 통치 첫 2년 동안 그는 적어도 55명을 쫓아냈다. 그들 중 33명은 무반 출신이고 나머지는 승려와 첩, 밝혀지지 않은 사회 신분 출신이며 5명은 문신이었다.[49]

 최충헌은 대체로 문반 출신을 더 너그럽게 대우했다. 20년 이상 최종적 정책 입안과 결정에서 소외되었던 문신은 무신보다 약했으며 새 체제에 거의 위협이 되지 않았다. 그가 문신에게 좀 더 우호적으로 기운 까닭은 문반 관서에서 관직을 시작한 경험 때문이었다고 생각된다. 최충헌은 자신의 권력을 구축하는 데 문신의 잠재력을 이용하려는 목적에서 그들을 격려했다. 행정 능력과 경험을 가진 문신은 전체적인 조정 구조의 핵심이었다. 문신과 문반 기구들은 조정이 효율적으로 기능하기 위해 유지되어야만 했다. 최충헌은 정치 안정에 핵심적인 연속성과 합법성을 부여하는 문신의 역할을 확대해 무신 권력에 균형을 맞추고 다른 세력—문신 행정—을 정치 영역으로 다시 들여보내 최씨 정권의 모든 미래의 적과 대결하도록 했다.

최충헌이 추구한 정책들은 우대받은 문신의 위치를 보여준다. 문반 출신은 조정에서 많은 요직을 맡았다. 아울러 최충헌은 과거를 강조했다. 그는 집권하고 석 달 뒤에 정식으로 과거를 치렀고 37명이 급제했다—고려 왕조 동안 과거에 급제한 가장 큰 규모 중 하나였다. 최충헌은 그 뒤 더욱 자주 과거를 설행했으며, 문신이 전권을 장악했던 이전의 기간보다 더 많은 인물이 급제했다.[50] 최충헌은 문신 중에서 핵심 추종자를 창출하고 유교 고전과 이념으로 훈련된 인물들을 체제 안으로 포섭해 자신뿐 아니라 왕조도 유익하게 했다.

그는 자신의 통치에 충성하는 인물들을 승진시키는 데 열심이었지만 문반 기구를 확고히 통제해야 했다. 그러기 위해 그는 스스로 여러 문반직을 맡았다. 최충헌은 이의민을 암살하고 두 달 뒤 스스로 어사대부御史大夫(정3품)를 포함한 여러 관직을 맡았다. 최충헌은 대간직을 통해 비판을 예방하는 동시에 공식 제도를 거쳐 정적을 공격할 수 있는 위치에 오르게 되었다. 최충헌은 가장 권위 있는 문반직을 맡지 않으려고 주의했다. 그는 이의민의 독재를 종식시켜 자신의 가치를 높이고 존경받는 지도자로서 자신의 명성을 높이는 명예직을 선호했다.

1년 뒤 최충헌은 상장군—고려에서 가장 높은 무반직—에 올랐지만 고위 문반직을 맡는 데는 여전히 주저했다. 이런 미묘한 통합으로 그는 지주사知奏事(정3품)로 추밀원에 참여했는데, 그 관서와 거기서 주관하는 국방 정책의 논의에 직접 영향을 줄 수 있는 자리였다. 그가 인사와 국방을 관장하는 문반직을 맡은 것은 2년 반도 안 되어서였다. 최충헌은 지이부사(종3품)와 병부사를 겸임하면서 무신과 문신 모두의 임명과 승진을 개인적으로 통제할 수 있게 되었다. 그는 이런 관직에서 정규 제도 이외의 방법에 의지하지 않고 정책에 영향을 미쳤다. 그는 경기의 전통적 방식에 따라 시합하면서 가장 강력한 선수이자 심판으로 자신을 확립할 수 있었다. 그 뒤에도 최충헌은 원숙한 정치인에게 마련된 관직을 거치면서 문반 구조에서 최고의 자리를 계속 지켜나갔다. 그는 이런 모든 과정에서 비판과 비난을 불러올 수 있는 성급한 행동을 피하면서 느리고 신중하게 움직였다. 일부가 개인적으로 그에게 반대라면 최충헌은 자신의 행동을 숨겨 그 집단을 잠잠케 했고, 그 결과 합법적이고 신중하게 문신 권력의 최고 위치까지 진출할 만큼 현명했다.

최충헌 자신과 그 가족이 구축한 혼인관계를 연구하면 동일한 유형이 나타난다(그림 2).[51] 혼인관계는 전통 한국 사회에서 늘 어떤 사람의 정치력을 증대시키는 중요한 수단이었다. 부계 친족은 고려에서 중요했다. 고려 왕조를 개창한 왕건은 전국에서 29명의 왕비를 맞았다. 최충헌은 혼인 연합으로 주요 가문의 우호와 존경을 얻으려고 했다. 1196년 집권했을 때 그의 부인은 장군 송청宋淸의 딸이었다. 최충헌은 자신과 매우 비슷한 정도로 강력한 무신적 전통을 가진 가문과 혼인한 것이 분명했다. 그는 일단 권력에 안착하자 옛 지배 구조의 주요 가문으로 눈길을 돌렸다. 최충헌의 새로운 두 부인은 1196년 이후에 간택되었는데, 한 사람은 정안 임씨 출신이었다. 이 가문은 인종 때 상당한 영향력을 행사했다. 의종·명종·신종神宗 (재위 1197~1204)의 모후를 배출한 이 가문은 무신 집권기 전체에 걸쳐 계속 중요한 역할을 했다. 다음으로 최충헌은 왕실로 관심을 돌려 강종康宗(재위 1211~1213)의 딸과 혼인했다. 그는 이런 혼인을 통해 자신과 자신의 권력을 왕족은 물론 가장 권위 있는 귀족 가문 중 하나와도 연결시킬 수 있었다.

최충헌은 자녀의 배우자를 선택하는 데도 매우 비슷한 수법을 썼다. 그의 딸 중 한 명은 정안 임씨와 혼인했고, 아들 중 두 명은 왕족과 혼인했다. 최향崔珦은 수춘후壽春侯 항沆의 딸과, 최성崔珹은 희종의 딸과 혼인했다. 반면 최충헌의 후계자 최우는 하동 정씨인 정숙첨鄭叔瞻의 딸과 혼인했다. 이 가문은 정안 임씨처럼 무반 가문으로 자립했는데, 의종 때 정손입이 중앙군의 대장군에 올라 처음 인정을 받았다. 최충헌이 이의민을 숙청하기 직전 정씨 가문은 이의민과 충돌해 그 구성원 중 상당수가 제거되었다. 이처럼 이의민의 통치를 일찍이 반대해 이익을 본 하동 정씨 가문은 최씨 가문과의 연결을 매

그림 2. 우봉 최씨 계보

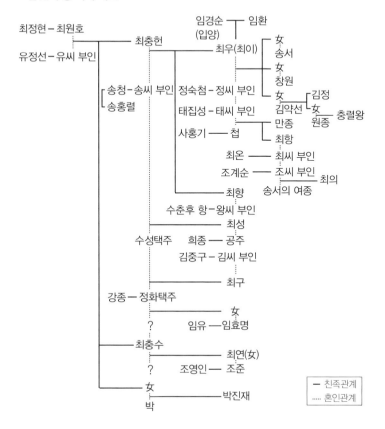

개로 이 시기에 대부분 중요하고 영향력 있는 지위를 유지했다. 이런 다양한 혼인관계의 형성은 최충헌의 목표를 상당히 또렷하게 보여준다. 그는 왕실·귀족 가문과 혼인해 지위를 중시하는 고려 사회에서 최씨 가문에 존경과 위엄을 부여하려고 했다. 그는 주요한 무반 가문과 관계를 수립해 무력의 추가적 원천과 지지로부터 확대된 지역적 기반도 확보했다.

그러나 집권한 직후 최충헌은 가까운 인척의 야망을 억제하는 데는 실패했다. 1197년 동생 최충수는 최충헌이 굳게 반대했지만 자기 딸을 세자와 혼인시키기로 결정했다. 최충헌의 반대는 왕자의 장인이 되려는 동생의 시도를 질투한 데서 비롯되었지만, 좀 더 개연성 있는 설명은 집권한 뒤 자신의 권력이 아직 절대적이지 않은 상태에서 그렇게 빨리 고려 사회의 견고한 사회 관습을 침해하기를 바라지 않았기 때문이라는 것이다. 자신의 가문 출신을 왕위 계승자와 혼인시키는 것은 폭넓은 분노를 불러오고, 권력을 강화하려는 자신의 계획을 좌절시킬 것이 분명하다는 사실을 깨달은 그는 최충수를 막으려고 했다. 아울러 최충헌이 명종을 강제로 퇴위시킨 직후에 나온 최충수의 행동은 시기가 좋지 않았다. 최충헌은 이런 문제를 동생에게 지적하면서 신중함과 타협을 강조했다.

지금 우리 형제의 세력이 온 나라를 기울이고 있지만, 우리 가문은 본래 한미하다. 만약 네 딸을 동궁에게 시집보낸다면 비난이 없을 수 있겠느냐? 옛사람은 "앞수레가 뒤집어진 것을 뒷수레는 경계로 삼아야 한다"고 말했다. 전에 이의방이 딸을 태자에게 시집보냈다가 결국 다른 사람의 손에 죽었다. 지금 그 선례를 따르려고 하는 것이 옳겠느냐?[52]

최충수가 혼인을 계속 추진하려고 하자 최충헌은 거리에서 싸워 그를 죽였다. 상황은 명백한데, 최충헌은 신중했고 경솔해지지 않으려고 모든 단계에서 치밀하게 유의했다. 최씨 출신이 유력 가문과 혼인하는 것을 고려의 사회 관습이 허락했다고 해도 이 단계에서 세자와 혼인하는 것은 정치적으로 현명하지 못했다.[53]

최충헌은 왕실에 조심스럽게 접근했다. 그는 정변을 일으킨 한 해 뒤인 1197년에 신병을 이유로 명종을 강제로 퇴위시켜 권력을 굳혔다. 국왕은 동생 신종에게 왕위를 물려주었다. 14년 뒤 최충헌은 희종을 유배 보냈다. 그는 이 두 국왕을 그저 허수아비로 다뤘지만, 이런 갑작스러운 행동을 다른 국왕에 대한 존중으로 균형을 맞췄다. 국왕의 윤허는 주요한 조처를 승인했고, 그럼으로써 왕실은 무신 집권기 내내 합법성의 궁극적 원천으로 남았다. 최충헌은 국왕이 자신의 생각에 협력하자 후한 보답과 정중한 의례로 응답해 왕실의 권위를 높였다.

최충헌은 자신의 정권을 안정시키는 데도 신중했다. 그는 자신의 체제를 위협하고 도전한 무신들을 숙청했다. 그는 그런 범죄자들—왕실 후궁의 가까운 인척인 최비崔婢 같은 인물—에게 특히 엄격했다. 명종은 후궁을 처벌하려고 했지만 최비가 이의민에게 보고해 이룰 수 없었다. 그러나 최충헌은 집권한 뒤 최비 및 그와 비슷한 인물들을 먼 지방으로 귀양 보냈다. 또한 그는 많은 왕자와 승려를 그들이 거처하던 사찰로 돌려보내고 행정에 능숙한 인물들에게 중앙 정치를 맡겼다.[54] 이들 중 일부는 1196년과 1197년에 최충헌이 숙청한 55명에 들어 있었다.

최충헌은 신중하고 결단력 있게 행동함으로써 절실한 개혁을 시작할 수 있게 되었다. 그의 행동은 물론 그의 공식적 목표는 변화와 성장이 질서를 복구하려는 그의 계획의 일부였음을 보여준다. 그의 성공을 나타내는 징표는 최충헌이 집권한 7개월쯤 뒤인 1196년 11월 한 불교 의례에서 일어난 사건이다. 『고려사』에서는 다음과 같이 서술했다.

자충子沖이 판합문사判閤門事 왕규王珪를 보고 길게 읍揖하고 절하지는 않자 담당 관원이 무례하다고 탄핵했다. (…) 자충은 그 주州를 떠나면서 도령都領들에게 말했다. "나라에서 우리를 부른 것은 목적이 있기 때문이다. 나는 입조入朝해서 작은 일로 그것을 시험해보려고 한다. 내가 처벌되면 조정에 올바른 사람이 있는 것이지만, 그렇지 않다면 나를 두려워하는 것이다."[55]

예측한 대로 자충은 처벌되어 조정에 올바른 사람이 있다는 것이 밝혀졌다.

최충헌은 명종 때의 혼란을 경험하면서 훈련받았고 고려를 위한 새로운 과정을 계획했다. 「봉사십조」에서 윤곽을 보여주었듯이, 국가 지도층의 부정과 부패는 농민 반란과 정치적 혼란이 끝나면 마감될 것이었다. 아울러 명종 때의 무신 지도자들은 권력을 가진 무신들과 전통적 문반 규범 및 왕조의 합법성을 옹호하던 인물들 사이에서 새로운 균형을 찾지 못했다. 최충헌은 이런 긴급한 문제들을 해결할 지도자가 되기로 결심했다. 그는 명종 때의 쇠락기에 결단력 있게 행동해 왕조를 재건하고 사회 규범을 회복하는 동시에 자신의 새로운 제도에 입각해 혁신하는 작업을 시작했다.

주요 정적의 숙청이 끝나고 새 국왕 신종이 즉위하면서 최충헌은 그 뒤 60년 동안 자신의 가문이 왕조를 통치할 수 있도록 보장하는 구조를 만드는 데 착수했다. 그 결과는 전통적 국가 관서들이 기능하도록 하면서도 자신의 명령에 직접 응답할 수 있는 일련의 보조적인 사적 기구를 만든 이중적 행정이었다. 이런 통치 방법은 그와 아들 최우(최이) 및 손자 최항, 그리고 끝으로 증손자 최의로 이어지는 후계자들에게 도움을 주었다. 이런 방식에서 그는 우선 왕조의 무장 병력—이군 육위—이 자신의 체제를 지원하도록 의지했고 그 뒤에는 점차 사병을 확대했다. 그는 자신이 통제하는 문신 집단을 개조하면서도 점진적으로 왕조 기구들을 사적 기구로 대체하는 동일한 전략을 추구했다.

무력은 최충헌의 권력 기반이었다. 앞서 보았듯이 최충헌은 이의민을 제거할 때 자신의 개인적 추종자들과 중앙군에 의존했다. 통치를 시작했을 때 중앙군은 최충헌의 추종자들보다 분명히 더 많았다. 이런 상태는 제도적 모순을 야기했는데, 그는 중앙군이 제공하는 무력을 필요로 했지만 그들의 고유한 힘은 그를 무너뜨리도록 결집될 수 있다는 것을 의미했다. 중앙군의 바로 이런 조직은 여러 장군의 무력적 권위에 균형을 맞췄고, 그래서 한 사람이 무력을 완전히 통제하는 것은 더 어려워졌다. 아울러 많은 사람이 그것에 관련된 영향력을 가지려고 경쟁했기 때문에 명종의 치세가 시작되면서 그것은 새로운 불안을 가져오는 원인이 되었다. 끝으로 중앙군의 완전한 충성은 다른 정치인이나 무장이 아니라 국왕에게 바쳐지도록 되어 있었기 때문에 최충헌의 권력은 취약했다. 최충헌의 합법성이 왕조 기구의 기능에 달려 있는 한 최씨 집정들은 제도적으로 취약한 것이었다. 최충헌의 해결책은 관군을 지원하는 동시에 그들의 권력을 약화시키고 자신의 사병을 구축하는 것이었다.

관군

최충헌은 이의민과 그 추종자들을 암살한 뒤 관군을 사열하고 1196년과 1197년에 몇 차례 그들을 점검했다. 국왕의 군대인 그 병력은 최충헌이 국왕의 호의를 받고 있다는 것을 보여주면서 그에게 합법성을 부여했다. 그의 사병이 나라의 안전을 보장하기에는 아주 적었다는 것을 감안하면, 관군은 그가 통치하는 데 필수적이었다.

동생이 최충헌의 권력을 무너뜨리려고 시도했을 때 중앙군은 그를 위해 싸워 승리를 가져다주었다. 그러나 최충헌 체제에서 그들의 중요성은 오래가지 않았다.

이의민 치하에서 거의 사라졌던 중방은 최충헌이 통치를 시작한 첫해에 급속히 다시 살아났고 관군의 운영을 감독했다. 중방의 회복은 무력적 시도에 일정한 합법성을 부여하는 데 도움을 주었다. 또한 이런 정책은 회복된 중방의 위상을 높인 소극적 무신들에게 호응을 얻었다. 그러나 최충헌은 이런 전통적 기구를 부활시키면서 자신이 그 결정을 통제하도록 만들었다. 그는 권력을 강화하기 시작하면서 주요 장군들을 숙청해 자신의 통치에 제기된 반대를 제거하고 빈자리를 자신의 명분에 동조하는 인물들로 채워 자신의 권력에 잠재적 반대를 중방에서 제거했다. 그는 점차 정숙첨 같은 친척을 임명해 중방을 의례적儀禮的 기능을 수행하는 관서로 격하시키고, 주요 결정을 논의할 때는 그것을 거치지 않았다.

1197년 후반 신종이 즉위했을 때 중방은 사소한 의례적 기능을 맡고 있었다. 중방은 법률과 질서 문제에 관여하기보다 나라의 지리, 왕국의 기반, 풍수·의례에 관련된 사안을 논의했다. 이런 문제들은 12세기 고려 사회에서 중요했지만 관례적으로 중방이 맡은 영역이 아니었으며, 중방에게는 정책 결정이 허락되지도 않았다. 아울러 중방은 재추와 자주 만났다. 더 이상 왕조 정책을 결정하는 중심이 아니었던 중방은 원로 무신들에 관련된 명예로운 기능을 수행했으며 큰 영향력을 발휘하지는 못했다. 비상사태가 일어나도 중방은 대책을 논의하지 못했다. 예컨대 신종이 붕어했을 때 조정에서는 회의에 참석하라고 중방을 소집했지만 모이지 않았다.[1] 아울러 최충헌은 중방이 자신의 지휘를 피하려고 해서는 안 된다는 것을 확인하려는 목적에서 김약진金若珍이나 정숙첨처럼 그의 통치에 중심이 된 주요 인척을 거기에 배치했다.

최우는 중방의 영향력을 줄인 아버지의 정책을 이어받았다. 최씨 집정이 중방을 거의 폐지했던 이의민의 극단적 전략을 추구한 것은 아니었다. 그러나 1223년(고종 10) 중방의 일부 장군이 모든 문신을 죽이려고 계획하자 최우는 즉시 가담자들을 모두 유배 보냈다.[2] 그 사건은 중방이 최씨 정권에 제기된 반대의 근원이 될 수 있었음을 보여주기 때문에 유용하다. 몇 년 뒤인 1230년(고종 17) 이후 중방은 역사에서 완전히 사라졌는데, 정치적·무력적 몰락을 보여준다.[3] 아울러 중방은 그 통제를 받던 중앙군의 소멸과 함께 몰락했다. 경호를 관군에 그리 의존하지 않던 최우는 중앙군을 개인적으로 선발한 의장대에 편입시켰다.[4] 관군은 재정 지원이 끊기고 등용에서 배제되면서 천천히 쇠락해갔다.

국내나 국외에서 위기가 닥칠 때마다 전통적으로 나라 전체에 걸쳐 편성되었던 비상군도 비슷한 운명을 겪었다. 최충헌의 집권이 끝날 무렵 거란과 몽골은 고려의 북방을 침범하기 시작했다. 이런 위협에 맞서 최충헌은 1216년(고종 3)에 세 개의 비상군을 동원해 파견했다. 한 달도 안 되어 이 병력으로는 충분하지 않다는 것이 또렷해졌다. 그러자 조정은 두 부대를 추가로 편성했지만, 지휘관 정숙첨은 자신의 병력이 노약자로 구성되어 있다는 것을 알게 되었다.[5] 최충헌은 이런 특수한 병력을 통제하기 위해 장군 정숙첨처럼 믿을 만한 인물에게 그 지휘를 맡겼다. 승리하자 그는 정숙첨을 도성으로 불러 충성을 바친 인물들은 포상하고 잠재적 정적들은 제외했다.[6] 아울러 그는 이런 원정의 지휘관을 선발하면서 지배층에서 어떤 단일한 파벌을 배제하고 문신을 자주 부장副將으로 보내 지휘권을 분산시켰다.[7]

1220년대 북방 침략이 심각해지면서 최우는 침략을 막으려고 중앙군을 파견하는 것을 주저했다. 그는 다시 1226년(고종 13)과 1227년에 다른 군대를 파견했지만, 이때는 근거지에 있던 지방군이 더욱 핵심적 방어력이 되었다. 계속되는 전투와 최우의 관심 부족은 관군을 매우 약하게 만들어 몽골이 공격을 시작했을 때 최씨 정권—이전 전투에서 빠졌고, 아마 몽골의 횡포함과 그 자신의 정치적 지위가 확실치 않다는 것을 알고 있던—은 저항군을 조직하는 데 별다른 노력을 기울이지 않았다. 1231년(고종 18)에 최우와 그의 사위 김약선金若先은 잘 훈련된 자신의 사병을 동원해 자신을 보호하면서 약한 부대나 어린 소년·소녀에게 수도를 지키게 했다.[8] 손실이 커지면서 무신 집정들은 강화도로 피란하는 것이 더 나은 방어라는 점을 확신했을 것이다.

한강과 임진강 어귀의 바로 앞바다에 위치한 강화도는 개성에서 반나절 거리였다. 세계에서 가장 높은 파도 중 하나로 둘러싸인 강화도는 육지에 익숙한 몽골을 막을 수 있는 뛰어난 피란처였다.

1232년에 왕실과 최씨 정권은 강화로 피란했다. 『고려사절요』는 다음과 같이 서술했다.

> 이때 장마가 열흘 동안 계속되어 진흙이 발목까지 빠져 사람과 말이 쓰러졌다. 지체 높은 집안이나 양가의 부녀들도 맨발로 그들의 짐을 머리에 이고 이동했다. 갈 곳을 잃고 통곡하는 홀아비·과부·고아·늙은이鰥寡孤獨가 헤아릴 수 없이 많았다.[9]

1232년에 강화도로 피란한 뒤 중앙군과 비상군은 (중방과 함께) 역사에서 사라졌고, 중앙군은 최씨 정권이 끝날 때까지 전혀 언급되지 않았다. 가끔씩 도움을 호소한 장수들을 제외하면 몽골의 침략을 방어한 것은 산발적인 유격전술을 전개한 별초別抄가 맡은 것으로 보인다.[10] 지방군은 그 자신이 소속된 지역에서 용감하게 방어했다. 중앙의 조직적 저항은 몽골을 괴롭히기 위해 가끔씩 본토로 상륙한 최씨의 일부 사병만이 전개했다. 몽골의 침입으로 관군이 무너짐으로써 최충헌이 제도적 방법을 동원해 시작했던 과업은 완수되었다.

최씨의 사병들

관군이 무너졌다고 해서 왕조가 무방비 상태로 남은 것은 아니었다.

최충헌과 그의 아들 최우는 관군의 고갈을 주도했기 때문에 자신들에게 충성하는 군사를 모았다. 최씨의 무력은 서로 겹치는 세 부대로 편성되었는데 최씨의 사병, 도방이라는 정예 경호부대, 그리고 야별초夜別抄라는 순찰부대였다. 명종 때부터 경대승 같은 무신 지도자들은 사병을 편성해 자신을 경호했다. 최충헌은 이런 전통을 이어받아 새로운 수준으로 개량했다.

이의민을 제거할 때 최충헌을 도운 기반은 동생 최충수·조카 박진재朴晋材 같은 친척과 노석숭盧碩崇·김약진 같은 인물이었다. 이듬해 최충수와 충돌했을 때 최충헌은 휘하에 1000명 이상을 집결시켰고, 최충수는 약간 적은 추종자를 지휘했다. 관군은 최충헌과 결탁해 그의 승리를 확인시켰지만, 진정한 전투는 두 사람의 사병 사이에서 일어났다. 최충헌과 최충수가 승리를 의존한 집단은 그들이었다. 최충수는 자신이 수적으로 크게 모자라 승리의 가망이 없다는 것을 깨닫고 도망가려고 했다. 그러나 그의 추종자들은 책망했다. "저희가 공의 문하에 있는 까닭은 공이 세상을 덮을 만한 기개를 가졌기 때문입니다. 그런데 지금 이렇게 겁내고 유약하시니, 이것은 저희를 모두 죽이는 것입니다. 한번 싸워 승부를 결정하십시오."[11] 그 주인의 운명에 의존한 부대와 가신들은 주인의 목숨만이 아니라 자신들의 미래를 위해 싸웠고, 그 결과 권력 구조에서 믿을 만한 측근과 적극적인 참여자가 되었다. 가문적 연결은 사병을 결집력 있는 부대로 변모시킨 또 다른 끈이었다.

그다음 20년 넘게 최씨의 무력은 계속 빠르게 성장했다. 이 기간 동안 최충헌을 암살하려는 시도가 몇 차례 있었다. 그때마다 그는 두뇌회전이 빠른 가신들과 충성스런 부대 덕분에 구조되었다. 예컨대 희종은 최충헌이 고려를 지배하는 것에 오랫동안 분개하고 있었다. 도움에 고무된 그는 최충헌을 암살하려는 분별없는 계획에 착수했다. 승려들은 최충헌을 궁궐 깊숙이 초대한 뒤 그와 그의 호위병을 공격했다. 처음에 최충헌은 희종에게 도움을 요청했지만 무시당하자 몸을 숨겼고 자신의 호위대가 도착한 뒤 간신히 구조되었다.[12] 희종이 최충헌을 죽이려는 시도가 실패한 뒤, 최충헌의 사병이 시찰을 나가면 몇 리에 걸칠 정도로 늘어났다고 역사서는 적었다. 1216년(고종 3) 거란의 침입이 시작되었을 때 최우 부대를 포함한 최씨 정권의 사병은 1만 명을 넘었다.[13]

사람들은 최씨의 사병에 들어가려고 모여들었다. 그 대가로 그들은 잘 대접받았고 후한 보상을 받았다. 더 많은 사람을 입대시키려는 목적에서 열병할 때 그들의 무기는 은으로 화려하게 치장되었다. 혹독한 훈련 기간을 마친 뒤에는 기생이 와서 찬미하거나 최충헌이 은병銀瓶과 좋은 비단을 주기도 했다.[14] 그런 지원을 받은 최씨의 사병은 기꺼이 주인의 이익을 지켰다. 1216년 거란이 개경을 위협했을 때 최충헌은 자신의 부대를 동원해 자신을 호위하고 가족을 보호했다. 최씨의 사병이 이렇게 후원받았기 때문에 정숙첨은 자신이 지휘하도록 위촉받은 관군의 전력이 약해진 것을 개탄했다.

권력의 이동은 언제나 어려운 과정이고 최충헌이 신중하게 계획했던 한 가지 문제였다. 자신이 세운 체제가 유혈의 권력 투쟁을 견디지 못할 것을 안 최충헌은 아들 최우를 계승자로 준비시키고 자신의 사병을 통솔케 했다. 최우는 1202년(신종 5) 왕조 기록에 나타난다. 그는 이미 희종 중반 장군으로서 국왕과 상의하고 과거 급제자에게 꽃병을 하사하는 의례를 수행했다.[15] 최충헌은 죽음이 다가오자 최우를 불러 일어날 가능성이 있는 사건을 경고하고 자신이 병석에 있는 동안은 찾아오지 말라고 지시했다. 최우는 아버지의 조언을 따랐고 사위 김약선을 최충헌의 집으로 보내 수행케 했다. 일부 주요 관원들은 최충헌의 의심을 받자 후계자를 함정에 빠뜨리려고 시도했지만, 그들의 계획은 최우의 면밀한 준비로 무산되었다. 이렇게 최충헌은 자기 아들에게 비교적 안정되게 자리를 물려주었다. 최충헌은 최우를 국무에 참여시키고 그 자신의 사병을 구축해 반란에 대비할 수 있게 함으로써 13세기 고려 사회에 적용하려던 여러 정책과 꿈을 안정적으로 계속 구현할 수 있었다.

최우는 정적들의 도전을 받았지만 모두 진압해 곧 자신의 승계를 확고하게 만들었다. 새 체제의 첫 희생자는 최충헌이 사망하자 최우를 살해하려던 인물들이었다. 그들은 최충헌 권력의 가장 가까운 무력적 지원자 중 일부였다. 그러나 최우가 승계하면 조정에서 영향력을 잃게 될 것을 우려한 그들은 반란을 선택했고 죽음을 맞았다.[16] 이들 외에도 최우는 통치를 시작한 첫 달에 고위 무신·노비·가동家僮·친구, 그리고 최충헌의 친척을 포함한 28명을 더 숙청했다. 최우는 최충헌의 가장 가까운 측근의 권력을 억제해 최씨 정권의 완전한 지배를 시작하고 어떤 도전도 허락하지 않겠다는 결심을 보여주었다. 그는 반역을 감지해 형제인 최향까지도 유배 보냈다. 최우의 권력에 가장 큰 위협은 무신적 배경을 가진 인물들이었으며, 그 결과 그들은 최우 집권기에 문신보다 더 많이 실각했다.

최우 권력 구조의 중심은 그의 사병이었는데, 그들은 주로 최씨 정권을 보호했고 그 뒤에는 상황에 따라 발생한 위기들에 대처하는 데 동원되었다. 최우는 이런 부대를 면밀하게 훈련시킨 뒤 후하게 포상함으로써 아버지와 동일한 정책을 추구했다.[17] 그들이 당면한 임무는 최씨 집정들을 보호하는 것이었다. 수도에 화재나 공격이 발생하면 최우는 사병을 동원해 이런 위험에 대처하기보다는 자신과 가족을 보호했다. 그러나 국가의 관심사가 반드시 무시된 것은 아니었는데, 1223년(고종 10) 최우는 도성의 외성을 보수하는 부역에 자신의 사병을 동원했기 때문이다. 10년 뒤인 1233년(고종 20) 관군이 몽골과 거듭된 전투를 치른 뒤 거의 무너지자 최우는 자신의 사병을 보내 서경의 반란을 진압했다.[18] 최우는 일단 강화도에 자리 잡자 사병에게 먼 지방으로 가서 평화를 재건하라고 지시했다. 그들의 주요 기능은 최씨 정권을 보호하는 것이었지만, 최씨의 군사들은 수도 방어를 책임졌고 관군이 위축됨에 따라 최씨 정권의 도전받지 않는 무력이 되었다.

국가의 권력자로서 최충헌과 최우는 가장 많은 사병을 모았지만 다른 사람들이 사병을 갖는 것은 허락하지 않았다. 최충헌의 조카 박진재, 최우의 사위 김약선, 그리고 최우의 장인 태집성太集成은 각각 개인적 경호부대로 사병을 거느렸다. 이들은 모두 인척이며 최씨 가문의 충성스러운 지지자였는데, 최씨 집정들은 자신의 사병을 늘리는 데 이들의 사병에 의존했다. 박진재의 군사는 최충헌의 집권 초기에 그를 도왔다. 이런 사병의 기능과 조직은 알려지지 않았다. 그러나 최씨 집정들은 그들이 개인적 경호부대를 넘어 너무 크게 성장하도록 내버려두거나 과다한 임무를 맡기려고 하지는 않았다. 아울러 최씨 정권과 연합하지 않고 사병을 지원한 인물은 기록에서 찾아볼 수 없다. 그리고 자신의 사병을 양성한 인물들은 최씨 집정에게 늘 철저히 감시받았다.[19]

도방과 야별초

두 개의 추가적 조직—도방(마별초馬別抄 포함)과 야별초—은 나라에 대한 최씨의 통제를 확고히 했다.[20] 앞서 지적했듯이 도방과 그 밖의 최씨 사병의 주요 임무는 최씨 정권을 보호하는 것이었다. 그러나 야별초는 도적을 막는 데 집중하고 몽골에 대항하기 위해 전국으로 파견되었다. 도방은 최씨가 집권한 처음부터 최씨 정권을 방어하는 데 특별히 열성적이었지만, 뒤에 최씨 사병의 핵심을 형성한 야별초에게 자리를 내주었다. 야별초와 도방에 소속된 인물들은 최씨의 신임에 따라 조정의 품계를 갖기도 했으며, 일부 관원은 최씨 부대에도 동시에 관직을 가졌다.

　최충헌은 몇 차례 목숨의 위협을 받은 뒤 경대승의 도방을 본받아 이런 사적 경호부대를 확대했다. 역사서에서는 이렇게 기록했다.

최충헌은 예측하지 못한 변고가 일어날까 두려워 문·무 관원과 한량閑良·군졸 중에서 힘이 뛰어난 사람을 모두 모아 6번으로 나누고 격일로 자신의 집에서 숙직시키면서 도방이라고 불렀다. 최충헌이 드나들 때는 모두 모여 호위하니 전쟁터에 나가는 것 같았다.[21]

최충헌은 개인적으로 도방을 훈련시켰고 특별히 후하게 포상했다. 그가 도방에 들인 사람 중 다수는 왕실 호위대의 정예병 출신이었기 때문에 관군의 핵심은 더욱 빠르게 유출되었다.[22]

1211년(희종 7)에 희종이 최충헌을 살해하려고 했을 때 도방은 그를 구했다. 최충헌이 이 집단을 신중하게 선발하고 양성했기 때문에 그 충성은 흔들리지 않았다. 최충헌이 포위되어 공격받자 도방은 즉각 대응했다. 자료에서는 그 위기를 이렇게 서술했다.

최충헌의 친척인 상장군 김약진과 최우의 장인 지주知奏 정숙첨은 중방에 있다가 변란이 일어났다는 것을 듣고 즉시 궁궐 안으로 들어가 최충헌을 부축해 나갔고 그 무리인 지유指諭 신선주申宣胄·기윤위奇允偉 등은 승려들과 싸웠다. 최충헌의 도방 6번이 모두 궁성 밖에 모였지만, 최충헌의 생사를 알지 못했다. 다봉茶捧 노영의盧永儀가 "우리 주공主公은 무사하다"고 큰 소리로 외치자 도방은 다투어 들어가 그를 구했다.[23]

최충헌의 친척 김약진과 정숙첨은 중방에 소속되었을 뿐만 아니라 도방과도 연결되었던 것으로 생각된다. 그들의 신속한 응답은 도방의 동원과 결부되어 최충헌의 목숨을 구했다. 노영의의 협조에서 보듯이 왕실 관원과의 연락도 도방이 그를 구원하는 데 도움을 주었다.

아버지를 계승한 최우는 아버지의 도방에 있던 인물 중 다수를 내·외도방으로 나눈 자신의 경호부대에 편입시켰다. 주로 최충헌의 도방으로 구성된 외도방은 최씨의 인척을 경호했고, 내도방은 최우의 개인적 경호원이 되었다.[24] 최우는 도방을 마별초 등 36개 부대로 확대했는데, 마별초는 1229년(고종 16) 특별히 훈련된 경호부대로 처음 나타나 두 배가 증원된 뛰어난 기동성을 지닌 정예 기병이었다.[25] 평상시에 마별초는 훌륭한 갑옷과 정교하게 장식된 안장을 갖추고 행진했으며, 위기 상황에는 정예 기병으로 동원되어 적을 제압했다. 강화도로 피란한 뒤 도방은 1232년(고종 19)에 최우가 사저를 지으라고 명령하면서 새 임무를 맡게 되었다. 이것은 도방 같은 정예 경호부대에게 관례적인 일은 아니었다. 그러나 최씨 집정을 위한 경호 시설을 지어야 하는 긴급한 위기 상황을 감안하면 도방의 건설 작업은 완전히 이례적인 일은 아니었다. 군사조직으로서 그것은 쉽게 동원되어 이런 상황에 대처하도록 지휘될 수 있었다.

최씨 사병의 세 번째 부대인 야별초는 최우 집권기에 나타나 그 뒤 삼별초三別抄로 발전했다.[26] 1232년 이전의 어느 시점에 최우는 용감한 군사들을 선발해 야간 순찰과 범죄 방지를 맡김으로써 야별초를 창설했다. 최씨 정권과 그 부대의 가까운 관계는 1231년에 최우가 자신의 조언자들과 강화도로 천도하는 문제의 가능성을 논의했을 때 뚜렷이 드러났다. 그 회합 도중 야별초의 지휘관이 들어와 부탁하지도 않은 조언을 올렸다.[27] 최우와 그의 아들 최항은 야별초에 사람을 보내 범죄를 수사하고 죄수를 심문하게 했다. 야별초는 이런 임무를 수행하면서 정치적·군사적 적들도 제거함으로써 두 가지 임무를 수행했다. 조정이 강화도로 옮겨가기 전 야별초는 국내의 소요를 진압해 평화 유지를 도왔다. 천도한 뒤에도 그들은 사병에게 예상되는 기능을 수행했다.[28]

관군의 전력이 약화되면서 야별초는 몽골에 맞서고 왕조 질서를 위협하는 반란을 진압하는 주요 전력이 되었다.[29] 몽골의 침입은 그때까지 고려 왕조가 마주친 가장 심각한 위협 중 하나였으며, 저항의 임무는 거의 모두 최씨 정권에 맡겨졌다. 잘 훈련된 사병을 전투에 투입해 개인적 안전을 위협받고 싶지 않았던 최우는 자신의 군사에 야별초를 보충했다. 야별초는 완전히 해체된 관군이 포기한 책무를 맡았다. 포기한 수도 개경에서 반란이 일어나자 야별초는 그리로 투입되었고, 몽골에 관련된 풍문이 돌자 조사했다.[30] 이런 임무 외에도 야별초는 최씨 정권의 개인적 수사 병력으로 계속 기능했다. 최항은 정적을 제거할 때 야별초를 보내 그를 익사시켰다. 개인적으로 죄수를 심문하기도 했다.[31]

이 기간 동안 야별초는 도방의 임무와 융합되면서 점차 스스로 변모해갔다. 최우가 사망하자 야별초와 도방은 새 집정인 최항의 권

력을 강화하기 위해 연합했다. 두 조직의 기능과 중요성이 비슷하다
는 사실은 두 조직이 한 장군의 지휘 아래 있었다는 것에서 나타난
다. 1258년(고종 45) 최씨 정권이 몰락하자 도방은 국왕의 호위대이
자 새 집정이 권력을 강화하려는 시도를 지원하는 무력으로 다시 야
별초와 합쳐졌다.[32]

최씨 정권이 끝날 무렵 야별초는 삼별초로 확대되었다. 좌·우별
초로 구성된 야별초는 최항이 죽자 도방과 새로운 부대인 신의군神
義軍과 합쳐 평화를 유지했다.[33] 신의군은 몽골에 포로로 잡혔다가
고려로 도망쳐온 군사를 소속시킨 정예부대였다. 몽골과 싸우고 당
시의 주요 인물들을 경호하면서 신의군은 야별초의 두 부대와 연합
해 삼별초를 형성했다.[34] 오늘날 한국의 초등학생은 삼별초가 몽골
에 항복하기를 거부하고 고려의 독립을 보존하고자 영웅적인 죽음
을 선택한 매우 충성스러운 군사로 알고 있다. 좀 더 완화된 견해는
삼별초가 몽골에 항복하면 자신들의 특권과 생활 방식이 무너질 것
을 깨닫고 반란을 선택했다는 것이다. 삼별초는 처음에 최씨 정권의
군사였던 병력의 일부였다. 그 정권이 몰락하자 새 무신 집정들은
몽골과 화의를 맺을 때까지 그들을 지휘했으며, 고려군은 1273년(원
종 14)에 그들을 진압했다.

도방과 야별초의 규모는 추정하기 어렵다. 한때는 36번이 도방을
구성했지만, 각 번의 인원은 언급되지 않았다. 야별초가 좌·우별초
로 나뉘었다는 사실은 알려졌지만, 추가적인 세부 사항은 거의 알려
지지 않았다. 1253년(고종 40) 국왕은 무장한 야별초 80명의 호위를

받으면서 몽골 지도자들을 만났다. 이듬해에는 80명의 야별초가 수도를 지키기 위해 경상도와 전라도에서 왔다고 기록되어 있다. 1235년(고종 22) 초반 도방과 야별초의 지휘관은 160명의 병력으로 적을 공격했다. 이런 부족한 증거를 토대로 야별초가 고려를 방어하는 데 더 많은 책임을 맡게 되었다는 지식과 결합하면, 야별초는 도방과 함께 수천 명—많으면 5000명—정도 되었을 것으로 추정된다. 이런 수치는 도방의 각 번에 100명씩 모두 3600명이 있었고, 거기에 적어도 좌·우별초 600명이 있었다고 추정한 수치를 더해 나온 것이다. 삼별초의 난에 관련된 서술에서 나타나는 수치를 감안하면, 이런 추정은 타당한 것으로 생각된다. 1270년(원종 11)에 반란이 처음 일어나자 고려는 진압을 위해 우선 2000명을 보냈다. 반란을 일으킨 도방과 야별초가 앞서 추정한 병력의 절반이었거나 2000명 정도였다면, 이것은 충분히 대규모의 병력이었을 것이다. 이런 파병이 반란을 끝내는 데 충분치 않자 고려는 병력을 1만 명으로 늘렸다. 1273년(원종 14)에 고려는 여성과 아동을 포함해 남아 있는 반란군을 소탕하기 위해 1만 명 이상을 더 파병했다.[35]

최씨 정권은 일반 가병과 도방·야별초(삼별초) 등 각 병력의 충성을 확고하게 만드는 데 서로 다른 방법을 사용했다. 야별초의 핵심 인물들은 가난한 집안 출신이었다. 그들은 최씨의 후원과 재력을 누리면서 기꺼이 충성을 맹세했다.[36] 그 부대에 소속된 인물의 다수는 중앙 조정에서 명목상의 품계를 갖고 있었다. 이처럼 이 기간 동안 관군은 병력으로서 거의 사라졌지만, 최씨 정권은 자신의 무신에게 재정을 지원하기 위해 여전히 품계를 사용했던 것이다. 야별초 장교의 다수도 도령·지유·교위 같은 품계를 갖고 있었다.[37] 아울러 최씨 집정들은 특별한 포상으로 국고에서 식량을 배급했고 그 밖의 세입을 주었다. 최씨 정권은 인적 자원을 동원해 녹봉을 늘렸고, 사병에게 보상과 그 밖의 장려책을 아낌없이 베풀었다.

문객

이런 최씨 사병에 소속된 사람들 중 다수는 문객이라고도 불렸다. 문객으로 불린 부류는 새 무신 지도자들이 소규모의 추종자들로 자신들을 보호한 무신의 난 직후에 처음 나타난다. 최충헌은 개인적 문객을 수천 명으로 대폭 늘렸으며, 이때 다른 사람들도 문객을 두고 있었다.[38] 문객에 관련된 이런 현상은 아주 짧게 유지되어 역사에서는 거의 언급되지 않았지만, 문객은 최씨 정권의 통치에 매우 중요했다.[39]

다른 사람에게 충성을 맹세한다는 생각이 한국에만 있었던 것은 아니다. 중세 유럽과 일본 모두 두 사람 사이의 복종과 봉사 개념을 수반한 가신家臣의 형태가 발달했다. 유럽의 형태보다 격식을 갖추지 않은 일본의 경우는 개인적 의무와 특권을 명시한 문서로 작성되지 않았거나 구두 계약에 기초해 관계를 맺고 9~14세기에 걸쳐 점차 발전했다.[40] '일반적 행동의 합의'는 두 집단을 규제했지만 의무는 모호했다. 가공적이거나 자연적인 친족 관행의 유형은 주군/가신 관계의 근본 원칙을 형성했다. 가신의 충성은 궁극적으로 주군의 무력에 달려 있었지만, 토지권 같은 물질적 보상에 따라 굳어지는 개인적 감정의 고리도 자주 존재했다.[41] 미나모토노 요리토모源賴朝는 자신의 지휘권을 보장하기 위해 가신들을 지방 정부의 여러 전략적 관직에 배치했다. 그는 그들을 이용해 나라를 통제할 수 있었다. 가신들은 자신이 거주하는 지역 주군의 개인적 필요에 자주 봉사했으며, 더 높은 단계에서는 공무를 통해 주군을 도왔다. 일본에서 이런 질서는 14세기까지 성숙한 단계에 이르지 못했다.

여러 측면에서 한국은 일본의 중세적 발전과 비슷했지만, 거기서 형성된 주군/가신 관계는 덜 일반적이었으며 일본이나 유럽에서 나타난 것보다 긴밀하지 않았다. 사람들은 가신 대신 문객을 두었다. 이런 주군/문객의 관계는 무신 집권기 고려에서 나타나기 시작했다. 그러나 최씨 정권이 몰락하고 엄격한 유교적 관료 체제로 돌아가면서 그 관계는 갑자기 끝났고, 문객은 복잡한 위계질서 안으로 편입되지 않았다. 프랑스의 카롤링거 왕조나 12세기 일본의 특징이었던 봉건제도와 비슷하게, 그들은 최씨 집권기 동안 문서로 된 계약이나 정교한 의례에 따라 구별되지 않았다. 문객이 되는 것은 복종과 봉사의 개념을 수반했지만, 고려의 문객들은 녹봉(쉽게 말해서 토지)을 지급받는다는 약속을 받지 못했다.[42] 일본의 주군/가신 관계를 특징지은 가공적 친족관계의 유형도 당시의 용어에 나온다. 최씨의 가신은 문객이나 족인族人으로 불렸지만, 성장의 초기 단계에만 그랬을 뿐이다. 무신 집권기가 1270년을 넘어 다른 세기까지 지속되고 최씨 정권이 문반 기구들에 그렇게 크게 의지하지 않았다면, 고려도 좀 더 정교한 주군/문객 관계를 발전시켰을 것이다. 그러나 그런 일은 일어나지 않았다.

명종 때 보았듯이 주요 인물의 다수는 측근과 다름없는 문객이었다. 그러나 이의방·이의민 같은 인물은 그들을 이용해 자신의 권력을 강화하고 개인적 권력 구조를 구축했다. 문객에는 허드렛일을 하던 가동들도 자주 참여했으며, 그들은 힘을 모아 주군의 필요에 봉사했다.[43] 문객의 운명은 일반적인 추종자와 마찬가지로 주군의 성공에 달려 있었다.

문객제도는 최충헌이 권력을 강화하면서 확대되었다. 최충헌 혼자 3000명이 넘는 문객을 두었으며, 그의 조카 박진재도 엄청난 숫자를 가졌다고 기록되어 있다. 문객은 최씨 정권에 의심의 여지 없는 충성을 바치면서 그 권력의 주요한 대리인이 되었다. 그들은 믿을 만한 측근으로서 최씨 집정들과 만나 정책을 결정했으며, 최씨 사병의 지휘관으로서 결정을 수행했다. 최씨 정권은 이런 방식으로 여러 무신 조직에 효과적으로 명령을 전달했고 그 부대에 연락했다. 이런 제도는 최씨 사병 조직의 중복되는 기능을 설명하는 데 도움을 준다.

최씨의 모든 부대에서 발견되는 문객은 우호적인 승려를 보호하는 특별한 임무에도 파견되었다. 예컨대 최우는 문객을 보내 병든 국사 정각靜覺을 보호했다. 강화도로 천도하려는 생각을 검토할 필요가 있자 최우는 우선 문객을 보내 도방과 함께 거주할 수 있는 새

수도를 준비하도록 했다.[44]

처음에 최충헌의 문객은 무신이었지만, 최우 집권기에는 대부분 문신 출신이었다. 학자와 문객은 서방書房과 정방政房에서 행정 기능을 수행했다. 그들은 고등 교육을 받았고, 일부는 최씨 집정이 사찰에 보내 학식 있는 승려 아래서 공부시키기도 했다.[45] 그 밖에 최우의 상객上客인 김창金敞 같은 인물은 천거와 승진의 임무를 담당했다. 김창은 과거를 관장해 한유선韓惟善이라는 인물을 선발했는데, 그는 매우 뛰어난 글을 써 최우의 문객이 되었다.[46] 그들과 비견되는 무신들처럼 문신 문객은 최씨 정권에 완전한 충성을 바쳤고, 그 결과 관직에 진출해 최씨 정권에서 권력을 누리는 지위는 물론 조정의 관직도 가졌다.

12~13세기에 고려에서 나타난 주군/문객 관계는 같은 시기 일본 가마쿠라鎌倉 막부에서 나타난 주군/가신 관계와 달랐다. 한국과 일본이 점차 제도적으로 다른 길을 간 것은 이때부터였다. 그리고 이런 발전의 핵심은 권력의 소재였다. 고려는 계속 무신 정권이 중앙에서 국왕을 통제하고 정책을 결정하면서 다스렸다. 그러나 일본에서는 권력이 좀 더 분산되었다. 새로 들어선 가마쿠라 막부는 천황이 거주한 교토에서 수백 킬로미터 동쪽에 자리 잡고 천황에게 완전히 의지하지는 않는 통치 체제를 수립했다. 가마쿠라 막부의 고케닌御家人이 그 자신의 영지에서 상당한 권력을 행사하고 지역적 자치가 생활의 일반적인 부분으로 받아들여지면서 좀 더 분권화된 체제가 발전했다. 일본에서는 사무라이의 가치가 조금씩 사회의 규범이 되

어갔다. 고려에서 문객은 가마쿠라의 고케닌이 누렸던 자치를 얻지 못했고 자신의 주군에게 긴박되었다. 최씨 집정들에서 보이듯이 이런 주군은 중앙 조정을 조종해 자신의 권력을 보호했다. 아울러 뒤에서 보듯이 고려에서는 문신과 문인이 다시 위상을 회복했다.

권력의 분산

918년 고려 왕조가 건국된 뒤부터 무신은 늘 통치에서 중요한 역할을 담당했다. 무신은 지방의 반대에 맞서 왕권을 강화시킨 것 외에도 북방의 공격에서 고려를 방어하는 데 핵심적 기능을 했다. 북방 방어는 강력하고 잘 훈련된 중앙군이 맡았다. 그러려면 강력한 중앙 조정이 필요했다. 고려의 큰 모순 중 하나는 강력한 국방력이 필요했지만―중국 송의 무력이 약해 여진의 금에게 패배한 데서 교훈을 얻었다―문신의 가치가 무신의 규범보다 늘 중시되었다는 것이다. 그러나 강력한 무신은 내부적 문제를 불러올 수 있었다. 그리고 실제로 고려의 무신들이 너무 괴롭힘을 당해 자신의 불운한 처지를 참을 수 없었을 때 1170년의 정변을 이끈 것은 국왕을 모시던 중앙군이었다. 그 뒤 이어진 명종의 치세에는 무신 지도자들의 요구와 안정된 통치 사이에서 새로운 균형을 찾으려는 노력이 전개되었다. 이 시기의 무정부 상태 때문에 해결책은 나타나지 않았다. 최충헌이 집권하자 질서를 회복하는 가장 확실한 방법으로 우선 중앙 조정의 권력을 회복하려고 했다.

국왕이 모든 충성의 초점이 되었던 왕조 기구의 본질 때문에 최충헌은 기존의 무신 체제가 아닌 자신만의 조직을 고안해야 했다. 그와 그의 후계자들이 고안한 무신 기구들은 당시의 긴급한 상황에 대응하기 위해 수십 년에 걸쳐 구축되었다. 그것들은 기존 규범에서 벗어난 참신한 출발이었으며, 최씨 정권에 봉사하면서 자신들의 권력을 효과적으로 확대시켰다. 시간이 흐르고 관군이 점차 약해지면서 최씨의 무력은 자신의 정권뿐만 아니라 나라도 방어해야 했다. 최씨 정권은 이런 새 체제에 충성을 확고하게 만들려는 목적에서 문객을 후원했다. 이런 최씨의 사병과 문객은 권력의 새로운 체제로 발달했다. 사람들은 더 이상 개인적인 가문 연결과 관직으로는 영향력을 얻을 수 없었다. 그 대신 문객은 위상을 확보한 관원과 전략적으로 신중한 관계를 맺어 승진할 수 있었다. 특권과 영향력은 더 이상 국왕과 조정에만 달려 있지 않았으며 개인에게 옮겨갔다. 최씨 가문은 공적·사적 기구를 이중적으로 운영해 이런 변화를 촉진했다. 그리고 무반 제도의 몰락에 따른 혼란과 위기는 이런 변화를 가속화했다.

4장

문반 구조와
주요 인물들

최충헌과 최우

최충헌
최우
유학

고려 전기에 특권과 권력은 조정의 문신에게 있었다. 최충헌은 견고한 무력 기반을 구축하는 데 상당히 집중했지만, 그는 또한 주요 문신들을 양성하고 지지를 얻었다. 실제로 최씨 가문은 무력뿐만 아니라 문신의 행정 능력에 의존해 나라를 다스렸다. 처음에 최충헌은 기존의 무반 기구를 이용하면서 관료제도에 입각해 통치했지만 점차 자신의 사적 기구를 창설했다. 마침내 최씨 정권은 문무 모두에서 공식적 국가 제도 위에 사적 기구를 첨부해 전체적인 최씨 체제의 핵심에서 자문단으로 활동케 했다. 이 장에서는 최씨 가문이 문반 제도와 자신의 새로운 행정 기구를 다룬 방법을 분석할 것이다. 우선 최씨 정권과 그 통치를 도운 인물들을 검토했다. 지배 구조의 구성은 명종 때 확립된 지배 세력과 구별되는 새로운 흐름을 보여준다. 최씨 정권은 행정 능력이 있는 인물들을 등용했지만, 명망 있는 사회적 배경을 가진 인물을 발탁해 자신의 사회적 지위를 안정시키려고 했다. 최씨 정권은 비천한 출신의 인물이 이런 새로운 지배 구조에 참여하도록 고무하지는 않았다.

최충헌

최충헌은 권력을 강화하기 시작하면서 기존의 왕조질서에 크게 의존했다. 그는 완전히 새로운 행정 조직을 수립하기보다 전통적인 방법을 이용해 통치했다. 앞서 10~11세기 동안 왕조 구조는 고려에 대한 도전에 대응할 수 있도록 발전했다. 이런 조직을 없애는 것은 어리석었는데, 최충헌은 이것을 거점으로 자신이 구상한 변화와 개혁을 시작했기 때문이었다. 아울러 그가 집권 초기에 기존의 핵심적 통치 기구들을 없애려고 했다면 문신의 단합된 반대에 직면했을 것이다.

국가 행정

유교 이념을 교육받은 문신은 왕조 구조를 보존하는 것이 합법성에 달려 있다고 믿었다. 그들은 명종의 치세 동안 무신 통치가 확립되고 나라를 다스리는 데 중요했으며, 이의민 치하에서 자행된 학대를 개선하려는 목적에서 최충헌에게 의지했다. 최충헌은 이 집단을 달래는 데 상당한 시간과 노력을 들였고, 그들을 자신의 조직에 포섭하는 데 성공했다. 이 단계에서 쓸데없이 그들을 소외시키는 것은 자신의 원대한 목표를 방해할 뿐이었다. 최충헌은 본질적으로 보수적 인물이어서 타협을 이용해 반대편을 끌어들이고 추종자를 얻었다. 그는 전통적 왕조 구조를 사용함으로써 자신이 문신의 주도권을 지지한다는 사실을 보여주었다. 아울러 그는 자신의 지위가 아직도 불안정하다는 것을 알고 있었다. 그는 자신의 조직을 왕조 기구와 연결시킴으로써 유교적 이념 기반을 이용해 권력을 강화할 수 있었다.

왕조의 관서와 품계 제도 또한 최씨 정권이 국내외 문제를 다루면서 자신의 정책을 지속시키기 위해 이용했던 국왕과 매우 비슷한 합법적 영향력을 제공했다. 아울러 그것은 최씨 정권의 재정적 필요를 충족시키는 데 필수적 역할을 했다. 최충헌은 자신의 권력 구조에 포진한 사병과 행정가들에게 국가의 직함을 부여해 국고에서 녹봉을 지급했다. 공식적 관서·품계와 함께 최씨 정권의 관원은 전시과 제도에서 수조권을 받아 세입을 걷을 수 있었다. 최충헌은 사재로 자신의 관원을 뒷받침하는 대신 기존의 전시과와 녹봉제도에 기대 여러 재정적 의무를 다했다. 최충헌은 전통적 토지관계와 전시과의 원형을 유지해 자신의 관원을 봉양하는 데도 관심을 두었지만 자신의 사재를 축적하는 전략도 적극적으로 추진했다.

문신들

최씨 집정들—최충헌·최우·최항—은 주요 문신 및 문반 구조와 긴밀한 관계를 구축했다(최의의 통치는 너무 짧아서 뚜렷한 자취를 남기지 못했다). 앞서 지적했듯이 최충헌은 각 최씨 집정이 가장 명망 높

은 문반직을 맡고, 나아가 문신 출신에게 왕조 구조를 지배하도록
한 유형을 확립했다. 1196~1219년(명종 26~고종 6)에 걸친 최충헌
집권기 동안 최고 문반 관서에서 관직을 가진 인물은 80명이었다.[1]
이들은 중서문하성·재추·대간·육부에서 관직을 가졌고 과거에서
지공거로 활동했다. 이들의 배경은 〈표 1〉에 제시했다.

　가장 뚜렷한 변화는 무신 출신이 문반 구조에 대거 진입했다는
것이다. 그러나 '무신이 지배한' 이 시기에도 문신은 관직의 다수를
차지했는데, 적어도 해당 관원의 54퍼센트(43명)로 추산된다. 이것
과 비슷하게 과거는 계속 문신들의 중요한 입사 경로였다. 적어도
20명(25퍼센트)이 과거에 급제했으며, 여기 열거된 43명의 문신 중

〈표 1〉 최충헌 집권기의 문반 구성(1196~1219)

배경	인원
문신	43(54퍼센트)
문신?	10
무신	16(20퍼센트)
문·무신 모두	3
불명확	18
과거	20(25퍼센트)
음서	5
A	32(40퍼센트)
AA	13(16퍼센트)
최씨 가문 출신	6
합계	80

* A: 5품 이상 조상 1명, AA: 5품 이상 조상 2명 이상(이하 같음).

다수는 과거에 급제했을 가능성이 크다. 앞서 지적했듯이 최충헌 치하에서 과거는 자주 치러졌고 해마다 급제자 수는 급격히 증가했다.[2]

능력은 계속 승진의 기준이 되었지만, 가문이 매우 지속적 영향력을 가졌기 때문에 제대로 기능하지 못했다. 32명(40퍼센트)은 적어도 5품 이상의 관직을 가진 조상 1명이 있었고, 13명(또는 16퍼센트)은 그런 조상을 2명 이상 두었다.[3] 5명은 음서로 입사했다. 끝으로 문반 구조에 있던 인물 중 6명은 최씨 가문 출신이었다. 앞서 언급했듯이 자료가 부족해 이들의 일생을 자세히 분석하기는 어렵다. 이 전체 중 대부분은 최소한을 보여주기 때문에 급제자의 더 많은 비율이 관직을 가진 조상을 두었을 수도 있다. 그렇다면 결론적으로 이런 수치는 분명히 출신이 일부 인물의 출세를 가능하게 했음을 보여준다. 그러나 가장 큰 변화는 문반 구조의 사회적 구성에서 무신의 숫자가 늘어났다는 것이다. 비슷한 유형은 최우와 최항의 치하에서도 뚜렷하다.[4]

행정 관서

왕정 체제는 최씨 집정들에게 유일한 난제였다. 최고 권력자로서 국왕은 이론적으로 모든 정책을 통제하고 정치적 합법성을 부여했다. 모든 행동의 합법성, 모든 사람의 특권과 의무는 국왕의 재가에 달려 있었다. 최충헌의 문제는 아직도 국왕이 다스린다는 상징적 허구성을 유지하고 있는 왕권을 박탈하는 방법을 고안하는 것이었다.[5]

최충헌은 위기에 대처하고 조정을 운영하는 자신의 사적 체제를 구축해 좀 더 효과적으로 고려를 통치하고 다스릴 수 있었다. 이 생각은 전혀 새로운 것이 아니었다. '사적인 자문단'은 독특한 것이 아니었다. 최충헌과 그 후계자들은 그저 국왕 배후의 권력인 최씨 정권의 자문단을 사적 기구 안에 공식화했다.

경원 이씨 같은 과거의 가문들은 왕권을 침해하려고 시도했다. 그러나 최충헌의 행동은 몇 가지 이유에서 독특했다. 그는 독재자였고 문반 가문 출신이 아닌 무신이었다. 그는 자녀를 국왕과 혼인시켜 왕조를 지배하기보다는 자신의 사적 행정을 제도화하는 방법을 선택했다. 다른 가문들이 독자적인 권력을 구축하는 데 실패한 부분에서 최씨 집정들은 사적 기구를 만들어 정상적으로 국가를 운영했다. 최씨 집정들은 왕조 행정의 꼭대기에 자신의 관서를 추가하고 최씨 정권의 충복들이 주요한 왕조 행정을 통제하도록 함으로써 권력을 국왕에게서 자신들에게로 돌렸고 나라에서 최고 권력자의 지위를 공고히 했다. 이런 방식으로 최씨 집정들은 무신의 난 이전에는 왕권을 견제하는 데 비슷하게 분투했던 문신의 일부 권위를 가져왔다.

문반직을 맡은 데서 증명되듯이 최충헌은 문반 구조를 완전히 지배함으로써 이런 과정을 시작했다. 또한 그는 측근들을 최고 문반 관서에 임명해 왕조 조직에 대한 지배를 확인했다. 집권한 지 4년도 안 되어 최충헌은 이부와 병부의 장관을 겸임했다. 겸임은 고려의 정치 제도에서 드물지 않았다. 그는 이 두 관서를 맡음으로써 문반과 무반의 모든 임명과 승진을 통제할 수 있었다. 또한 최충헌은 이

때 사저에서 공무를 처리하기로 결정했다. 그는 사저에서 문신과 무신을 등용하고 선발했으며 자신이 작성한 명단을 재가받기 위해 국왕에게 올렸다.[6]

이렇게 함으로써 최충헌은 기존 구조에 두드러진 변화를 가져왔는데, 장관이 처리하던 절차를 급격히 바꿔 자신에게 필요한 업무를 시행했기 때문이다. 관원들은 여전히 조정의 건물에서 만났다. 그들의 행정 기능은 온전하게 유지되었다. 그러나 최충헌 자신이 사안을 지휘하고 그 추진에 적합한 인물을 낙점하면서 결정은 최씨의 사저에서 이뤄졌다. 이처럼 그는 타협하고 기존 관서를 이용함으로써 많은 관원의 지지를 얻었으며 효과적 행정을 목표로 한 왕조 기구를 만들었다. 동시에 그는 이런 전체 구조 안에서 지배적 권력의 지위 속으로 교묘히 진입했다. 그러나 최충헌은 공식적 왕조 구조를 운영하는 데 완전히 만족하지는 않았다.

최충헌은 1196년에 집권한 직후 개혁안을 내놓으면서 관료제도의 비효율성과 허식적인 행동을 비판했다. 관료적 관성은 현대적 현상이 아니다. 즉각 자신의 의지를 관철하려고 했던 인물인 최충헌은 행정을 효율화하고 갈등을 조속히 안정시키고 싶었다. 아울러 그는 공식적 구조에 계속 의존하는 한 국가에 완전한 통제권을 결코 행사할 수 없었다.

사적 권력을 구축하는 그의 다음 조처는 1209년(희종 5) 교정도감敎定都監의 설치였다. 교정도감은 비상사태를 다루는 특별한 권력을 부여한 임시 기구였다. 이것은 국왕과 전통적 의사결정 방식을 우회하려는 최충헌의 첫 조심스러운 행동이었다. 그러나 일단 그것이 설치되자 최충헌은 즉시 이 보조적 관서를 자신의 행정에서 영속적인 부분으로 변모시켰다. 1209년에 암살될 뻔한 최충헌은 교정도감을 내부적인 방어 정책을 수립하고 경찰 기능을 수행하는 관서로만들었다.[7] 6년 뒤 윤세유尹世儒라는 관원은 과감하고 어리석게도 자신이 교정별감이 되어 몇 사람이 반역을 모의하고 있는 것을 수사하겠다고 요청했다.[8]

최우는 교정도감이 등용 정책을 맡도록 발전시켰고 궁극적으로 주요한 정책 입안을 감독하도록 만들었다. 자료에서는 다음과 같이 서술했다.

최우는 조정의 모든 관원에게 과거에 급제한 뒤 관직에는 나아가지 않았지만 능력이 뛰어난 인물을 천거하도록 교정도감에 지시했다. 앞서 최충헌은 교정도감을 설치해 여러 일을 맡아보게 했다. 최우는 그것을 이어받았다.[9]

교정도감의 임무는 다양했다. 방어·경찰·등용 외에 재정 문제도 논의했다. 예컨대 1250년(고종 37)에 그것은 전국에서 감세할 것을 요청했다. 1228년(고종 15)에 태집성이 그랬던 것처럼 그 강력한 관서는 권한을 사용해 순종하지 않는 관원을 견책하려고 시도하기까지 했다.[10] 이 관서에서 무신의 영향력은 대단했다. 교정도감의 수장인 별감의 지위는 장군과 비슷한 무반 직함이었다. 최씨 집정들과 모든 장군은 이 직위를 가졌다.[11] 교정도감의 전투 능력을 보여주는 또 다른 증거는 그것이 최충헌을 노린 암살 시도 뒤에 만들어졌고 처음에 그 기능은 도방을 본떴다는 것이다.

중방과 재추가 최씨의 정책에서 덜 중요하게 되자, 교정도감은 최고 입법·행정·사법기구로 떠올랐으며 최씨 집정과 그 핵심 문객들은 그것을 거쳐 국무를 처결했다.[12] 교정도감은 이 두 관서의 합의 방식을 유지하면서 최씨 정권이 그 정책에 많은 지지를 얻을 수 있게 만들었다.[13] 최씨 정권은 무신과 문신이 모두 참여한 회의에서 정책을 결정했고, 그 관서에 소속된 개인들의 노력에 힘입어 그런 결정들을 실행했다. 교정도감과 그 밖의 최씨 관서에 소속된 인물들을 대부분 문객이라고 불렀는데, 최씨와 조정 관서 모두를 겸직했다. 그러나 이론적으로 그들은 국왕이 아니라 최씨 집정에게 궁극적인 충성을 맹세했다. 최씨 정권은 가장 상위에 있는 교정도감과 그 밖의 기구에서 근무하던 문객의 충성을 이용해 왕조 구조를 통제했다. 이 관서의 운영은 최씨 정권의 계승자들이 1270년까지 계속 운영한 조정朝廷의 기능에 매우 필수적이었다.

두 번째로 중요한 최씨 기구는 등용과 승진을 감독한 정방이었다. 그 뿌리는 정책 심의를 위해 자신의 집으로 이부와 병부를 옮기면서 등용 과정을 장악하려고 했던 최충헌의 시도로 거슬러 올라간다. 최우는 문신 학자를 뽑아 정방을 설치하고 그들에게 관원에 임용할 사람을 추천케 해 이 변화를 마무리했다. 1225년(고종 12)에 『고려사』는 "최우가 정방을 사저에 설치해 관원의 임용과 문사文士의 선발을 맡겼다"고 서술했다.[14] 이 관서는 대부분의 관서처럼 명확한 품계와 직함을 갖고 조직되었다. 그 자료는 다시 말한다.

최우는 사저에 정방을 설치해 관원의 임용과 문사의 선발을 맡기면서 그것을 필자치必者赤라고 불렀다. (…) 최충헌은 집권한 뒤 부府를 설치했다. 그는 개인적으로 정책을 수립하고 천거와 임용을 시행했다. 그는 자신의 측근을 승선에 임명하고 정색승선政色承宣이라고 불렀다. 이 직책을 가진 측근 중에서 3품은 정색상서政色尚書, 4품 이하는 정색소경政色少卿, 붓을 가지고 그 아래서 일하는 사람은 정색서제政色書題라고 불렀다. 그들이 모이는 곳은 정방이라고 불렀다.[15]

최우는 관원의 등용·선발·승진에 관련된 개별적 수단을 제도화하는 방법이 필요했다. 그는 그 관서의 권력을 자세히 설명하고 왕조의 직함을 빌려주어 추가적 합법성을 제공했다. 그는 자신의 관원을 추밀원의 고위직인 승선이라고 불렀는데, 그 기능의 일부를 빼앗았을 것으로 생각된다.[16] 거기서 근무한 인원의 실제 숫자는 분명치 않지만, 임명된 인물의 높은 자질은 그 관서에 재직한 것으로 확인된 명단에서 알 수 있다. 정방은 과거에 급제한 문반 학자들이 독점했다. 〈표 2〉에 있는 6명은 모두 과거에 급제했으며, 3명은 최우의 문객으로 모두 고위 관원이었다. 2명은 천거와 인사를 직접 맡았다. 1명은 국자감에 재직했다.

당시의 주요 인물은 정방에서 근무했다. 최씨 집정들은 인사 문

〈표 2〉 정방

이름	입사 경로	최씨와의 관계	관직
김창	과거	문객	이부
금위	과거	–	이부
박훤	과거	문객	형부
송국첨	과거	–	형부
유경	과거	–	국자감
유천우	과거	문객	이부·병부시랑

* 조규태, 「최씨 무인정권과 교정도감체제」, 『고려무인정권연구』, 93쪽에서는 선인열이 정방에 소속되었다고 파악했는데, 필자는 그렇게 연결시킬 수 있는 충분한 정보를 찾지 못했다.

제를 매우 중시해 교정도감과는 따로 이 관서를 설치했다. 정방이 하위였지만, 일부 인물은 두 관서에서 동시에 근무했다. 이런 동일한 사람의 다수가 주요 관서에서도 재직했다는 사실은 최씨가 국가의 공식 구조를 지배하는 것을 쉽게 만들었다. 정방은 최씨 정권의 이중적 행정에서 핵심 고리로 기능하면서 최씨 집정들이 조정의 간섭을 받지 않고 인사 결정을 통제할 수 있게 했다. 정방은 교정도감처럼 국왕의 지시가 아니라 최우 자신의 지시로 설치되었다는 측면에서 일정한 독립성을 가질 수 있었다. 최충헌보다 안정된 지위에 있었던 최우는 국왕의 명령에 그리 많이 의존하지 않았다. 그래서 그는 인사 문제를 감독할 관서를 세울 필요가 있자 자신의 기구를 간단히 창설했다. 정방은 고려가 멸망하기 직전까지 존속했다. 그것은 14세기에 권력을 장악한 파벌에게 좌우되었기 때문에 논란의 근원이 되었다.

서방은 최우의 집권기에 처음 나타난 또 다른 최씨 기구였다. 정방과 마찬가지로 그것은 최우가 개인적으로 믿고 문객으로 삼은 문신 학자로 구성되었다. 또한 그것은 왕조 기구가 아니라 최우의 명령으로 만들어졌다. 『고려사』에서는 다음과 같이 언급했다.

최이(최우)의 문객에는 당시의 유명한 유학자가 많았는데, 그들을 3번으로 나눠 번갈아 서방에서 숙직케 했다.[17]

1257년(고종 44)에 최항이 사망했을 때 서방은 3번으로 구성되어 최씨의 사병과 함께 순찰하면서 치안을 유지했다. 서방에 소속된 인물들은 최씨 정권의 충성스러운 추종자로서 국방 정책을 수립하는 것을 도왔는데, 1240~1250년대의 몽골의 침입에 대항하기 위해 모였을 것으로 추정된다. 서방은 전통적으로 국왕에 관련된 문서를 작성한 한림원의 일부 기능을 맡기도 했다.[18] 또한 서방은 강화도로 옮긴 수도가 위태로워졌을 때 법과 질서를 유지했으며, 그 구성원은 최씨 집정들이 사망했을 때 호위대나 의장대로 나타나기도 했다.[19] 이 관서의 규모, 참여 인원의 숫자, 그리고 참여 자격은 잘 알려져 있지 않다. 정방과 교정도감에서 근무한 사람의 다수는 최씨 문객에 관련된 관서인 서방에서도 활동했다.

문무의 가치를 융합한 서방의 활동은 최씨 집권기를 전형적으로 보여준다. 집권기가 전개되는 동안 최씨 정권은 서방에 소속된 사람들을 모아 호위대로 삼았지만, 무신의 문제를 해결하는 데 그들의 문신적 능력을 활용해야 한다는 더 크고 긴급한 필요가 있었다. 최우는 서방을 국방 전략의 중심으로 활용하면서 몽골의 침략을 견고히 막는 데 동원하기도 했다. 고려시대 내내 문신 학자들은 전란과 국내의 불안이 일어날 경우 전략을 수립하는 일에 동원되었다. 학자들이 자주 공부한 전쟁에 관련된 고전들은 많은 야전 전략의 기초였기 때문에 최우는 학자와 문반 문객을 서방에 모아 전략을 짜게 했다. 이런 변화는 무신의 권력을 약화시켜 국방 정책을 완전히 장악하지 못하게 만들었지만, 무신과 문신이 연합하는 새로운 시대를 표시하기도 했다. 최우와 그의 후계자들은 고려 전기 사회를 갈라놓았던 사회적 차별과 의심의 장벽에 다리를 놓은 것이었다.

최충헌의 통치

최충헌은 자신이 나라를 통치하도록 돕는 왕조 기구와 사적인 개혁 관서를 가졌다. 그러나 그는 이런 제도적 기구를 설치한 뒤 자신의 통치를 도울 수 있는 전문 지식과 지혜를 제공한 유능한 인물로 그 관서를 채웠다. 앞서 보았듯이 고위 문반직에는 문신과 무신이 혼합되어 있었다. 과거 급제자들은 물론 관직에 나아갔으며, 그들 중 다수는 이전에 관원을 지낸 인물의 후손이었다. 그들의 대부분은 최씨의 사적 기구에도 관직을 갖고 있었다.

최충헌은 이런 이중적 조직을 이용해 통치했지만, 그의 측근으로 나타나는 인물은 10명 정도였다(〈표 3〉). 이런 두뇌집단을 분석하면 당시의 역학과 지도력의 질을 좀 더 깊이 통찰할 수 있다. 중앙 조정에서의 지위, 최충헌과의 친척관계, 그리고 그 밖의 참고 사항을 볼 때 이들은 최충헌의 핵심 인물로 생각된다. 무신 6명과 문신 4명으로 구성된 이 집단은 최충헌을 도와 정책을 입안하고 교정도감에서 숙의했다. 7명은 5품 이상에 오른 아버지가 있었으며, 문신은 모두 과거에 급제한 당시의 주요 인물이었다.

핵심은 1196년에 최충헌의 집권을 도운 인물들이었다. 김약진·노석숭·백존유는 이의민이 암살된 직후 최충헌을 도운 중요한 무장들이었다. 김약진은 희종의 실패한 암살 시도에서 최충헌을 구조했다. 백존유는 다양한 관직을 거쳤다. 그는 상장군뿐만 아니라 병마사·추밀원·재추를 지냈다. 정숙첨은 딸이 최우와 혼인해 최씨의 인척이 되었다. 그는 암살 음모에서 김약진을 도와 최충헌을 구했으며, 뒤에는 관군을 이끌고 거란에 맞섰다. 아울러 그는 재추에서 여러 핵심 관직을 지냈다. 그러나 정숙첨의 성공이 흠 없는 것은 아니었다. 그는 1217년(고종 4) 한 모의에 연루되어 최충헌에 의해 본관인 하동으로 유배되었다. 그는 최우와의 관계 덕분에 죽음을 모면했다.

문신과 무신 모두에게 존경받은 두 무신인 기홍수寄洪壽와 정극온 鄭克溫은 명종 때 이미 명성을 얻었다. 최충헌이 이의민을 살해한 직후 기홍수는 처음 요직으로 승진했는데, 그의 특별한 기술 덕분으로 생각된다. 기록에 따르면, "기홍수는 어려서부터 글씨와 문장에 뛰어났지만 자라서는 무반에 종사했다."[20] 이부에서 활동하던 기홍수는 최충헌과 국무를 논의하는 데 참여했다. 신종이 병으로 퇴위하겠다고 밝히자 최충헌은 즉시 기홍수에게 조언을 구했다. 전주 정

<표 3> 최충헌의 측근

이름	문·무반/입사 경로	조상	관직	기타
김약진	무반		상장군	최충헌의 친척
노석숭	무반			최충헌의 친척
기홍수	무반	A	재추	
백존유	무반		재추	
정극온	무반	AA		공신
정숙첨	무반	A	재추	
최선	문반/과거	AA	재추	공신
임유	문반/과거	AA	재추	공신
조영인	문반/과거	A	재추	공신
금의	문반/과거	A	재추	공신

씨 출신인 정극온은 대장군의 아들로 최충헌의 조직에 명망과 장점·존경을 부여했다. 그의 위상은 매우 중요해서 강종의 묘정廟廷에 배향되었다.[21]

문신 조언자들은 비슷한 위치에 있던 무신들보다 좀 더 저명한 사회적 배경과 입증된 능력을 가진 것으로 기록되어 있다. 임원애의 아들이자 의종·명종·신종의 삼촌인 임유任濡는 가장 존경받았다. 명종 때 요직에 임명된 임유는 최충헌이 집권한 뒤 재추로 승진했다. 과거를 감독하는 데 두드러진 역할을 한 그는 최씨 집정들에게 많은 인물을 등용하고 천거했다.[22] 임유의 아들은 최충헌의 딸 중 한 사람과 결혼해 두 가문의 관계를 더욱 굳게 만들었다. 아울러 임유의 아들은 모두 최씨 정권에서 근무했다. 고려 중기 귀족 가문의 하나이자 의종이 권력에서 소외시킨 가문 중 하나인 정안 임씨는 무신의 난 앞뒤로 중요한 역할을 했으며, 최씨 집권기 전체에 걸쳐 이런 능력을 계속 발휘했다.

통주 최씨 출신으로 최유청의 아들인 최선崔詵은 임유의 경험을 대부분 다시 밟았다. 왕실에서는 최선이 명종 때 왕실 출신의 승려를 비난했다는 이유로 귀양 보냈지만, 그는 최충헌이 이의민을 암살한 뒤 재추로 빠르게 승진했다. 최충헌이 신종의 퇴위를 기홍수와 논의했을 때 최선도 거기에 있었다. 최선의 가문은 무신 집권기 내내 주요한 지위를 유지했다.

조영인趙永仁과 금의琴儀도 재추에 참여한 학자였다. 횡천 조씨 출신으로 조시온의 아들인 조영인은 최충헌이 집권한 뒤 이부를 맡았다. 그의 아들 조충趙冲도 최충헌에게 인정받았으며 아버지처럼 공신에 책봉되었다. 친척 한 명이 최충헌의 딸과 혼인한 것은 최씨 가문과의 가까운 관계를 보여준다. 금의는 동료 중에서 1184년(명종 14)에 가장 먼저 급제했다. 최충헌 아래에서 그는 대간으로 입사했고 그 뒤 재추에 올랐다. 임유와 마찬가지로 금의는 최씨 정권에 많은 유능한 인물을 등용했고 그 뒤 최우 아래에서는 정방에서 일했다.[24]

이들은 모두 최씨 정권에서 핵심적인 역할을 맡았다. 일부는 국방 문제를 관장하는 병부나 추밀원 같은 공식 관서에서 근무했고, 다른 일부는 유능한 인물을 선발해 최씨 정권에 등용했다. 8명은 재추가 되었다. 대부분, 특히 문신은 주요 가문 출신이었지만, 명종 때는 중요하지 않은 관직에 임명된 사례도 많았다. 많은 측면에서 이 집단은 일반적인 왕조 관직을 가졌던 인물의 구성에서 처음 나타난 흐름을 보여준다. 이런 추종자 집단을 통해, 최충헌은 고려 사회에서 영향력을 겨루는 수많은 집단과 계속 접촉했다. 최씨 정권 출신과 주요 무신, 능력이 뛰어난 문신을 함께 데려옴으로써 최충헌은 통치의 성공을 보장했다.

최우

최우 아래에서 최씨 정권은 성숙한 단계에 도달했다. 최우는 일단 자신의 권력을 안정시키자 아버지의 통치 주제 중 다수를 계승했지만, 새로운 방향을 특징지은 정책들을 추구했다. 그는 국가 경영을 개선시킨 토지와 재정 정책의 변화를 도입해 최충헌 치하에서 일어났던 일정한 폐단을 개선했다. 또한 그는 행정 능력이 부족하거나 부정한 방법으로 승진한 인물들을 축출해 사회적·정치적 개혁을 추구했다. 통치가 시작되었을 때 숙청된 28명 중 적어도 12명은 공무상의 잘못을 저질렀다. 최우는 돈으로 관직을 사는 관행을 끝내겠다고 천명했는데, 1220년(고종 7)—최우가 집권한 지 겨우 석 달 뒤—에 "관직을 얻으려고 뇌물을 주는 풍습이 점차 사라졌다"고 기록되었다.[25]

안정되는 통치
자신과 자녀를 위해 최우가 선택한 혼인관계는 최충헌이 형성한 그것과 매우 비슷했으며, 이는 넓은 범위의 사람들과 관계를 유지하고자 한 최우의 바람을 보여준다(〈그림 2〉 참조). 최우는 정숙첨의 딸인 첫 부인이 사망한 뒤 또 다른 유서 깊은 무반 출신인 태집성의 딸과 혼인했다. 태집성은 딸을 최우에게 시집보내자 지나치게 거만해졌고, 이런 관계를 이용해 개인적 이익을 추구했다. 최우는 두 무반 가문을 자신의 권력 구조 안으로 끌어들임으로써 정숙첨과 태집성과의 결혼에서 이득을 보았다. 이런 부인들 외에도 최우는 첩이 몇 명 있었다. 한 사람은 사홍기史洪紀의 딸인데 두 아들 만종萬宗과 만전萬全(최항)을 낳았다. 사홍기는 문하시중으로서 이부 상서를 역임한 문신이었다.

최우는 고려의 주요한 문반 가문의 자녀를 자녀들의 배우자로 선택했다. 최우의 딸은 경주 김씨 출신인 김약선과 혼인했다. 최우는 신라 국왕을 선조로 자랑할 수 있는 이 인물을 후계자로 삼으려고 했던 것으로 추측되는데, 그를 영향력 있는 자리로 파격 승진시켰다. 김약선이 논란에 휘말려 유배·사형에 처해지자 최우는 사찰로 보내져 살고 있던 아들 최항을 잠재적 계승자로 선택했다.[26] 최항은 환속해 계승자로 준비하면서 최온의 딸과 혼인했다. 통주 최씨 출신인 최온은 과거에 급제했으며, 최우 집권기에 대간과 지공거를 역임한 최종재崔宗梓의 아들이었다. 최우는 통주 최씨 가문과 혼인함으로써 옛 동맹과 명망 있는 가문의 지원을 강화했다. 최우는 가문적 연결을 확대하면서 정안 임씨 출신인 임경순任景純의 아들 임환任皠을 입양했다. 앞서 지적했듯이 이 가문은 최씨 집권기 대부분 동안 가장 강력한 문반 가문의 하나였다. 최우는 이런 연결로 왕조의 저명한 문반·무반 가문 중 일부에게 자신의 체제 안에서 영향력 있는 역할을 할 수 있는 기회만 준 것은 아니었다. 그는 자신의 체제를 위한 그들의 지원도 확인했다.

최우는 통치를 시작할 때부터 아버지보다 더 강력한 지위에 있었지만 그래도 신중했다. 그는 관료 제도를 더욱 강력하게 통치하기 위해 그것을 거쳐 최고 문반직까지 천천히 승진한 아버지의 방법을 따랐다. 최우는 1217년(고종 4)에 이미 장군의 품계에 올랐다. 이듬해 그는 지주사라는 문반직을 맡았다. 1219년에 아버지가 사망한 뒤 최우는 추밀원에 들어갔다. 집권 1년 반 뒤인 1221년 말 그는 임용과 승진에 최고의 통제력을 행사한 여러 직위를 가졌다.[27] 그는 대간의 명령권도 가졌고, 문하시중으로서 중서문하성에서 가장 높은 정책 입안자 중 한 명이 되었다. 최우가 받은 관직은 아버지와 매우 비슷했지만, 아버지와는 달리 거의 즉시 최고 직위를 맡았다. 그 뒤 최우는 거듭해서 명예직을 받았지만, 집권 2년 때 주요한 관서의 모든 합법성과 특권을 가지고 자신의 진정한 권력을 행사할 수 있었다. 이런 방식에 따라 그는 기존의 제도들을 추가적인 지원으로 이용할 수 있었다. 그는 전통과 맞서지 않았다. 그 대신 그는 권력을 향한 자신의 전략을 추진하는 데 그것을 이용했다.

최우는 자신의 체제 안에 많은 문신을 등용했다(〈표 4〉). 정규 문반 품계를 받은 것으로 밝혀진 96명(1219년부터 1249년까지) 중 69명(전체의 71퍼센트)은 문반 출신이었다(부록 6 참조). 이것은 최충헌 집권기의 54퍼센트보다 높아진 것이다. 24명(25퍼센트)은 무신이었고 3명의 배경은 분명하지 않다. 무신이 적지만 그들은 분명히 행정 조직 안에서 고려해야만 하는 세력이었다. 적어도 43명(45퍼센트)은 과거에 급제한 것으로 나오는데, 최충헌 시대의 수치보다 상당히 높아진 것이다. 문신 중에서 적어도 62퍼센트는 과거에 급제했으며, 최충헌 시대보다 매우 높아진 비율이다. 아버지처럼 최우는 임용된 사람들의 자질을 높이려고 했다. 이런 목표에 따라 최우는 그들의 경쟁을 위해 정규적 계획을 유지하면서 계속 과거를 시행했다. 그는 학자를 우대하고 과거 급제자를 예우하는 의례를 확대했다.[28] 또한 중국 전통에 더 많이 의존하는 방침으로 돌아가 문신과 문반 기구를 더욱 존중했다. 1225년(고종 12) 그는 "우리 조정의 제도와 음악의 의례는 중국의 체제를 따라야 한다"는 상소를 올렸다. 같은 때 역사서는 최우가 재능에 따라 선발한 결과 중국인도 요직에 오를 수 있었다고 기록했다. 좋은 행정은 유능한 인물을 등용하는 데서 출발한다는 사실을 깨달은 최우는 이런 목표를 이루려고 계속 노력했다.[29]

이때 조정에 입사한 인물의 사회적 배경은 최충헌 집권기와 비슷한 것으로 나타난다. 최소한 46명(48퍼센트)은 5품 이상에 오른 아버지가 있었다. 그리고 이들 중 절반 이상(적어도 28명)은 5품 이상에 오른 조부를 두었다. 달리 말하면 관직을 가진 인물의 최소 29퍼센트는 이런 차이를 주장할 수 있었던 것이다. 최충헌 집권기부터 나타난 이런 증가는 무신 정권이 성숙하는 데 기여했다고 생각된다.

최우가 집권한 시점은 최충헌이 권좌에 오른 지 20년이 지났고 무신의 난으로부터는 50년에 가까운 시간이 흘렀다. 권력은 기존의 가문들에 확고히 자리 잡아갔다. 이런 흐름은 천계 출신이 한 명만 발견된다는 사실에서 드러난다. 그리고 그 한 사람인 안석정安碩貞은 최우와의 특별한 관계 덕분에 관직을 받았다(그러나 큰 반대에 부딪혔다).[30] 적어도 천계 출신 4명이 요직에 오른 무신의 난 직후의 시기와 비교하면 사회적 이동의 한계는 뚜렷하다. 최충헌 시대처럼 출생과 능력은 최우의 집권기에도 요직에 등용되고 승진하는 데 계속 중요한 기준이었던 것이다.

단일한 관서에서 무신이 핵심적 권력을 행사하는 사례는 없었다. 그 대신 무신은 가장 권위 있는 관서 주위에 모이는 경향이 있었으며, 전체 관서에서 두루 재직했다. 재추 38명 중 12명은 원래 무신이

〈표 4〉 최우 집권기(1219~1249)의 문반 구조

배경	인원
문신	69(71퍼센트)
문신?	10
무신	24(25퍼센트)
불명확	3
과거	43(45퍼센트) (모든 문신 중 62퍼센트)
A	46(48퍼센트)
AA	28(29퍼센트)
천계 출신	1
합계	96

었다. 추밀원·이부·병부의 하위 관직 중 거의 3분의 1은 무신이었다. 그 이전 50년 넘게 이 관서에는 이미 많은 무신이 근무했으며 최우는 그 흐름을 지속했다. 일부 무신은 예부—이전에는 과거에 급제한 문신만 거의 배타적으로 배정된 관서였다—에도 재직했다. 그러나 중서문하성의 하위 관직은 계속 문신들이 독점했다. 그것은 전통적으로 문신의 핵심 관서이자 주요한 행정 관서였다. 병부도, 저명한 인물에게 명예직으로 수여되기도 했지만, 대부분 문신으로만 채워졌다.

과거 급제자와 유력한 가문 출신이 나타나는 것과 관련해서 재추의 구성은 전체 왕조 구조의 축소판이다. 이 지배 집단의 사회적·정치적 위신은 최우의 집권기에도 줄어들지 않은 것으로 보인다. 유력한 사회적 배경과 능력을 가진 인물은 늘 존속했다. 재신은 국무를 협의하기 위해 모였으며 최씨 정권의 여러 업무에 참여하도록 소집되었다. 재추에 임명된 인물은 다른 관직도 겸임했다.

제도적으로 일부 관서는 다른 관서들보다 좀 더 중요했다. 예컨대 재추는 문반 행정의 정점으로 남아 있었으며, 거기에 소속된 인물의 절반 이상이 다른 관서에서도 근무했다. 육부는 미래의 재신을 길러내는 좋은 훈련 장소였다. 거기서 근무한 인물은 대부분 다른 관서로 승진했다. 이것과 비슷하게 대간의 절반 이상도 다른 관직에 임명되었다. 23명의 지공거 중 4명을 빼고는 다른 관직을 겸임한 것으로 기록되어 있다. 대부분의 관원이 다른 관직을 겸임했다는 사실은 최우 체제의 특징인 뛰어난 행정적 효율성에 기여했다. 대체로 나라는 최충헌이 집권했을 때와 비슷한 방식으로 움직였다. 모든 주요한 결정은 최씨 정권이 내렸지만, 기존 제도는 합법성의 척도와 재정적 안전의 근거를 제공함으로써 최씨 정권의 정책을 추진하는 데 계속 중요한 영향을 주었다.

최우의 핵심적 측근

최씨의 기구를 채운 인물들은 조정에 재직한 관원과 대부분 겹쳤다. 그들 모두에 관련된 정확한 기록은 없지만, 일부—모두 교정도감에 참여할 수 있는 자격을 갖추고 있었다—는 최우 정권에서 중요한 위치에 있었다. 이 범주에 있는 것으로 파악되는 12명 중 4명은 무신이었고 8명은 문신이었다. 박훤과 송국첨은 이부에서 근무했다. 송국첨·주숙·박훤을 빼고는 모두 요직에서 근무한 가문 출신이었다. 최충헌의 핵심적 측근들처럼 이들은 모두 최씨 정권에서의 명망과 최우와의 개인적 관계에 따라 핵심 집단에 참여할 수 있는 인물로 선택되었다(《표 5》).

무신은 김약선·김경손·김취려·주숙 등이었다. 이중 김약선과 김경손은 유명한 경주 김씨 출신이었다. 최우는 김약선을 사위로 삼았다—정숙첨의 경우처럼 최씨 정권에서 혼인관계의 중요성을 보여준다. 초반에 최우는 김약선을 후계자로 낙점해 추밀원에서 근무하도록 승진시켰지만, 뒤에는 그를 유배 보내고 처형했다. 김약선을 매개로 최우와 인척이 된 김경손은 전체적인 능력 덕분에 대간에서 근무한 뒤 추밀원의 하위 관직으로 옮겼다. 그는 1250년(고종 37)에 최항

<표 5> 최우의 측근

이름	문·무반/ 입사 경로	조상	관직	기타
김경손	무반	AA	중추원	인척
김약선	무반	AA	상장군	인척
김양경	문반/과거	A	중추원	
김창	문반/과거	AA	중추원	
김취려	무반	AA	중서문하성	공신
박훤	문반/과거	A	형부	문객; 정방
송국첨	문반/과거		상서성	정방
이규보	문반/과거	A	중서문하성	
임경숙	문반/과거	AA	형부	인척
주숙	무반		대장군	인척
최린	문반/과거	AA	중서문하성	인척
최종준	문반/과거	AA	중서문하성	인척

이 귀양 보내기까지 최씨 정권에서 중요한 역할을 했다.[31] 언양 김씨 출신으로 예부 관원 김부의 아들인 김취려는 중요한 장군이자 조언자였다. 그는 추밀원사樞密院事로서 병부상서를 겸임했다.[32] 이런 공로로 그 뒤 그는 공신에 책봉되었다. 이 세 사람은 분명히 뛰어난 배경을 가졌지만, 야별초와 도방의 지휘관을 겸임한 주숙은 출신이 분명치 않다. 상장군이자 추밀원의 하위 관원으로 최씨의 사병에 직접적인 통솔권을 가진 한 사람인 주숙은 최씨 정권의 핵심 인물이었다. 그는 최우와도 직접 연결되었는데, 두 사람 모두 태집성의 딸과 혼인했기 때문이다.[33] 최우는 자신의 사적 기구에 이들을 임명했으며 정규 관직도 겸임시켰다. 무신으로서 그들은 모두 국방 정책의

대부분을 담당한 추밀원의 현직 관원이었다.

주도적 문신도 동일하게 두드러진 집단이었다. 그중 박훤·송국첨·김창 등 3명은 정방과 관련된 그들의 역할에서 이미 언급했다. 공주 박씨 출신의 학자인 박훤은 최씨 정권의 문객이었다. 박훤은 과거에 급제하고 최씨 기구에서 근무한 것 외에도 형부상서를 지냈다. 진주 송씨인 송국첨은 최씨 정권과 밀접한 관련을 가진 가문 출신이었는데, 그 가문의 다수가 최우와 최항 아래에서 관직에 근무했다. 대간으로 활동한 송국첨은 중요한 행정 관서인 중서문하성과 형부에서 하급 관원으로 근무했다. 이 관서들은 국가와 최씨 정권을 조정하는 데 중요했다. 김창—안동 김씨 출신으로 신라 왕족의 후예—은 천거를 맡았다. 사람들은 자신이 이부·병부에 등용한 사람들의 이름을 모두 기억하는 그의 뛰어난 기억력에 감탄했다. 그는 추밀원에서도 활발하게 근무했다.

그 밖에도 비슷한 경력과 가문 출신의 인물들이 이 지배 집단에 참여했다. 그들이 정방에 참여했는지는 확언하기 어렵지만, 그 관서와 그 밖의 최씨 기구에서 중요한 직책을 가졌을 가능성은 높다. 이규보李奎報는 아마 최우의 행정 기구에서 가장 유명한 인물이었을 것이다. 고려의 가장 뛰어난 문인 중 한 사람인 이규보는 명종 때 급제했지만 최충헌이 집권할 때까지 이렇다 할 관직을 받지 못했다. 그의 문학적 재능을 발견한 최충헌은 그에게 여러 임무를 맡겼다. 최우가 뒤를 잇자 이규보는 추밀원의 하위직을 거쳐 중견 간부로 승진했다. 이규보는 화려한 문장을 구사했는데, 원 황제는 침략을 중단할 것을 요청한 그의 글을 읽고 눈물을 흘렸다고 한다. 이규보는 재상으로서 외교에 영향력을 행사했으며, 여러 차례 과거를 감독해 유능한 인물을 최씨 정권으로 많이 포섭했다.[34]

최종준·최린·임경숙은 모두 최충헌 집권기에 명망을 얻은 문반 가문 출신이며 최우의 정권에서도 활동했다. 최종준과 최린은 모두 통주 최씨 출신으로 과거에 급제하고 최우와 혼인관계를 맺었다. 1216년(고종 3) 거란이 침입했을 때 병마사였던 최종준은 추밀원에서 좌승선이 되었고, 그 뒤 최우 아래에서는 이부상서로 지문하성사를 겸임했다. 다른 사람들처럼 최종준도 최씨 정권과 조정 모두에서 중요한 관원이었다. 최항 정권에서 주요한 역할을 한 최린도 승선을 거쳐 문하시중이 되었다. 최린 또한 이런 관직을 가지면서 지공거로서 등용을 감독했다. 정안 임씨 출신의 임경숙은 최씨 정권의 이런 지배층을 전형적으로 보여주는 인물이다. 그는 최씨 가문의 인척이자 과거 급제자, 그리고 고위 관원으로서 최우 집권기 동안 형부상서와 추밀원의 하급 관원으로 재직했다. 그는 네 차례의 과거를 감독했다. 그 아래에서 급제한 인물 중 10명은 몇 년 만에 관직을 받았고, 3명은 장군이 되었으며, 1명은 장교가 되었다. 끝으로 김양경(김인경)도 언급할 필요가 있다. 경주 김씨 출신인 김양경은 과거에 급제하고 형부상서와 문하시중으로서 추밀원에서 근무했다.[35] 여기서 언급된 사람들 대부분처럼 그도 과거와 등용 업무를 도왔다.

최우의 가장 가까운 측근인 이 집단의 구성은 귀족이라고 규정할 수 있는 옛 문반 가문의 압도적 비중을 보여준다. 경주 김씨·정안 임씨·통주 최씨는 모두 권력 구조의 최고 층위에서 두드러진 역할을 수행했다. 동일하게 뚜렷한 측면은 혼인관계의 역할이다. 이 집단의 6명(전체의 절반)은 최씨 정권과 일정한 가문적 연결을 가졌다. 이 연합 중 8명—모두 문신이다—은 과거 급제자였다. 정규 고위 관직을 가졌고 최씨 정권에서도 마찬가지로 핵심적이었던 이 집단은 최씨 정권의 일반적 구성을 보여준다. 그러나 여기서 하위 집단보다 더 중요한 기준은 가문이었다. 그리고 가문을 능력으로 보충할 수 있었던 인물은 최우가 발전시킨 체제 안에서 더욱 성공할 수 있었다. 아버지와 마찬가지로 최우는 무력적 지원과 문반적 권위를 가진 인물을 최고직에 둠으로써 자신의 체제 안에서 이 두 집단의 참여와 명성을 보장했다. 그리고 그렇게 함으로써 그는 무신과 문신 사이의 구별을 더욱 흐리게 만들었다. 그는 혼인관계로 자신과 그들을 묶어 이 연합의 지원을 더욱 확고히 했다. 그는 최씨 정권을 정치적·사회적 영향력의 핵심으로 만들었다. 또한 그렇게 함으로써 그는 아들 최항에게 성공적으로 권력을 인계할 수 있었다.

유학

최충헌과 최우는 모두 유학자들과 원만한 관계를 형성했고 유교와 불교 연구 모두에 선도적인 후원자가 되었다. 불교 연구에 관련된 그들의 지원은 7장에서 서술할 것이다. 그러나 그들은 유학도 적극적으로 촉진했으며 등용의 중요한 수단이 된 과거를 중시했다.

모든 학자가 최씨 정권을 인정한 것은 아니었다. 도성에 거주하던 한유한은 최충헌이 권력을 찬탈하는 것을 보고 곤경이 곧 뒤따를 것이라고 결론지었다. 그는 부인과 아들들을 데리고 지리산으로 은거한 뒤 최충헌의 간청에도 돌아오지 않았다.[36] 한유한보다 더욱 명성을 가진 인물들은 '죽림칠현'이었다. 이런 은일적隱逸的 학자 집단— 오세재吳世才·임춘林椿·이인로李仁老·조통趙通·황보항皇甫抗·함순咸淳· 이담지李湛之—은 예전 중국 시인의 집단에서 자신들의 이름을 가져와 중국 고전에 대한 자신들의 지식과 이해에 자부심을 나타냈다. 이 학자들은 대부분 최씨 정권과 일부러 거리를 두었으며 관직에 나아가지 않았다. 7명 중 이인로와 조통만 문반직을 가졌다. 7명 중 2명만 최씨 정권에 참여한 것은 드문 일이다. 적어도 그들 중 5명은 과거에 급제했으며 대부분은 명문 출신이었기 때문이다. 그들 중 임춘 같은 인물은 무신과 아무 관련도 맺으려고 하지 않았다. 뿐만 아니라 임춘은 과거에 응시하는 것도 거부했으며 무신의 난에서 자신의 가족 다수가 죽거나 숙청된 데에 오랫동안 분개했다. 무신 정권을 멀리한 임춘은 방랑하며 비슷한 뜻을 가진 인물들과 시 짓는 것을 선택했다.[37] 반면 오세재는 과거에 급제하고 이인로에게서 관직에 천거되기도 했다. 그러나 그는 관직에 나아가지는 않았다. 세상에 싫증난 그 또한 이 유명한 집단에 참여해 술과 좋은 시에 탐닉했고 결국 외조부의 본관인 경주로 낙향했다.[38] 그들이 산출한 문학은 전원과 농민에 좀 더 가까이 연계되어 있었다는 측면에서 고려 전기의 작품과 달랐다. 또한 그것은 이전 시대 작품들의 특징인 이상주의 대신 현실도피자의 심성을 강조했다.[39] 무신 집권기가 끝나자 최씨 정권에 참여하지 않은 문인들은 칭송받았지만, 특히 최우와 긴밀한 관계를 가졌던 이규보 같은 인물은 비판받았다.[40]

최씨 정권과 연합한 학자와 그렇지 않은 학자 사이에 갈등은 있었지만, 대부분의 학자, 심지어는 죽림칠현의 일부까지도 최씨 정권에 협력했다. 고려의 가장 저명한 문학가 중 한 사람으로 최씨의 지지자였던 이규보는 오세재의 빈자리를 칠현에게 제공했는데, 최씨 정권과 그 지지자들의 관계가 상당히 부드러워졌다는 사실을 보여준다.[41] 최충헌은 예술을 후원하고 문학을 발전시키려고 진심으로 노력하면서 최씨 정권과 협력한 학자는 물론 협력하지 않은 인물도 모두 초청해 작문 경연을 열었다. 1205년(희종 1)에 최충헌은 정자를 짓고 유학자들을 불러 작시 경연을 열었다. 비슷한 행사는 그의 집권기 동안 거듭 열렸다.[42] 관직을 갖지 못했지만 인정받은 학자들도 그 행사에 참여했다.

최충헌은 이런 행동을 통해 지배적 권력자로서뿐만 아니라 예술의 주요한 후원자로 자신을 부각시켰다. 이때 기록되어 지금까지 남아 있는 방대한 분량의 문학작품을 떠올리면 당시의 생산성에 경탄할 뿐이다.[43] 소수는 계속 거리를 두었지만 더 많은 학자는 최충헌과 공식적인 정치적 관련을 갖거나 그리 규제받지 않고 문학적 접촉을 가졌다. 최우는 이런 관계를 유지했고, 자신의 정권에 주요한 학자들을 참여시키는 데 더욱 성공적이었다고 생각된다. 실제로 최우 집권기에 권력 구조에서 벗어난 독립적 유학자는 거의 없었다. 당시의 저명한 학자들은 최우의 체제를 돕는 데 동참했다.

물론 그 밖에 학계의 또 다른 저류도 있었다. 죽림칠현 같은 일부 학자들은 거의 전적으로 문학적 노력만 추구하고 적극적인 정치적 삶은 거부했다.[44] 그들 중 이인로나 임춘 등은 시 창작과 유교 경전의 지식이 성공으로 가는 경로였던 이전 예종의 치세를 그리워했다. 한·당의 문체에 긴박된 이들은 불교와 유교의 통합을 주장했다.[45] 고문古文의 문학적 전통—사람은 문학으로 도덕을 수양할 수 있다는 생각을 강조하는—도 대두되었다. 최자崔滋(1260년 사망)는 고려의 유학적 전통의 계승자이자 중국 고문 유학자의 숭배자로 자부하면서 운문의 창작에만 집중하는 사람들을 비판했다. 최자는 정치에 좀 더 적극적으로 참여해야 한다고 주장했다. 또한 그는 불교와 정치 지도자, 특히 무신 집정들 사이의 긴밀한 관계에 의문을 제기했다. 귀족인 해주 최씨 출신이며 최씨 집권기 말엽에 고위 관원이었던 최자는 몇 개의 글에서 무신 통치에 분노의 기미를 나타내고 문반 체제의 우월성을 확언하기도 했다.[46]

최씨 정권은 사대부와 함께 유학 연구를 여러 측면에서 발전시켰다. 최충헌은 과거제도와 문신의 역할을 확대하고 교육을 중시했다. 어떤 건물이 한 장군에게 불법적으로 팔렸다고 학생들이 불만을 토로하자 최충헌은 고발된 인물에게 벌금을 물리고 하옥해 그 문제를 신속하게 해결했다.[47] 학생들은 건물을 다시 갖게 되었고 최충헌의 인기는 치솟았다. 최충헌 치하에서 학사學士의 지위에 있던 인물들은 계속 승진했다. 1200년(신종 3)에 중서문하성은 상소를 올렸다.

옛 제도에서는 대간과 지제고知制誥가 아니면 학사는 근신의 반열에
참여하지 못했지만 지금부터는 학사는 모두 시신侍臣의 반열에 들 수
있도록 허락하소서.⁴⁸

이 상소가 받아들여지자 학사의 권위는 더욱 높아졌다. 최우는
이런 흐름을 이어 유교적 제도가 국가 제도의 기초라고 공개적으로
칭송하면서 유학자를 우대하고 존중했다.

최충헌과 최우는 문신과 그들의 전통을 공개적으로 수용했다. 그
들은 학문적 관심과 유교 이념을 지속시켜 이런 영향력 있는 집단을
자신의 체제 안으로 끌어들였고, 그 결과 고려를 좀 더 효과적으로
다스릴 수 있었다. 이때 최씨 정권과 고려 왕조가 순조롭게 운영된
것은 최씨의 사적 기구와 공식적인 국가 제도에서 이중적 역할을 수
행하던 유능한 행정가가 존재한 덕분이었다. 이런 이중적 행정을 능
숙하게 처리함으로써 최씨 정권의 첫 국면은 이렇게 성공할 수 있었
다. 그리고 최씨 집정들은 자신의 행정을 도운 유능한 문신들을 발
굴해 이 기간을 제도와 지적 성취의 기록으로 만드는 데 기여했다.

5장

문반 구조와 인사

최항과 최의

최항
최의
새로운 합의

최씨 정권의 운영과 진행 방향은 최항이 권력을 장악하면서 뚜렷하게 구분되었다. 최충헌과 최우는 제도의 설계자였다. 그들은 고려의 관습을 자유롭게 처리하고 조정해 국정에 대한 자신들의 명령권을 높였다. 그들은 효과적인 행정가인 동시에 결단력 있는 지도자였다. 그들은 고려 제도에 결정적인 흔적을 남겼고 고려의 문화생활을 지배했다. 또한 그들의 통치 아래서 고려는 몽골의 침입을 끈질기게 견뎌냈다. 최씨 정권의 몰락은 최항의 집권과 함께 시작되었다. 그 최종적 몰락은 최의가 최항을 계승한 직후에 나타났다. 최씨 정권의 이런 마지막 기간은 몽골이 자행한 거대한 파괴뿐만 아니라 새로운 최씨 집정이 당시의 핵심 사안을 다룰 능력이 없었음을 보여주는 수많은 증거 때문에 비극적이었다. 최항과 최의는 모두 변화를 주도했다기보다는 사건의 볼모가 되었다.

최항

집권한 지 25년이 가까워지면서 최우는 후계자를 확정할 때가 되었음을 깨달았다. 최우는 사위 김약선을 유배 보낸 뒤 자신의 손자 김정金珵을 후계자로 고려했지만 1243년(고종 30) 초반에 그마저도 귀양 보냈다.[1] 그 뒤 최우는 최항을 새로운 후계자로 결정하고 몇 명의 주요 학자들에게 가르치게 한 뒤 그를 호부 상서로 승진시켰다. 최항은 재추가 되지는 않았지만, 여러 관서 중 하나를 맡았다. 이 직책에서 최우는 최항에게 국정을 훈련시켰다. 1년도 안 되어 최항은 추밀원의 하위 관직에 임명되었다. 같은 시기 최우는 자신의 가병 500명을 최항에게 주어 그의 무력을 강화해주었다.[2] 이처럼 최우는 사망하기 전에 후원과 승진으로 최항이 자신의 후계자임을 천명했다. 1249년(고종 36) 11월에 최우가 사망하자 최씨의 사병들은 즉시 최항의 집을 경호하러 갔다.

집권

최항은 권력을 계승하면서 자신의 아버지를 상당히 연상시키는 정책을 추진했다. 그는 최우에게 충성했던 인물과 첩실을 포함한 모든 정적을 관직에서 즉시 축출했다. 최우의 후처後妻 가문처럼 김정을 최우의 후계자로 후원했던 관원들은 공격의 주요 목표가 되었다. 태씨는 김정과 은밀히 연결되었는데, 최항은 그 파벌을 완전히 없애려고 했다. 최항은 나라에 대한 완전한 통제를 확립하는 과정에서 최우의 정방에서 재직했던 여러 핵심 인물의 권력도 무력화시켰다.[3] 이 정책은 예상되는 반대를 막을 수 있는 효과적인 시도였지만, 최항은 자신의 권력을 안정시키는 데 소중했을 존경받는 문신들을 숙청했다. 그는 민희閔曦·김경손 같은 인물도 인망이 있다는 이유로 유배 보냈다.[4]

새로운 최씨 집정이 집권할 때마다 기존 관원들은 권력 구조에 남아 중요한 변화를 주도했다. 이런 현상은 각 집정이 자신에게 헌신하는 핵심 인물들을 만들었지만, 그들은 최씨 정권 자체에는 거의 충성하지 않았다는 것을 보여준다―즉 충성은 여전히 개인적 유대와 매우 많이 관련되었던 것이다. 신의는 개인―이 경우는 최씨 집정과 그 추종자들―끼리도 맺어질 수 있었지만, 최씨 정권에 충성한 사람은 거의 없었다. 이것은 최씨 정권에게 심각한 고민임이 분명했는데, 그렇다면 최씨 정권의 성공은 바로 자신의 추종자를 빠르고 확고하게 통합할 수 있는 각각의 새로운 최씨 집정의 능력에 달려 있기 때문이었다. 분명히 이런 문제의 일부는 국가 제도가 거의 무너지지 않았다는 사실에서 기인했기 때문에 최씨 정권은 옛 질서를 깨끗이 단절시킬 수 없었다. 고려의 전통에서 사람들은 어떤 개인과 국왕―왕조질서의 구현인―에 충성할 수는 있었지만, 대부분은 국왕과 그의 조정 이외에 최씨 집정 개인과 최씨 정권에 동시에 충성을 바치기는 어려웠다. 이런 난제의 영향은 뒤에 9장에서 보듯이 다양했다.

최항은 자신이 효과적으로 통치한다면 문반 지배층과 일정하게 화해할 수 있다는 것을 충분히 알 만한 정치적 식견을 지녔다. 그 결과 그는 새로운 최씨 정권에 합법성을 부여하는 인물인 국왕에게 제의했다. 최항이 아버지의 지위를 물려받은 직후 국왕은 선언했다.

부왕이 나라를 다스리다가 과인이 즉위한 이래 진양공晋陽公 최이가 곁에서 보필한 덕분에 삼한이 부모처럼 우러러보았는데, 지금 그가 갑자기 세상을 떠나니 기댈 곳이 없다. 아들 추밀원부사樞密院副使 최항이 대를 이어 나라를 안정시켰으니, 등급을 뛰어넘어 재상의 자리를 줄 만하다.[5]

국왕은 최항의 명령을 대언하는 허수아비에 지나지 않는다고 주장할 수도 있지만, 이런 선언은 국왕이 자신의 발언권을 강화하고 최항이 새로 장악한 권력을 강화하는 데 왕권의 승인과 합법화를 제공했다. 이런 도움 덕분에 국왕은 그 뒤 여러 해 동안 최항의 감사와 진귀한 선물을 수없이 받았다.[6] 최항도 자신의 체제에 넓은 지지를 얻는 추가적 노력으로 왕족들에게 잔치를 베풀었다. 1252년(고종 39) 초반 내내 최항은 왕족과 거듭 연회를 즐겼다.[7]

경력을 시작할 때 고위 문반 가문들과 혼인하기를 주저했던 자신의 아버지나 할아버지와는 달리 최항은 세속적 삶에서 일찍부터 최고 문반 가문들과 통혼했다. 최우는 최항이 최온崔昷의 딸과 혼인하도록 주선했다. 최온은 통주 최씨 출신으로 최씨 정권이 몰락한 뒤 원로 정치가가 되었다. 그러나 부인이 계속 병에 시달려 결혼생활이 실패하자 최항은 조계순趙季珣의 딸을 새 부인으로 선택했다. 횡천 조씨 출신인 조계순은 최항의 첫 장인인 최온과 비슷한 사회적 배경과 권위를 가지고 있었다. 조충의 아들 조계순은 존경받는 문신이었으며 그의 가문은 오랫동안 최씨 정권과 긴밀한 관계를 유지해왔다. 이런 두 번의 결혼으로 최항은 자신의 권력 구조를 지원하는 데 주요 문반 가문을 포섭했다.

왕조 체제에서 최항의 진출은 그의 두 전임자를 연상시켰지만 더욱 빠르고 포괄적이었다. 그는 나라의 유일한 지배자가 되기 전에도 이미 재추의 하위 관원이었다. 아버지가 사망한 직후 최항은 스스로 최고 문반직으로 승진해 사실상 추밀원·이부·병부·대간의 수장이 되었다. 그 뒤 최항은 전통적으로 원로 정치인에게 돌아갔던 문하시중이 됨으로써 그 지위가 더욱 높아졌다.

문신들

이 새 지도자는 문신들에게 널리 의존했다. 조정에는 35명이 포진했는데, 최충헌·최우의 체제보다 적었다. 그러나 그들이 길게는 최항보다 두 배 이상 집권했지만 최항은 8년밖에 통치하지 못했다는 사실을 감안하면, 인원이 적은 것은 당연하다. 이 35명 중에서 26명(74퍼센트)은 문반 가문 출신이었고 7명(20퍼센트)은 무반 가문 출신이었으며 2명의 배경은 분명치 않다. 이 비율은 최우의 집권기와 비슷한데, 문신과 무신 권력 사이의 균형에는 거의 변동이 없었음을 보여준다(〈표 6〉).

<표 6> 최항 집권기(1249~1257) 문신의 구성

배경	숫자
문신	26(74퍼센트)
무신	7(20퍼센트)
불명확	2
과거	22(63퍼센트) (모든 문신의 85퍼센트)
A	18(51퍼센트)
AA	11(31퍼센트)
서리직	1
전체	35

* 자세한 사항은 〈부록 7〉 참조

　최우 체제에서 무신이 특히 강력한 관서는 없었다. 오히려 그들은 행정 관서 전체에 성글게 퍼져 있었다. 무신 집권 초기에 그들이 고위 관직에 올랐다는 사실을 기억하면, 그들은 최항 체제에서 역할이 축소되었다고 보아야 한다.

　무신과 문신 사이의 긴장은 줄어든 것으로 생각된다. 문신은 서방에서 일하면서 무신을 도왔다. 무신의 전면적인 통치가 6년 이상 시행된 뒤 이 두 부문의 차이는 희석되었다. 최씨 집정들은 2대에 걸쳐 집권한 뒤 무신적 시각이 약화되었다. 예컨대 최항은 선禪을 수행하다가 인생 후반에야 전술을 배웠다. 무반직을 선택한 인물들은 그동안 문신 학자의 전유물이었던 과거에도 급제했다. 귀족 가문인 경주 김씨는 무신과 문신을 모두 배출했고, 한때 주요한 무반 가문이었던 하동 정씨는 이제 급제자를 배출했다. 수긍할 수 있는 까닭이 어떻든 무신과 문신의 구분은 흐릿해지고 있었다. 그리고 학자—

관원들은 다시 왕조 행정에서 주요한 역할을 차지했다.

최항과 그의 조언자들은 유능한 인물들을 등용했다. 22명의 관원(63퍼센트)이 과거에 급제했다. 달리 말하면 여기서 논의한 모든 문신 중 적어도 85퍼센트가 급제한 것이다—이전 최씨 집정기보다 상당히 증가한 수치다. 최우의 통치 동안 과거는 이전보다 좀 더 자주 치러졌다. 최씨 집정기와 1170년 이전 세 국왕의 치세를 비교하면 과거 급제자와 빈도는 모두 최씨 집정기 때 증가했다. 65년에 걸친 예종·인종·의종의 치세 동안 47회의 과거가 치러져 매년 평균 16명씩 모두 1039명이 급제했다. 명종·신종·희종·강종·고종의 치세인 1196년부터 1258년까지 62년 동안 57회의 과거가 치러져 매년 평균 21명씩 1752명이 급제했다—급격하지는 않지만 25퍼센트가 늘어난 중요한 변화다. 훨씬 극적인 증가는 국자감시國子監試를 살펴보면 나타난다. 이전 기간 동안 매년 평균 33명이 급제한 것과 비교해 최씨 집정기 동안 매년 평균 53명이 합격했다.[8] 최항이 확대된 과거 제도에서 이익을 얻을 수 있었던 것은 상당히 가능성 있는 일이다.

최우 집권기에 권력을 장악한 인물의 사회적 배경도 비슷한 흐름을 보여준다. 35명 중 비천하거나 사회적으로 열등한 가문 출신은 아무도 없었던 반면, 적어도 18명(51퍼센트)은 5품 이상 관직을 가진 아버지가 있었고 11명(31퍼센트)은 이런 차별성을 가진 조부가 있었다.

최항의 핵심적 측근

조정의 고위 관원에는 특별한 출신이나 학문적 능력을 가진 사람이 많았지만, 최항이 자신의 사적 관계 안에 포섭한 인물—그가 가장 신뢰한 측근—들은 더 넓은 배경의 출신이었다(〈표 7〉). 최항의 가장 가까운 측근 중 두 명인 최양백崔良伯과 최영崔瑛은 이때 지방 무반직에서 근무했다. 최양백은 최씨 정권에서 노비 출신으로 고위 권력층까지 올라간 첫 인물 중 하나였다. 최항 체제에서 최양백의 역할은 분명치 않지만, 『고려사』는 최우가 세상을 떠난 직후 그가 최항에게 왔다고 밝혔다. 그 뒤 최의가 권력을 계승하자 최양백은 계속 그의 심복 중 한 명으로 남았다. 최항은 최양백을 별장에 임명했고, 그는 최항이 후계자로 지명한 최의를 도와 자신의 충성을 증명했다. 대장군 최영은 최항의 체제에서 또 다른 중요한 무신이었다. 몽골과의

〈표 7〉 최항의 측근

이름	문·무반/ 입사 경로	조상	관직	기타
선인열	문신			가신
유경	문신/과거	AA	정방	
유능	문신	A		가신
이순목	문신/과거		판사	
조계순	문신	AA	중서문하성	인척
채청	문신/음서			가신
최린	문신/과거	AA	문하평장사	
최양백	무신		별장	노비
최영	무신		대장군	가신

전쟁에서 두각을 나타낸 최항의 가신 중 한 명인 최영은 최씨 정권에서 최항의 유언을 다른 사람들에게 전달했다. 이런 충성으로 그는 최항이 사망하자 최의가 나라 전체에 통치를 확립할 수 있도록 도왔다.[9]

문신 측근은 다양한 자격을 가지고 있었다. 그들 중 이순목·유경·최린 3명은 급제했다. 최항이 환속한 뒤 글을 가르친 이순목은 당시 저명한 학자였다. 『고려사』는 최항이 집권한 뒤 "그에게 전례를 의지하고 상서좌복야로 삼았지만, 그 관직을 맡기 전에 세상을 떠났다"고 기록했다.[10] 이순목은 과거를 관장하지는 않았지만 국자감시를 한 번 감독했다. 또한 그는 최항에게 여러 사안을 조언했다. 최항의 집권기에 또 다른 지도적 문신 학자였던 유경은 문화(유주) 출신인 유택柳澤의 아들로 정방에서 근무했고, 최항은 그를 매우 후하게 대접했다.[11] 그러나 최의가 집권하자 유경은 태도를 바꿔 김준金俊과 결탁해 최의를 암살하려는 모의를 꾸몄다. 과거에 급제한 세 번째 인물인 최린은 저명한 통주 최씨 출신으로 최충헌 때부터 최씨 정권과 매우 밀접히 연결되어 있었다. 최우 집권기 동안 최린은 등용에 관여했으며 재추에서 근무했다. 최항이 집권하자 최린은 참지정사參知政事로 몽골과의 관계를 맡았다. 가문의 매개로 최린은 보수적 영향력을 강하게 행사하고 최항의 체제에 명망을 가져다주었다.

남은 문신은 선인열宣仁烈·유능柳能·채청·조계순 등이다. 조계순을 제외한 인물들은 역사에서 최항의 문객이나 측근으로 불린다. 조계순은 최씨 정권 이전에 두드러지게 두각을 나타낸 횡천 조씨 출신이다. 이 가문은 조계순이 최항의 장인이자 재추의 구성원이며 문하시랑 평장사를 역임하면서 다시 한번 중요한 역할을 했다. 선인열에 관련된 사항은 명확하지 않다. 최항의 측근이 되고 유능·최양백과 함께 최항의 유언을 전달한 것을 빼면 그에 관련된 정보는 거의 없다. 최항의 문객이었던 유능은 최의가 집정에 오르는 데 지대한 공로를 세웠다. 최항 체제에서 그는 신임받는 보좌관이었고 최의를 위해 그 능력을 계속 발휘했다. 그러나 역사에서는 "최의가 믿은 인물은 모두 유능의 무리와 같아서 용렬하고 쓸모가 없었다"면서 매우 비판적으로 평가했다. 이 집단의 마지막 인물인 채청은 음서로 관직에 들어갔다. 그러나 그가 원종 때 가졌던 관직이나 수행했던 임무는 전혀 기록되지 않았으며, 최씨 정권이 몰락한 뒤에는 추밀원과 대간의 하위 관직에서 근무했다.[12]

최항 측근의 임무와 기능을 서술할 수 있는 자료는 거의 없기 때문에 넓은 통계에서 일반화하는 데 만족할 수밖에 없다. 9명 중 4명은 아버지가 5품 이상 가문 출신이었고, 2명은 명문인 통주 최씨와 횡천 조씨 출신이었다. 최우 측근의 구성과 비교해 최항이 측근으로 선택한 인물은 자질과 능력에서 약간 떨어지는 것으로 생각된다. 최항의 치세 말엽, 이순목과 최린이 죽고 박훤이나 유천우兪千遇처럼 최우 집권기에 좀 더 저명했던 인물들의 다수가 요직에서 밀려나 최양백과 유능 같은 '용렬한 인물'로 대체되면서 이런 현상은 특히 뚜렷하게 드러났다. 최항의 권력 구조의 내부에서는 미묘한 하락이 나타났다. 최항은 중요한 통주 최씨와 그 밖의 유력한 가문 출신을 포섭하려고 노력했고 과거 급제자를 등용했지만, 적대 세력과 균형을 맞추지 못하고 가장 유능한 인물을 등용해 승진시키는 데 실패했다. 이는 부분적으로는 몽골의 가혹한 침략 때문이기도 했지만 행정이 붕괴됨으로써 1257년(고종 44)에 아들 최의가 최씨 정권을 계승했을 때 그에게 방어할 수 없는 상황을 물려주었다.

최항에 대한 평가

최항은 정치적 재능을 지니지 못했다. 그의 정책은 매우 경솔했고 행동은 탄력이 부족했으며 성품은 최우보다 거만했다. 이런 태도는 권위 있는 사천대가 천문에 관련된 상소를 계속 올렸을 때 뚜렷하게 나타난다. 그 발언에 불쾌해진 최항은 요청하지도 않은 이런 조언을 거부하고 대간에게 두 사람을 그 관청에서 쫓아내라고 촉구했다.[13] 최항은 역사 편찬에서도 비슷한 태도를 보였다. 최항은 역사에서 자신의 적절한 위치를 확인하려는 목적에서 전례 없이 기록의 편집을 감시했다.[14] 이것은 유교적 기준에서 쉽게 받아들일 수 없는 심각한 행동이었다. 이론적으로 역사 서술은 완전한 객관성을 확보하고 개인적 편견을 배제한 상태에서 이뤄진다. 전통적으로 아무리 강력한 군주라도 자신의 공식 기록을 서술하는 것은 방해할 수 없었다. 최충헌과 최우는 유교적 전통과 제도를 존중해 이 문제를 공개적으로 통제하려고 시도하지 않았다(또는 적어도 왕조 자료는 그런 행동을 적시하지 않았다). 조부 최충헌 이후 40여 년 만에 집권한 최항은 타협과 상호 존중의 가치를 깨닫지 못했다. 그는 국가 관서에 의존했지만 최씨 정권에서도 유지되던 전통적 규제를 지속시키려고 하지 않았다.

몽골의 침략이 가장 극렬했던 기간 동안 통치한 최항은 자신의 지위를 강화시킬 만한 전략을 고안할 수 없었다. 아마 누구라도 성공할 수 없었을 것이다. 그러나 최항은 자신의 아버지와 할아버지가 행사한 지도력을 보여주지 못했다. 역사에서는 그가 1253년(고종 40)에 태만해져 조언자들과 공식적으로 만나는 경우가 눈에 띄게 줄어들었다고 언급했다. 그는 뇌물을 받고 관직을 승진시켜주었다. 그는 부끄러움이 많아 대중 앞에 나서기를 꺼렸으며 백성의 의견에 두려움을 느꼈던 것 같다. 그의 일부 정책은 조심스러운 비판을 불러오기도 했다.[15]

아버지와 주요 학자들에게서 훈련을 받았지만 최항은 통치 체제를 효과적으로 운영할 지능과 의지가 부족했다. 그는 권력에 몹시 굶주렸고 최씨 정권의 권력을 지탱하는 무신과 문신의 합의를 발전시키는 데 실패했다. 그는 존경받는 학자들을 제거했고 문신적 전통을 훼손했으며 명망 있는 무신들을 소외시켰다. 그는 노비를 요직으로 승진시켜 정책 결정을 의지했다. 아울러 서자라는 최항의 낮은 사회적 신분은 고려 사회에서 그의 지위와 신뢰성을 더욱 손상시켰다. 이런 한계와 함께 최항은 더욱 가혹해지는 몽골의 침략을 이기고 자신의 체제를 지탱할 수 있는 전략을 찾아야 했다. 이 세 번째 최씨 집정은 최씨 정권을 보존할 수 있는 진로를 정하지 못했다.

최의

최항이 집권 8년 만에 사망하자 최씨 정권은 흔들렸다. 최항의 서자 최의는 1257년에 그를 계승했다. 그러나 그는 당시의 문제들에 대처하는 데 최항보다 더 서툴렀다. 최항의 추종자들은 최씨 후계자에게 결집했고, 그들은 악화되는 상황을 바로잡으려는 노력을 함께 시작했다.

"어리고 용렬하다"

권력을 획득하는 동안 최의는 창고를 열어 굶주리는 사람들을 먹이고 관원들에게 곡식 30석씩을 주었다. 백성과 관원을 달래는 것 외에도 최의는 토지 일부를 왕실로 돌리고 쌀·옷·꿀·기름을 선물했다. 최의는 이런 행동으로 일부의 지지를 얻었지만, 그의 어리석은 조언자들은 근시적이고 모순되는 정책을 올렸다. 가난한 백성에게 도움과 토지를 준 6개월 뒤 최의는 강화도 땅 3000결을 자신의 소유로 삼았다고 기록되었다. 이듬해 초반 그는 조세를 거두는 수확사 收獲使로 측근들을 강화도에 파견했다. 그들은 농민이 거둔 이익을 모두 빼앗았다.[16] 최의 체제의 종말은 그런 정책들이 촉진한 민심 이반으로 가속화되었고, 경험이 부족하고 무지한 측근들의 실수 및 전쟁 시도와 맞물렸다.

최의는 여러 문반직을 지냈다. 세상을 떠나기 전 최항은 최의를 이런저런 관직에 임명했고 주요 학자들에게서 배우게 했다. 그 뒤 최항이 사망하자마자 최의는 장군이 되었고 교정별감에 올랐다. 전자의 임명은 명예직이었지만 후자는 최씨 정권에서 가장 중요한 자리였다. 그 직후 최의는 추밀원과 각부, 그리고 대간의 관직을 맡았다—모두 그의 조상들이 관직에 진출하면서 가진 자리로 공식적 행정에서 그들의 지배적 위상을 확립해주었다. 몇 달 뒤 최의는 대간과 추밀원에서 더 높이 승진했다. 모두 하위 관직이었지만, 그 관서들은 정치활동과 의사결정에서 상당히 중요했다.[17]

최의의 지위는 위태로웠다. 서자인 그는 경험이 부족했고, 정치적 책략의 미로를 거쳐 계획을 꾸미지 못했으며, 개인적 부를 추구하는 데 가장 큰 관심이 있던 용렬한 조언자들로 둘러싸여 있었다. 역사에서는 호의적이지 않은 시각으로 그를 평가했다. 최의에 관련된 서술은 다음과 같다.

최의는 나이가 어리고 용렬했으며 현명한 선비들을 예우하지 않았다. 친하고 믿는 사람들은 유능·최양백 같은 무리로서 모두 무능하고 경솔했다. 그의 삼촌 거성원발巨成元拔과 측근 심경心鏡은 안으로는 참소하고 밖으로는 위세를 떨치면서 끝없이 재산을 모았다.[18]

최씨 집정들을 암살하려는 시도는 많았지만 모두 실패했다. 지지와 준비가 부족했던 최의는 그렇게 운이 좋지 않았다. 그에 대한 반대는 최의가 가장 소외시켰던 13세기 사회의 두 부류에서 제기되었는데, 유경으로 대표되는 유학자와 혜택을 받지 못한 신흥 무신들은 김준의 지휘 아래 모였다.

최씨 정권의 몰락

최씨 정권 내부의 알력은 최의가 아버지를 계승한 몇 달 뒤에 시작되어 송길유末吉儒를 파직하면서 정점에 이르렀다. 최항 집권기에 장군으로 처음 등장한 송길유는 영웅은 아니었으며 오히려 권력 남용을 주저하지 않은 기만적인 관원이었다. 한 대관臺官이 그의 극단적인 일부 행동을 탄핵해 그 문제가 최의에게 보고되자 송길유의 일부 측근, 특히 김준은 유학자인 유경에게 불만을 토로했다. 유경은 중재하려고 했지만 분노한 최의는 그들을 반역죄로 기소했다. 그들은 처벌을 모면했지만, 이때부터 최의에 대한 김준의 불만은 심각해지기 시작했다.

두 달 뒤 김준과 유경은 정변을 일으켜 최의와 유능·최양백, 그리고 최의의 삼촌 거성원발 같은 그의 가장 가까운 측근을 암살했다. 송길유가 유배된 뒤 지도자로 떠오른 김준은 처음에는 최항의 지휘를 받아 최씨 정권의 무장 세력 중에서 핵심적인 권력의 위치로 이동했던 일군의 인물을 대표했다. 최의가 대두하고 그 뒤 송길유가 갑작스럽게 축출되면서 이 집단은 자신들이 새 체제에서 권력으로부터 소외되고 있다는 것을 깨달았다. 김준은 최우 집권기에 처음 등장했는데, 그때 그는 최우의 첩과 간통해 유배되었다. 김준은 가노家奴였지만 야심이 대단했다. 최항이 집권하자 김준은 계략을 써서 별장別將에 임명되었다. 거기서부터 그는 최항의 신임을 얻어 최

씨의 권력 구조 안으로 진입했다.[19]

군인과 노비의 후손이라는 신분을 가진 김준은 변화를 경험하고 있던 고려 사회의 두 부류를 대표한다. 군인으로서 김준은 최항과 최의 집권기에 무신이 최씨 정권에서 덜 중요한 역할을 하고 있다는 사실을 깨달았다. 예컨대 최항은 무반 가문 출신 여성과는 혼인하지 않았으며, 문반 구조 안에서 무반 가문 출신의 숫자는 뚜렷하게 줄었다. 그러나 천계 출신은 최씨 정권은 물론 무신 안에서 훨씬 더 중요해졌다. 최항과 최의 모두 서자였다. 또한 장군만이 최씨 정권의 최고직에서 근무하는 것은 아니었으며 노비 후손들도 요직에 올랐다. 이런 흐름을 대표하는 김준은 권력을 열망했다. 최의가 몽골과 항전하기를 거부하고 자신이 최의의 핵심 세력에서 소외되는 것을 지켜본 그는 정변을 주도했다. 불만을 품은 가노와 최씨 정권에서 핵심적 역할을 하던 인물들은 적극적으로 김준을 부추겼다. 정변이 성공하는 데 동일하게 핵심적이었던 것은 야별초와 신의군 출신 인물의 지원이었다.[20]

문신도 정변의 성공에 중심적 역할을 했다. 처음부터 김준은 유학자인 유경과 긴밀하게 협력했다. 유경은 아버지와 할아버지가 모두 이전에 문신이었고, 다른 조상들은 무신의 난 이전에 관원이었으며, 그 자신은 고종 초반에 급제했다. 이 집단의 다른 인물 대부분처럼 유경은 최항의 체제가 시작되면서 중요한 위치로 부상해 정방에서 근무하며 최항의 우대를 받았다. 그러나 김준처럼 그는 새 정권에서 영향력을 상실했고 최의와 그 집단의 행동에 환멸을 느꼈으며 변화를 지지했다.[21] 김준과 유경은 자신의 정변을 합법화하기 위해 저명한 정치가인 최온에게 거사에 명분을 부여하고 자신의 행동을 국왕에게 승인받아달라고 부탁했다.

정변은 본질적으로 군사작전이었다. 최씨의 가노와 야별초·신의군이 앞장섰다. 김준이 신의군의 경호를 받는 동안 야별초는 최씨 사저의 정문을 부쉈다. 최의의 삼촌 원발은 최씨 집정을 보호해 대피시키려고 했지만, 최의는 담장을 넘어 도망치기에는 너무 비대했다. 그들이 최의를 죽이자 김준은 유경·최온과 함께 국왕을 알현하고 자신들의 행동이 정당하다고 선언했다. 김준의 새 정권은 최씨 집정들이 보장했던 무신과 문신의 균형을 맞췄지만, 김준은 점차 국무를 장악하고 나라를 자신의 왕국처럼 다뤘다. 그의 통치는 1268년(원종 9)에 자신의 한 측근이 다시 정변을 일으켜 그를 실각시킬 때까지 지속되었다—그러나 그 체제는 겨우 1270년에 멸망했고, 결국 문신은 나라를 완전히 장악해 개성으로 환도했다.[22]

새로운 합의

최씨 정권은, 특히 최충헌과 최우의 통치 아래, 문신에서 무신을 날카롭게 분리시켰던 상황을 완화하려고 노력했다. 무신이 문반직을 채운 것 외에도 최씨 집정들은 문신을 자신의 사적 기구에 등용해 국방 정책을 고안했다. 무신도 과거에 급제했는데, 관원들이 유학을 배우고 경전을 잘 읽을 수 있게 된 새로운 시대를 보여준다. 주요 문신은 무신과 문신 학자를 모두 제자로 배출했다.[23] 이런 정책으로 최씨 정권은 무신과 문신을 갈라놓았던 장벽과 의심에 다리를 놓는 데 성공했다. 역설적이게도 이런 전략은 매우 성공적이어서 무신과 문신은 협력해 무능한 최의를 축출하고 최씨 정권을 무너뜨렸다.

최씨 집정들은 문신 학자를 지원하는 것 외에도 유교 이념을 더욱 발전시켰다. 최씨 집정들은 주요 문신들의 지지를 얻으려는 목적에서 당시의 이념인 유학을 후원했다. 아울러 최씨 가문은 문학활동을 촉진하고 문화적 전성기를 이끌었다. 최충헌은 수많은 연회를 열어 당시의 저명한 지식인을 초청했다.[24] 관직을 갖지 못한 인물도 그런 자리에 참석했을 뿐만 아니라 학자들은 최씨 정권에 충성을 바쳤다. 고려의 가장 유명한 문인 중 한 사람인 이규보는 당시의 문학 행사에 적극 참여했다. 임춘·이인로 같은 인물들도 당시의 대표적 문인이 되었다.

이 시기의 유학적 수사修辭에는 어느 정도 사리私利를 추구한 측면이 있다. 문신의 지지를 얻으려고 애쓰던 최씨 집정들은 문신의 반대를 줄이는 정치적 수단으로 유교를 말로만 찬양했다. 그렇다면 최씨 정권을 지원하려고 모여든 유학자들의 진실성에 의문이 제기된다. 분명히 최씨 집정들은 늘 국왕을 국가의 합법적 수반으로 내세워 일을 쉽게 만들었다. 그러나 정통적 유학은 국왕이 사실상 최씨 집정에게 복종하고 있는 상황을 지지하기 어려웠다. 그렇지만 엄격한 유학적 원칙을 지킨 문신은 거의 없었다. 그 대신 그들은 최고 지위에 군림해야 할 국왕을 버리고 자신을 최씨 집정들에게 맞춤으로써 편안함과 안전을 누렸다.

최충헌과 그의 후손들은 새로운 체제를 구축하고 자신들의 필요에 맞도록 나라를 개편했다. 그들은 교정도감 같은 관서들을 출범시켰고 사병의 중요성을 높였다. 그들은 사적 행정기구를 발족시켰는데, 처음에는 왕조 관서와 경쟁했고 나중에는 그것을 압도했다. 그들은 유능한 장수와 행정가를 찾으면서 자신의 필요에 봉사할 인물을 우선 등용했다. 그들의 지휘 아래 무반 기구가 문반 관서와 동등하게 되고 무신이 의사 결정의 최고 지위에 참여하면서 국가의 전체적인 기조는 크게 변화했다.

최씨 정권은 새로운 시대를 만들려고 추구했지만 고려의 전통에서 벗어나지 못했다. 문신의 규범은 여전히 문화를 지배했고, 최충헌과 그의 추종자들이 나라에서 받아들여지려면 그런 가치를 수용할 수밖에 없었다. 또한 그들은 효과적으로 통치하려면 잘 교육받은 문신의 행정 능력에 의지해야 했다. 최씨 정권은 높은 교육을 받은 인재의 대기 집단을 확보하고 통치자의 적절한 행동에 대한 문신의 기대를 충족시키기 위해 정기적으로 과거를 치러야 했다. 또한 최씨 집정들은 자신의 목숨을 위협하는 음모를 막고 문신과 무신 사이의 분쟁을 조정하는 과정에서 그리 훌륭하지 않은 전통에 희생되었다.

최씨 정권은 공적·사적인 이중 행정으로 고려를 지배했다. 13세기에 전체적인 조정 구조와 최씨 정권의 관계는 분명하다. 최씨 집정들은 조정이 행사한 권력과 대등한—부분적으로는 그것과 경쟁하면서—권력을 장악했다. 최씨의 지위는 강탈한 것이 아니라 기존의 왕조 질서 안에서 성장한 것이었다. 이 새로운 체제와 그 문객들의 계산된 지원에 힘입어 최씨 정권은 국가 위에 자신의 의지를 포갤 수 있었다. 최씨 정권은 이런 이중적 행정으로 유교와 왕권을 지원하는 동시에 자신의 독립적 권력을 구축할 수 있었다.[25]

한국에서 최충헌이 자신의 권력을 안정시킨 것과 같은 시기에 일본에서는 미나모토노 요리토모가 막부를 수립함으로써 비슷한 제도적 변화가 일어났다. 최충헌과 미나모토노 요리토모는 무반 가문에서 일어났고 왕실이나 황실의 정통성을 이용해 자신의 체제를 유지했다. 두 사람 모두 문반 지배층과 전략적 혼인관계를 맺어 자신들의 사회적 지위를 높였고, 그 결과 정치적 지위도 굳게 만들었다. 최충헌과 미나모토노 요리토모는 국가의 정규 통치제도의 한계에 부딪히자 자신의 권력을 확장하기 위해 국가 관서보다는 사적 기구에 의지하면서 새로운 제도를 수립했다.

미나모토노 요리토모가 구축한 권력은 중앙 조정으로부터 좀 더 독립적이었지만 최충헌의 그것보다 상당히 허약했다. 미나모토노 요리토모는 수도인 교토에서 거의 480여 킬로미터 동쪽에 있는 가마쿠라鎌倉에 권부를 두었다. 그리고 그는 12세기 후반 일본을 특징지은 분권화의 팽창 때문에 한국의 최충헌만큼 효과적으로 일본 전체에 자신의 권력을 행사할 수 없었다. 고려 왕조는 개창된 때부터 외침으로부터 나라를 막을 수 있는 강력한 중앙군을 유지해야 할 긴급한 필요가 있었다. 그러려면 강력한 중앙 조정이 필요했다. 통치하려면 최충헌은 이 중앙 구조를 유지하고 지배해야 했다. 그는 집권 초기부터 일본 미나모토노 요리토모의 발전과는 뚜렷한 대조를 이루면서 문반 부문에 침투했고, 거기서 여러 직함을 얻었다. 비슷한 현상은 무반 구조에서도 나타난다. 미나모토노 요리토모는 처음에 사병에 의지해 권력을 보호했지만, 최충헌은 자신이 일으킨 정변의 성공을 보장하려면 관군의 지원을 필요로 했다. 그리고 그는 집권한 지 여러 해 뒤에야 나라의 안정과 방어의 책임을 관군에서 자신의 사병으로 돌릴 수 있었다.

두 사람 모두 문객에 의지해 정권을 안정시켰지만, 문객제도는 한국보다 일본에서 더욱 발달했다. 가신/주군 관계는 이미 헤이안平安 시대에 규정되어 미나모토노 요리토모가 그 제도를 발달시키는 데 기반을 제공했다.²⁶ 요리토모는 고케닌과 조시키雜色·부교닌奉行人이라는 약간 종속적이지만 문객과 비슷한 또 다른 집단에 의지했다. 본질적으로 고케닌은 미나모토노 요리토모와 연결되어 제휴의 이익을 누린 독립적 무장이었다. 조시키와 부교닌은 '세습적 의존 집단'으로 미나모토노 요리토모의 개인 조직을 대표했으며, 그가 고케닌을 다루는 데 쓰였다.²⁷ 최충헌의 문객제도는 일본만큼 복잡하지 않았으며, 그의 문객은 가마쿠라 시대의 고케닌이 가졌던 자치나 지위를 갖지 못했다.

최충헌과 미나모토노 요리토모는 대부분의 체제에 도전하는 원심력과 싸웠다. 두 사람은 자신의 개인 권력을 지키려고 했다. 최충헌은 문객을 자신의 필요에 봉사시키고 다른 사람이 대립되는 권력을 세우는 것을 막았다. 같은 문제를 경계하던 요리토모는 조시키를 이용해 고케닌의 잠재적 독립을 견제했다. 이런 방식으로 두 사람은 자립적이고 일관된 중심을 유지할 수 있었다. 최씨 가문은 수도에서 계속 통치했다. 미나모토노는 일본 황실과 어렵게 협의해 얻어낸 가마쿠라로 이주했다.

6장

농민과
천민

농민
천민
최씨 정권의 사회 정책

무신의 난 이후의 세기에는 옛 귀족 질서가 농민 불만과 노비 반란, 그리고 사회적 규제의 일반적인 침식으로 무너지기 시작하면서 중요한 사회적 변화가 나타났다. 명종 후반 이의민을 비롯한 천민 출신이 떠오르면서 나타난 혼란은 이미 논의했다. 1196년 최충헌이 집권하고 자신의 아들과 손자에게 권력을 물려주면서 최씨 집정들은 두 가지 대조적 정책을 추구했다. 한편으로 그들은 전통적 계층 구분을 엄격하게 유지하고, 정치 권력을 향한 농민과 노비의 열망을 억제하려고 했다. 동시에 그들은 낮은 계층 출신의 지지자가 충성스러운 지지를 바칠 경우 요직과 권력으로 진입하는 것을 허용했다. 이 장은 최씨 집권기 동안 농민과 천민을 둘러싼 사건에 초점을 맞출 것이다. 그들의 삶을 이해하기 위해 이 시기의 사회사를 살펴보고, 최씨 체제가 농민과 천민을 자신들의 이익에 이용한 방법을 검토할 것이다. 아울러 지방의 권력 구조를 농민 및 최씨 정권과 연결 지어

검토할 것이다. 최씨가 등용한 인물과 최씨 지도력의 효율성은 그들이 정책을 이행하고 피지배층과 상호작용한 방식에서 볼 수 있을 것이다.

고려에서 전통적 지도력은 유력한 지방 가문, 중앙의 귀족 가문, 또는 무반 가문이라는 세 사회 집단 중 하나에서 나왔다. 농민과 천민 신분은 사회 윤리와 유학, 그리고 왕조 제도가 그들의 권력 접근을 막았기 때문에 상대적으로 중요하지 않았다. 천민이라는 용어는 규정하기 어렵지만, 일반적으로 그것은 열등한 태생으로 농민보다 낮은 부류를 말하며 고려의 왕조 체제는 그들이 고위 관서에 진출하는 것을 막았다. 천민은 일반적으로 노비·환관·뱃사공·역리驛吏·양수척揚水尺·광대·악공 등을 포함한다.[1]

농민

정치권력을 가진 지배층에 종속되었지만 농민(천민보다는 위에 있었다)은 고려 사회에서 중요한 역할을 수행했다. 그들의 노동은 이 농업국가를 먹였고, 그들이 내는 조세는 행정의 재원을 공급했다. 지배층은 농민이 정치적·경제적으로 발전하는 것을 억눌러 권력과 권위를 독점했다. 고려의 지도자들은 완전한 권력을 열망했지만, 농민의 요구를 무시할 수 없었다. 그들은 자신의 운명이 궁극적으로 농민의 암묵적 지원에 달려 있다는 것을 인정했다. 고전적 표현에 따르면, 이것은 정치적 결정에서 대중의 복지를 고려해야 하며 농업을 권장해야 한다는 의미였다. 이 때문에 조정은 지방 업무를 적절히 관리하고 지방 행정을 온전케 하려는 목적에서 관원을 파견했다. 농민은 권력자의 약탈에서 보호받아야 했다. 요컨대 농민의 분노를 촉발할 수 있는 상황을 완화해 왕조의 효율적 운영을 보장해야 했던 것이다. 유교의 격언이 주장하듯 농민은 나라의 기초였다. 그리고 그 토대가 무너지면 왕조는 혼란에 빠질 것이었다.

중앙 조정은 지방의 사건에 직접 개입하지 않았다. 나라는 도·목·주·군·현으로 나뉘었다. 비상사태가 일어나면 중앙 조정은 사심관事審官·안찰사, 그리고 그 밖의 임시 관원을 파견해 처리했다. 그러나 그들은 임시적 관원이었다. 도성 바깥에 임명되었다고 명시된 유일한 중앙 관원은 주 단위의 수령守令과 현 단위의 감무監務였다. 그러나 수령제도는 지방 행정구역의 3분의 1밖에 포괄하지 못했으며, 대부분의 지방은 간접적으로 통치되었다. 중앙 조정은 이런 공백을 메우기 위해 호장과 향리가 정책을 입안하고 시행하는 효율적 제도에 의존했다.[2] 이런 지방 지도자들은—중앙 조정에서 임명되어 지방 행정을 감독하던 안찰사·사심관과 함께—일반적으로 농민의 요구에 관심을 기울였고 봉기를 방지했다. 사회는 안정되었다. 농민과 천민은 자신들의 부차적 지위를 인정했다.[3]

그러나 명종의 치세 동안 이런 질서는 무너지기 시작했다. 앞서 보았듯이 지방의 권력 구조는 근본적으로 바뀌었다. 이르게는 12세기의 첫머리부터 중앙 조정은 여러 지방 관서를 설치하고 지방에 중앙 관원을 대거 파견해 지방 정치에서 직접적인 역할을 맡았다. 중앙의 감독이 강화되면서 지방 지도자들은 지방 사건에 책임이 줄게 되었다. 명종 때 지방 관서를 추가로 설치하면서 정점에 이른 이런 변화는 중앙 조정이 일정한 활력을 유지했다면 성공했을 것이다.[4] 그러나 바로 이때 중앙의 지도력이 붕괴됨으로써 농민·승려·문신의 저항과 맞물려 한때 안정되었던 고려의 지방 제도는 해체되었다.

명종 중반 중앙 조정은 지방 사건에 직접적 책임을 포기하고, 지방을 지도자와 지원이 없는 상태로 내버려둔 것으로 보인다. 지방 행정은 흔들렸고 방향이나 질서를 찾기 어려워졌다. 농민은 스스로 살아나가야 했고, 가뭄과 기근 같은 재해가 덮쳤으며, 부패한 관원은 이런 불확실한 상황을 이용했다. 천민과 농민이 고위 관직을 차지하고 권력 기구를 맡기 시작하면서 중앙의 정치적·사회적 구조에서도 동일하게 중요한 변화가 나타났다. 노비와 농민의 자손은 지배층의 독점에 도전해 그것을 깨뜨렸다.

최충헌은 1196년에 권력을 장악한 뒤 이런 새로운 변화와 마주쳤다. 그는 중앙의 권력을 지방으로 이동시키려는 원심력에 균형을 맞춰야 했다. 그리고 그는 할 수 있다면 고려 사회를 재건해 통치하는 데 좀 더 유순하도록 만들어야 했다. 최충헌은 농민 봉기의 원인을 완화하는 방법을 찾아야 했으며, 사회제도가 무너져 야기된 문제들을 해결하고 나라에 대한 통치권을 보장해야 했다. 앞서 보았듯이 최충헌은 이전의 왕조 질서를 복원하는 가장 편리한 방법을 선택했다. 핵심적으로 그는 지방에 대한 중앙의 권력을 회복해 농민의 불만을 가라앉히고, 천민의 신분 이동을 제한해 사회의 위계질서를 다시 확립하려고 했다. 그러나 농민과 천민의 격렬한 반대는 이런 목표의 실현을 방해했다. 최충헌의 집권 첫 10년 동안 여러 반란이 일어났다. 그것들은 불만의 징후이자 원인이었다. 이 반란들을 이해하는 것—그 기원과 최충헌의 대응—은 당시의 상황을 또렷이 설명하는 데 도움을 준다. 처음에 최씨 정권은 농민과 천민에게 새 체제를 지원하도록 끌어들이려고 했다. 그러나 저항이 계속되면 좀 더 강력한 수단을 동원해 반대를 분쇄했다. 이런 정책을 추구하면서 최씨 정권은 사회 질서의 바닥에 있지만 특별한 필요에 부응할 수 있는 소수의 총애하는 노비에게만 확대된 사회적 이동을 보장했다.

농민 반란

최충헌의 집권기 동안 적어도 8번의 농민 반란이 전국에서 일어났다.

1199년(신종 2): 강릉江陵과 경주慶州

1200년: 김해金海

1202년: 탐라耽羅(제주)

1202~1204년: 경주

1203년(신종 6): 기계杞溪(경주 부근)

1208년(희종 4): 무릉武陵

1217년(고종 4): 진위현振威縣

1217년: 서경

　이런 혼란의 원인은 일정하지 않았다. 명종 후반의 재정 붕괴로 이미 자포자기한 농민의 경제 상황은 한 가지 가능성 있는 요소다. 경제는 최씨 정권이 대두하면서 즉시 나아지지는 않았다. 최충헌은 농민이 파산하고 조세가 과다하게 부과되면서 토지질서가 무너진 데서 문제의 일부가 파생했다는 것을 알고 있었다. 1196년에 올린 「봉사십조」 중 3조는 토지제도를 재건해 농민의 생존을 보장하려는 것이었다. 이것은 느린 과정이었다. 최충헌은 토지 경계를 변경하는 것만으로는 경제적 활력을 회복할 수 없었다. 왕조의 재정 문제는 아주 심각했다. 경제적 혼돈은 최충헌이 집권했을 때도 계속되어 자신의 경제적 풍요를 보장하려고 열망하는 대부분의 지배층은 토지를 장악하고 터무니없이 높은 지대를 매겨 농민의 생계를 침탈했다.[5] 토지에서 밀려나 아무런 자원도 갖지 못하게 된 농민은 중앙이나 지방의 창고에서 오직 곡식을 훔치려는 목적에서 반란을 일으켰다.

　두 번째 원인은 명종 때 노비와 그 밖의 천민의 급속한 성장에 대한 농민의 불만이었다.[6] 이의민처럼 비천한 출신이 정책을 독단하기 시작하면서 농민은 자신의 운명을 개선하려는 목표로 반란을 일으켰다. 그들은 경제적 착취에 시달렸을 뿐만 아니라 사회적 야망도 품고 있었다. 농민들은 어째서 자신의 신분 상승이 가로막혀야 하는지 공개적으로 질문했다. 이런 논리에 따라 천민 출신도 고위직에 오를 수 있다면, 농민 또한 노동자로서 더 이상 힘들게 일하고 천대

받는 지위를 받아들이지 않아야 했다. 농민은 노비의 통치에 분개했을 뿐만 아니라 굶주림에서 벗어나려면 평민의 지위를 버리고 노비가 될 수밖에 없다는 사실에도 전율했다. 사회제도가 약화되는 조짐이 보이기 시작하자 사회적 열망의 모든 다양한 표현을 억제할 수 없었다.

불만을 품은 세력에게 장악된 국가의 정치적 변화는 세 번째 요인을 형성했다. 1197년 명종이 강제로 퇴위된 것은 농민을 동요시켰으며, 사회적 해방을 지향하는 새로운 물결의 통로를 열었다. 사회질서의 정점에 있으며 제도적 문란의 대부분을 전형적으로 보여주던 국왕이 퇴위된 사건은 농민에게 자신들도 불의를 바로잡을 수 있다는 자극을 주었다. 이처럼 농민과 천민은 자신들도 부와 정치권력을 획득할 기회를 가질 수 있는 새로운 사회를 수립하기 위해 반란을 일으키도록 고무되었다. 농민은 갓 출범한 최씨 정권을 이용해 이런 불안한 정치적 환경을 악화시켰다. 최충헌이 안정된 질서를 세우는 데는 몇 년이 걸렸다. 그가 자신의 절대적 권력을 보여줄 수 있을 때까지 농민과 천민은 자신의 운명을 개선하려는 희망을 품고 체제에 도전했다.

많은 농민 반란은 다른 이유로 분출했다. 아마 가장 중요한 것은 지방 제도의 전체적인 붕괴였을 것이다. 명종 후반, 강력한 중앙 권력이 사라져 지방 문제에 국가의 개입이 줄자 호족은 자치권을 좀 더 가질 수 있었다. 최충헌은 중앙 권력을 다시 확립하려고 노력하면서 필연적으로 호족과 충돌할 수밖에 없었으며, 지방 지배층의 지지를 얻은 뒤 국가의 간섭에서 비교적 자유로웠던 농민과 갈등을 일으키기도 했다.

예컨대 1200년(신종 3) 김해에서 국가와 지방 호족은 연합해 농민을 진압했다. 그때 한 집단이 반란을 일으켜 지방 호족을 죽이려고 했다. 조정 관원은 즉시 호족을 도와 반란을 평정했다. 그러자 농민들은 관원에게 항의했다. "우리는 탐욕스러운 권력자를 제거해 우리 마을을 깨끗이 하고 싶다. 어째서 우리를 공격하는가?" 지방 호족과 조정 관원이 서로 협력했기 때문에 그들의 간청은 소용이 없었다. 탐욕에 대한 농민들의 불만으로 판단해보건대, 지방 지배층은 향촌에서 상당한 부를 유출했음이 틀림없다.[7] 나라에 일정한 안정과 질서를 가져오려면 중앙 조정은 다시 영향력을 발휘해야 했다. 이것은 자주 지방 지배층과 협력하는 것을 의미했다. 이런 변화에 저항한 것은 농민이었는데, 상대적으로 자치를 잃은 결과 국가와 지방 호족에게 더 많은 경제적 부담을 져야 했기 때문이다. 반란은 농민이 특히 과중한 부담을 자주 진 부곡 같은 곳에서 더욱 격렬했다.[8]

정치적 함축과 결부된 지방의 열망은 일부 반란에서도 분명히 드러났다. 5년(1199~1203) 동안 동남부에서 4개의 농민 반란과 2개의 노비 반란이 일어났다. 여기서 개요를 설명한 대부분의 상황은 그 지역에서도 나타났지만, 그 지역은 몇 가지 이유에서 독특했다. 첫째, 그곳은 이전에 신라의 수도였다. 이 때문에 경주는 고려 왕조에서 동경東京이 되었다. 거의 3세기 뒤에도 옛 신라 왕조와 신라의 전통에 대한 충성은 경주 지방에 잠재해 있었다.[9] 둘째, 경주는 최충헌의 숙적 이의민의 권력 거점이었다. 이의민은 명종 후반 자신의 권력 기반을 친신라적 감정 위에 세웠다. 1193년(명종 23)에 이의민의 아들과 그의 측근 중 한 사람인 김사미金沙彌는 친신라적 지역감정을 부흥시켜 자신들의 권력을 강화하려고 했다. 측근이 지방의 초적草賊이었다는 사실은 고려의 권력이 위축된 정도를 알려준다.[10] 최충헌은 집권한 뒤 이의민의 권력에 남아 있는 모든 흔적을 없애고 경주로 원정대를 여러 번 보냈다. 그는 이의민 일파를 제거해 이의민이 장악했던 경주의 지방 권력 구조를 공격했다. 반란 세력은 이의민의 계책을 되풀이하면서 이렇게 주장했다. "고려 권력은 완전히 고갈되었다. 신라는 재건되어야 한다."[11] 그리고 셋째, 경주 주민들이 반란을 도모하는 것은 상대적으로 쉬웠는데, 수도 개경에서 그 지방까지의 거리 때문이었다. 최충헌이 그 지방을 진압하면서 고려 왕조의 정통성을 유지하려 한다고 주장한 것은 중요하다.[12]

최충헌 집권 말기에 일어난 농민 반란의 또 다른 원인 중 하나는 외침이었다. 서경에서 일어난 봉기는 농민의 고통과 조정에 대한 반감을 드러낸 것이지만, 외침으로 야기된 혼란이 없었다면 일어나지 않았을 것이다. 전국의 다른 지역과 마찬가지로 이곳은 중앙 조정의 간섭과 통제가 점차 커지고 있었다. 그러나 최충헌 정권의 더욱 효과적인 행정으로 농민의 불만은 점차 가라앉았다. 이때 갑자기 외침이 북방을 초토화시켰다. 패배의 첫 충격은 지방 행정을 황폐하게 만들었다. 최씨 정권은 전면적인 반란을 피할 수 없었다. 서경 지역에서 전란으로 지도자와 집 또는 식량도 없이 궁핍해진 농민들은 재촉하는 불만에 쉽게 넘어갔다. 중부의 진위현 반란은 외침에 따른 비슷한 행정적 몰락으로 야기되었다.

불만의 처리

통치의 시작부터 최충헌은 농민 봉기의 신속한 해결을 모색했다. 그는 적대 세력을 날카롭게 이해했을 뿐만 아니라 그들을 무자비하게 진압했다. 또한 그는 적대 세력과 타협하고 그들의 불만을 개선해 지지를 얻으려고 시도했다. 최충헌은 집권한 직후 국왕에게 올린 「봉사십조」에서 농민 생활, 특히 지방 관청의 활력에 관심을 나타냈다. 4조에서 최충헌은 부패한 서리와 관원 때문에 농민이 맞닥뜨린 가혹한 조건을 지적했다. 그는 나라에 질서가 잡히려면 농민의 불만이 먼저 해결되어야 한다고 설명했다. 최충헌은 이런 문제를 완화하려면 더 훌륭한 행정가를 파견하고 하사품을 줄이며 과시와 사치를 금지해야 한다고 건의했다.

개혁안을 올린 직후 최충헌은 여러 지방에 중앙 관원을 파견해 백성과 대화하고 그들의 분노를 누그러뜨렸다.[13] 또한 그는 여러 사건에서 지방으로 안찰사를 보내 농민의 문제를 파악하도록 했다.[14] 최충헌은 관원을 보내는 것 외에도 관원의 전체적 성실성과 행정 능력을 높이려고 시도했다. 앞 장들에서 최충헌 정권의 높은 수준을 언급했다. 최충헌은 중앙 제도에 다시 활력을 불어넣으면서 지방 행정에 대한 중앙의 영향력도 재확립했다. 이런 정책은 보상과 처벌로 주·현 등의 지역을 능숙하게 다루고 중앙 관원을 지속적으로 파견해 외딴 지역을 조사하게 한 조처에서 특히 뚜렷하게 나타났다.[15] 농민의 필요와 관련된 이런 관원은 착취와 과다한 조세를 줄여 국가 정책을 정당한 방법으로 통제했다. 최충헌 정권은 부곡민의 불만을 다루면서 그런 지역의 다수를 현이나 주로 승격시켰다.[16] 또한 최씨 정권은 창고를 다시 채워 비상사태에 대비하고 농업을 장려해 지방을 다시 안정시켰다.

최충헌은 농민 봉기를 비롯한 여러 소요를 줄이기 위해 풍수지리와 같은 방법도 사용했다. 고려의 역사서는 다음과 같이 기록했다.

이의민이 세운 제방이 무너졌다. 일찍이 이의민은 낙타교駱駝橋부터 저교猪橋까지 높이가 몇 척에 이르는 제방을 쌓았다. 제방을 막고 버드나무를 심자 사람들은 '새 길을 만든 재상新道宰相'이라고 불렀다. 그 뒤 동남부의 초적이 크게 일어나고 노비가 반란을 꾸미자 점술가는 이 제방이 원인이라고 지목했다. 그래서 그것을 파괴했다.[17]

지역적 차별은 많은 문제의 원인이었다.[18] 조정에서는 끊임없는 봉기를 해결할 수 있는 신성한 도움을 달라고 불교에 의지하기도 했다. 예컨대 국왕은 적어도 한 번 보제사에 거둥해 도적의 근절을 기도했다.

보상과 처벌은 농민을 달래고 도적을 진압할 수 있는 전통적 방법이었다. 1199년(신종 2)에 중서문하성은 상소를 올렸다. "적신賊臣 조원정曹元正·석충石冲의 남은 무리는 전하의 너그러운 조처로 유배를

면했으니 다시 직전職田을 주지 마시어 난적亂賊을 징계하소서."[19] 이 조처로 농민 봉기와 도적이 즉각 중단되지는 않았지만, 조정에서는 화해를 약속해 나라를 안정시켰다. 몇몇 도적 우두머리가 잡히자 신종은 그들에게 술과 음식과 의복을 주어 고향으로 돌려보냈다.[20]

최충헌은 온건한 정책이 실패하면 좀 더 적극적인 조처를 동원했다. 여러 사례에서 그는 과감한 군사 공격으로 강력한 저항에 대응했다. 그는 집권 초기에 부대를 거듭 파병해 계속 이어지는 봉기를 진압했다. 예컨대 1198년(신종 1)에 최충헌은 군사를 동원해 도성의 노비 봉기를 진압했다. 이어진 1199년과 1200년에도 경상도의 봉기를 종식시키기 위해 다시 병력을 동원했다. 그는 1202년과 1204년에도 추가적으로 파병했다. 극단적인 경우에는 그 지역의 지위를 격하시켰다.[21] 그의 정책들은 상당히 효과적이어서 그가 사망한 뒤에도 10년 정도 소강 상태가 지속되어 농민 봉기나 그 밖의 국내적 소요는 거의 일어나지 않았다.

최충헌의 후손인 최우와 최항은 이런 안정화 정책을 계승했다. 최우는 토지제도—전시과와 사적 소유—를 존속시키고, 이전에 최충헌이 그 합법적 소유자에게서 빼앗은 토지와 소작인을 돌려주어 농민 생활을 안정시키려고 했다. 또한 최우는 온전한 조세제도를 복구하고 현존하는 지방 행정을 유지하려고 시도했다. 1225년(고종 12)부터 1246년(고종 33)까지 최우는 농민 문제를 다루기 위해 한 번 더 조세 제도를 이용했는데, 1225년에는 전국에서 요역을 중지하고 1246년에는 7년 동안 서해에서 요역과 공납을 걷지 않기로 했으며

1242년 초반에는 농민이 수확을 걷을 수 없게 되자 조세 수취에 우려를 나타냈다.[22] 최우의 바람대로 이런 조처들은 농민사회를 안정시켰으며 책임과 경제적 부담을 더욱 공정하게 분배하도록 만들었다. 이런 전략은 처음부터 비교적 성공했다. 그러나 1232년(고종 19)에 최우가 강화도로 천도하자 조정의 무관심은 여러 반란을 불러왔다. 첫 반란은 개경에서 시작되었는데, 버려진 도시에 남아 있던 한 하위 관원이 그런 상황을 이용해 지방의 부랑배와 노비를 선동해 일으킨 것이었다. 이웃한 사찰의 승려들도 이 핵심에 참여해 부대는 세 개가 되었다.

소요를 들은 최우는 군사를 보내 신속히 마무리했다. 몇 달 뒤인 1232년 말에는 서경에서도 반란이 일어났다. 그러나 최씨 정권은 다시 사병 2000여 명을 보내 병마사와 연합해 반란을 진압했다. 그 뒤 서경은 폐허가 되었다고 기록되어 있다. 그런 후 농민들이 경주에서 반란을 일으키자 최씨 정권은 이전처럼 과감한 공격으로 대응했다.[23] 농민들은 최씨 정권이 강화도로 퇴각해 질서를 유지할 능력을 잃었다고 생각했지만, 최씨 정권은 반란을 빠르게 진압해 그 활력을 보여주었다.

그러나 이런 반란은 불만의 산발적 표현이었으며 그 시대를 대표하는 것은 아니었다. 외침이 전개되는 동안 반란이 거의 일어나지 않았다는 사실은 강조할 필요가 있다. 실제로 농민은 몽골에 저항하는 데 주요한 역할을 했다.[24] 별초에 편성된 농민은 몽골에 대항해 유격전을 펼쳐 일시적으로 그들의 진격을 막았다. 외국의 요구에 굴복하거나 자신의 토지와 나라를 위해 싸워야 하는 대안에 마주쳤을 때 대부분의 경우 농민은 후자를 선택했다. 향토주의가 한 원인이었지만, 농민의 지원을 확보하려는 최씨 정권의 조세 우대 조처와 면세의 능숙한 사용은 분명히 효과적이었다. 섬에 자리 잡은 새 수도에서 최씨 정권은 나라의 통치를 유지하는 능력을 보여주었다. 농민의 지지는 자신의 통치가 성공하는 데 핵심적이었기 때문에 최씨 정권은 농민의 부담을 경감시키는 데 상당한 노력을 기울였다. 끊임없는 국내의 소요 때문에 최충헌은 처음부터 절망적인 전망에 부딪혔지만, 최씨 정권은 혼란에 적절히 대응했으며 몽골의 침략 동안 대부분의 농민은 충성을 유지했다.

이런 인상적인 현상의 한 요인은 지방 행정을 안정시킨 최씨 정권의 노력에서 찾을 수 있다. 농민에게서 조세를 걷고 국가 정책을 최종적으로 적용하는 책임을 지닌 부류는 지방의 호장이었다. 최씨 정권은 호장과 사심관의 권력을 축소시켰지만, 중앙 조정이 지방 행정을 더욱 많이 장악하면서 요역은 공평해졌고 백성 대부분의 지지를 얻었다.

천민

이 시기에 여러 농민 봉기와 함께 일어난 것은 노비 반란이었다. 농민과 마찬가지로 노비는 노동 부담이 과도했으며, 사회적 또는 경제적 대우를 거의 받지 못했다. 노비 반란은 전통시대 한국사 내내 산발적으로 일어났지만, 무신 집권기에는 더욱 자주 일어났다. 노비 반란과 농민 봉기는 자주 비슷한 요인 때문에 나타났다. 그러나 노비와 그 밖의 천민들에게 적용된 사회적 차별은 훨씬 더 가혹했다. 농민의 삶이 고단했다면 노비의 생존은 절망적이었는데, 천민은 사회 계급의 맨 아래였고 농민은 중간, 귀족은 맨 위였다.

　그 밖의 천민에 관련된 다양한 사항은 아주 조금밖에 알 수 없기 때문에 이 논의는 대부분 노비에 관련되어 있다. 노비의 활동은 이 시기에 매우 두드러졌던 까닭에 그들이 높은 정도의 이동을 성취했다고 믿는 사람들도 있다. 그러나 '노예slave'라는 용어는 '노비'의 완전히 정확한 번역이 아니다. 대부분의 서구인에게 노예는 한 사람의 뜻에 복종하는 대상이며 노동과 봉사를 강제할 수 있고 개인과 가정의 권리가 부인되는 재산으로 간주되었다. 아울러 미국적 맥락에서는 인종적 함축과 극도로 비참한 복종의 역사가 담겨 있다. 반면 한국의 노비는 사회적 진출의 경로가 거의 없었고 주인의 절대적 명령에 복종해야 했지만 자신의 존재에 훨씬 더 큰 통제권을 가졌다. 고려에서 노비 인구의 규모는 논의 중인데, 인구의 30퍼센트 정도가 노비로 구성되었다고 추정하는 견해도 있다.[26]

　노비에는 공노비와 사노비가 있다.[27] 공노비는 국가에 소속되어 관서에서 천한 일을 하거나 왕실과 지배층에게 필수품을 공급하는 상점에서 일했다. 조정에서도 관원에게 심부름꾼으로 공노비를 지급했다. 이런 노비의 숫자는 품계에 따라 고정되어 있었는데, 운송이나 호위하는 임무를 자주 수행했다. 그 밖의 노비는 모두 개인―국왕·관원·사찰 등―이 소유했으며 솔거노비와 외거노비로 구성되었다. 후자는 명칭이 노비였지만, 일부의 사회경제적 지위는 평민 소작농과 비슷했다고 보고 있다.[28] 그들은 생산의 절반을 주인에게 납공納貢한 반면 소작인은 같은 분량을 국가에 바쳤다.

노비가 되는 경로는 여러 가지였다. 전쟁 포로나 범죄자는 자주 노비가 되었다. 생존이나 종교적 목적에서 자신을 노비로 파는 사례도 있었다.[29] 기원이 어떻든 노비의 신분은 세습되었다. 가족 구성원은 모두 노비가 되었다. 실제로 노비의 소유 이전은 토지권 상속보다 훨씬 더 공평했다. 노비 소유권은 고려 초기부터 토지 사유권보다 더 일반적이었다고 생각된다.[30] 면천은 돈으로 사거나 주인의 결정에 따라 이뤄질 수 있었다.

12세기 동안 일부 노비는 사회적 인정을 받고 비천한 신분에서 벗어났다. 노비는 농민과 그 밖의 사회적 부류가 직면한 문제에서 면제되지 않았는데, 그들 또한 생계를 위해 일하고 주인에게 봉사해야 했기 때문이다. 그러나 12세기 초반에 일부 노비는 주인의 권력을 이용해 자신의 신분을 높였다. 노비는 토지 점유의 중개인으로 활동해 주인의 부를 늘리고 귀족적 통제를 확대시키는 그 밖의 방법을 자유롭게 도왔다. 의종의 치세 동안 왕실에서는 국왕의 총애를 받은 노비와 환관이 하위 관직으로 진출해 국왕의 명령을 수행할 수 있도록 허락해 규제를 완화시켰다. 때로 행정에 참여한 환관과 그 밖의 천민이 야기한 방탕과 국정 혼란은 1170년 무신의 난을 불러오는 한 요인으로 작용했다. 노비의 사회·경제·정치적 지위 상승은 무신 통치의 시작과 함께 끝나지 않았다. 2장에서 보았듯이 명종 때 노비들은 대체로 새 질서의 지도자들과 협력해—그리고 때로는 지도자가 되기도 하면서—중요한 지위를 새로 차지했다.

노비의 봉기

1196년 최충헌이 집권하자 노비에 관련된 공식적 자세는 크게 변화했는데, 노비 봉기의 증가에서 가장 잘 나타났다. 명종의 치세 동안 노비 봉기는 단 한 번 일어났다. 그 뒤 최충헌이 통치한 7년 동안 노비는 여러 지역에서 5개의 주요한 반란에 참여했다. 30년 뒤인 1232년(고종 19)에 두 차례의 큰 노비 봉기가 더 일어났다. 이 사건들은 매우 이례적이었다. 한국사 전체에서 이 사건의 앞이나 뒤에는 사실상 노비 봉기가 없었다. 최씨 집권기의 주요한 노비 봉기는 다음과 같다.

1196년(명종 26): 개경

1198년(신종 1): 개경

1200년(신종 3): 진주

1200년: 밀양

1203년(신종 6): 개경

1232년(고종 19): 충주

1232년: 개경

노비의 태도가 이렇게 바뀐 것은 지배층에 대한 적대감이 커졌다는 사실의 반영일 뿐만 아니라 최충헌의 새 정책에 대한 분노의 표현이었다.

1198년에 일어난 만적萬積의 난은 노비 간 불만의 원인을 설명해준다. 만적은 사노비였는데, 개경 출신의 비슷한 신분과 함께 지배층에 대항한 음모에 참여했다. 만적은 선언했다.

나라에는 경인년(1170)과 계사년(1173) 이후 천민에서 고위 관원이 많이 임명되었으니, 장군과 재상이 어찌 우리와 다른 종류이겠는가? 때가 오면 우리도 할 수 있는 것이다. 우리라고 어찌 매 맞으며 힘들게 일해야 하는가?**31**

미리 준비한 신호에 따라 봉기해 최충헌과 자기 주인을 죽이기로 합의한 노비들은 거사 날짜를 잡았다. 끝으로 그들은 자신의 노비 문서를 불태운 뒤 스스로 주인과 장군이 되기로 계획했다. 그러나 약속한 날 인원이 충분치 않았기 때문에 그들은 거사를 연기했다. 그때 음모가 발각되었다. 조정에서는 만적과 100여 명의 노비를 체포해 물에 빠뜨려 죽였다.

만적의 난의 주요 목표는 사회적 해방을 추구했던 것인가?**32** 노비들이 노비 문서를 불태우고 주인을 죽여 자신의 사회적 신분을 높이려고 했다는 사실은 부인하기 어렵다. 그들은 최충헌이 통치한 지 2년 만에 자신들의 조직을 결집해 최씨 정권을 무너뜨릴 수 있다고 확신했다. 그러나 명종 때 목격했듯이 노비의 처우가 개선된다면 잠자코 있으면서 새 정권을 몰아내려고 하지 않는 것이 그들에게는 더 나았다. 만적은 커지는 열망을 극대화하려는 목표에서가 아니라 노비의 정치적·사회적 진출을 막으려는 최씨 정권의 시도에 좌절해 반란을 일으켰다. 최충헌은 노비의 저항을 강력하게 근절했다. 1203년(신종 6)부터 몽골 침략 때까지 더 이상 노비 반란이 일어나지 않았다는 사실은 최충헌의 진압이 성공적이었음을 보여준다.[33]

초기의 무신 지도자들과 달리 최충헌은 전통적 사회질서를 재건하는 데 열심이었고 노비의 열망에는 거의 공감하지 않았다. 천계 출신을 조정에서 배제한 것은 그동안 이미 나타났다.[34] 그는 집권하고 얼마 뒤 올린 「봉사십조」에서 노비들의 활동을 비판했다. "권세가의 노비들이 전조田租를 다투어 걷어 백성이 분노하며 슬퍼하고 있습니다." 최충헌의 권력이 안정된 뒤에는 경제적 사안에서 노비나 그들의 거만함 때문에 방해받았다는 기록이 없다. 노비는 경제활동을 멈추고 정치에만 참여하는 것으로 영역을 축소한 것으로 보인다.[35] 이 기간 동안 일어난 노비 봉기는 최씨 정권 아래서 그들이 좌절한 것에 대한 직접적 표현이었다. 그들이 반란을 일으켰다는 사실은 자신의 정치적 자각과 권력 구조에 대한 그들의 이해를 또렷이 보여준다. 정치적·경제적 영향력에 대한 그들의 바람이 억제되고 사회적 진출이 다시 한번 막히면서 반란은 절망적인 상황에서 벗어날 수 있는 가장 손쉬운 방법의 하나였다. 노비 반란은 사회 구조가 붕괴했다는 신호일 뿐만 아니라 최충헌이 사회 전반을 재편하는 데 성공했

다는 신호였다.[36]

　최충헌은 농민 봉기를 유연하게 진압한 것과는 대조적으로 노비 반란에는 매우 강경하게 대응했다. 만적의 난에서 그는 피의자들을 심문한 뒤 강에 익사시켰다. 진주의 노비 반란 몇 년 뒤 그는 한 차례 관원을 보내 그 지방을 안정시켰다. 1203년 수도에서 다시 노비 반란이 일어나자 최충헌은 50여 명의 노비를 사로잡고 심문한 뒤 익사시켰다. 최충헌은 그런 반란을 폭로한 노비들에게 면천을 포함한 보상을 했다.[37] 그는 그런 정책으로 몽골의 침략이 시작된 훨씬 더 뒤까지도 노비 봉기에 효과적으로 대응했다.

노비의 신분

기록이 부족하지만 노비는 주인에게 지대와 노동을 바치는 종래의 경제활동을 계속해왔다고 생각된다. 권력 구조에서 자리를 차지한 노비도 있었다. 고려의 역사서들은 1217년(고종 4) 북방의 침입자가 고려군을 격파하자 나라에서는 공·사노비를 뽑아 군사로 충원했다고 서술했다.[38] 노비는 관군으로 편성되었을 뿐만 아니라 개인의 사병에도 충원되었다. 1218년에 태집성 등은 사병을 갖지 못했기 때문에 노비·승려 등을 강제로 사병에 편성시켰다.[39]

　물론 최충헌은 사노비에게 지원을 보장하고 그들의 필요를 돌봐주면서 부렸다.[40] 예컨대 그의 여종 동화桐花와 그녀의 남편 최준문崔俊文을 살펴보자.

최충헌의 여종 동화는 아름다워 마을 사람들이 많이 통간했으며 최충헌도 그녀와 사통했다. 하루는 농담으로 "너는 누구를 지아비로 삼겠느냐?"고 물었다. 그녀는 흥해공생興海貢生 최준문이라고 대답했다. 최충헌은 곧바로 최준문을 불러 가노家奴로 부렸다. 그를 대정隊正에 임명해 대장군에 이르게 하고 날마다 만나 총애하고 신임하니 청탁하는 사람이 모두 그에게 붙었다.[41]

최충헌은 자신의 여종 동화에게 남편을 구해주고 그를 군대로 들여보낸 뒤 최고직까지 승진시킨 것이다. 최충헌은 전통적인 계층적 견고함을 복구시켰지만 늘 강화한 것은 아니었으며, 자신의 측근과 친구들에게 많은 혜택을 베풀었다. 다른 행동들처럼 최충헌의 재건은 편애로 얼룩졌다. 최씨 정권에 협력하고 그 정책과 긴밀히 연결된 사람들에게 최충헌은 일반적인 불만을 없애고 자신의 의지에 따라 그들을 승진시켰다. 그는 자신 이외의 모든 사람을 위협으로 생각했고 조심스럽게 주시했다. 이런 전략은 모순되었지만, 결과적으로 최충헌은 자신의 권력과 나라를 빠르게 안정시켰다.

노비의 운명이 바뀐 유형은 여느 천민과는 뚜렷이 다르다. 전통적으로 비천한 사회 신분이었던 환관은 무신 집권기 초반에 정치적·사회적 결정에 활발히 참여했다. 그러나 최충헌은 권력을 안정시키면서 이런 인물들을 영향력 있고 민감한 영역에서 제외시켰다. 하지만 그의 조처는 완전하지 않았다. 최충헌은 노비 정책에서 한 집단으로서의 천민은 적극적으로 축소시켰지만, 자신의 체제를 지지한 개인들은 너그럽게 대했고 자신의 정권에 포섭했다. 그 최종 결과는 자신의 측근만을 위한 기초적 사회질서의 강화였다.

최충헌은 통치 내내 환관을 억압하고 의심했다.[42] 그 집단에 대한 그의 반감은 1196년(명종 26) 길인吉仁의 반란과 그 뒤 희종의 암살 시도에서 환관이 중요한 역할을 맡으면서 굳어졌다. 최충헌의 반환관적 태도는 달애 우물㺆艾井을 무너뜨리고 그 대신 왕실에서는 광명사에 있는 우물을 사용하도록 한 조처에 숨겨져 있었다. 그는 그렇게 하면서 국왕이 달애 우물에서 물을 마시면 환관이 권력을 쥐게 된다는 고려의 전통을 내세웠다.[43] 이런 조처는 환관의 영향력을 약화시켜 왕권의 잠재적 원천을 제어하려는 최충헌의 결심을 보여준다. 그의 통치가 지속되는 동안 환관은 역사 기록에서 거의 사라졌다.

최충헌은 환관의 특권을 부인했을 뿐만 아니라 공장工匠의 행동도 강제로 축소시켰다. 1199년(신종 2)에 그가 공장이 두건幞頭 쓰는 것을 금지했다고 기록되어 있다(두건을 쓴 사람은 대부분 왕실을 위해 일했기 때문에 특권을 누렸다). 최충헌은 폐기된 관습을 다시 시행해 사회적 안정을 강화하고 사회 윤리의 중요성을 재확립하려고 했다. 4년 뒤에 또 다른 사례가 나타났다. 기생은 천민으로 분류되었다. 차약송車若松은 기생에게서 두 아들을 얻었다. 한 사람은 국자감에 들어갔고 다른 한 사람은 6품 이상의 관직에 올랐다. 최충헌은 그들을 7품에서 제한하고 학적學籍에서 빼라고 명령했다.[44]

많은 사회적 제약이 있었지만 강요는 완전하지 않았다. 일부 노비의 진출은 앞서 언급했으며, 최충헌은 그 밖의 천민과 남반(기술직) 출신을 후원했다.[45] 『고려사』에서는 우광유于光儒가 권지합문지후權知閣門祗候가 되었을 때 한 관원의 발언을 기록했다.

"우광유는 남반 관원인데 지금 높은 관직에 제수된 것은 옳지 않다" 면서 몇 달 동안 고신告身에 서명하지 않았다. 최충헌은 그에게 말했다. "우광유는 전에 원의 사신을 혼자서 훌륭하게 접대했기 때문에 높은 관직을 수여한 것이니 어찌 관례를 고수하는가?"[46]

기생이 낳은 두 아들이 고위 관직에 오르는 것을 허용하지 않았던 최충헌은 다른 천계 출신에게는 승진을 허락한 것이다. 최씨 집정은 사회적 규제를 강요하려고 했지만 정치적으로 긴장하고 있었으며, 충성스럽고 유능한 인물들에게 보상하기 위해 자신의 사회 정책을 타협할 용의가 있었다. 자신의 최고 지위를 강조한 그의 체제는 사회적 제한을 관례로 용인했지만 자신의 추종자에게는 구속력 있는 규칙으로 여기지 않은 이런 유연한 태도 덕분에 강화된 것이 분명했다.

최우·최항·최의 집권기의 천민

최우는 근본적으로 최충헌의 정책을 계승했다. 최우는 아버지가 시작한 제도의 대부분이 정치적으로 편리하다는 사실을 안 기민한 인물이었다. 그러나 그는 자신의 체제를 위협할 경우 최충헌의 어떤 충성스러운 추종자라도 가차 없이 제거했다. 아버지가 사망하고 자신의 위치를 확립한 뒤 시행한 첫 조처들 중 하나는 최충헌과 가까웠던 인물들을 유배 보낸 것이었다. 그 집단에는 동화 같은 노비도 있었다. 그런 노비들은 최충헌 주위에 있었고, 국왕을 시중드는 환관처럼 정성을 다해 최충헌에게 봉사하고 도왔다. 그들은 최씨의 정치에 매우 익숙했기 때문에 이제 최우 체제에서 그들의 간섭은 최씨 정권에 치명적일 수 있었다.

충성과 개인적 유대는 최씨 집권기에 중요한 연결고리였다. 믿을 만한 추종자를 등용하고 그들의 충성을 지속시켜야만 권력을 장악할 수 있었다. 이 때문에 최충헌은 동화 같은 노비와 자신의 문객 전체의 요구를 들어주는 데 매우 적극적이었다. 이런 인물들은 최충헌에게 타협하지 않는 신의를 바쳤다. 그러나 그 뒤 최우에게 숙청된 데서 보듯이 그들의 충성은 옮겨질 수 있는 것이 아니었다. 최씨 정권의 약점 중 하나는 지도자 개인을 향한 충성을 정권 전체에 대한 헌신으로 바꿀 수 없다는 것이었다. 또한 지도자마다 그 자신의 추종자 집단으로 둘러싸인 상황은 전체 구조에서 하위 집단끼리 권력을 다툴 가능성을 높였다. 최우는 이것을 매우 잘 알고 있었던 것 같다. 왜냐하면 그는 군사적 적대 세력을 재빨리 배제시켰으며, 아버지의 충성스러운 부하를 유배 보내고 자신의 추종자들로 대체했기 때문이다. 최우는 한 노비 집단을 빠르게 제거하면서 자신에 대한 추종을 강화하려는 목적에서 여러 사람에게 아낌없이 호의를 베풀고 관직을 주었다. 안석정安碩貞은 사노비의 아들이었다. 최우는 그를 너그러이 대우해 다른 사람의 반대를 물리치고 대각臺閣에 임명했다. 최우는 이 노비가 자신과 자신의 체제에 유용했기 때문에 그를 보호하고 승진시켰다.[47]

최우는 그 밖의 천민 출신에게 정치적으로 편리할 때 쉽게 중단할 수 있는 사회적 규제를 유지하는 동일한 정책을 시행했다. 예컨대 『고려사』에서는 이렇게 기록했다. "유석庾碩의 증조모는 예종의 후궁 출신이다. 국법 때문에 그는 대간이나 정조政曹에 들어갈 수 없었다." 또한 최우는 손변孫抃이라는 인물의 승진을 제한하는 규제를 시행했는데, 그의 아내가 왕실 출신이었기 때문이다. 이런 사례들에서 최씨 정권은 옛 사회질서를 다시 시행하고 왕조의 위계질서를 복원했다. 그러나 선택된 환관 등은 우대했다. 문신 유천우는 정방으로 돌아가고자 우선 뇌물을 이용해 환관의 지원을 얻었다. 1245년(고종 32)에 또 다른 환관은 과거에 수석으로 합격해 인정을 받았다.[48] 최씨 집정들은 국가의 전체적인 행정을 위해 이전의 규제를 시행했지만 측근에게는 다른 법률을 적용했다. 최씨 정권은 본질적으로 자신의 필요에 맞는 제도를 복원하려고 한 것이었다.

최우의 후계자인 최항과 최의는 천민에게 적용된 엄격한 규제를 완화했지만 노비를 대량으로 면천하지는 않았다. 최항과 최의 모두 서자 출신이므로 그들 자신도 천민으로 분류될 수 있다는 사실은 제외하더라도, 이 시기에 천민 출신이 고위 관서에 진입한 사례는 일부 있었다. 최양백 같은 노비는 최항의 측근이 되었다. 역사서에서는 1258년(고종 45)에 최의의 가노가 낭장이 된 경위를 서술하면서

이때부터 노비를 6품 이상에 임명한 것이 시작되었다고 지적했다.[50]

최씨 정권의 사회 정책

최씨 집정들은 비슷한 사회적 배경을 지닌 인물을 자신의 조직 안에 포괄하는 성향이 있었지만, 몽골 침략이 사회적 이동에 줄 수 있었던 영향을 숙고해봐야 한다. 노비는 외침을 막는 데 참여했다. 예컨대 그들은 충주에서 군대를 조직해 몽골에 대항했다. 그러나 이 노비 부대는 몽골이 퇴각한 직후에 반란을 일으켰는데, 지방 지배층과 논쟁에 휘말렸기 때문이다. 노비들은 자신의 지방을 지킬 의지가 있었지만, 지방 지배층이 그들의 영향력을 줄이려고 하자 반란을 일으킨 것이었다. 그러나 20년 뒤 관직을 보상으로 받은 노비들은 국방의 명목으로 면천되었다.[51] 1253년(고종 40)에 충주에서 몽골에 맞섰던 김윤후金允侯는 신분에 상관없이 모든 사람이 관직을 받을 것이라고 약속했다. 그는 자신의 정직성을 보여주기 위해 조정의 노비 문서를 불태웠다.[52] 이 당시 비슷한 사건이 일어난 빈도와 사회적 해방의 범위는 추정만 할 수 있을 뿐이다. 그러나 이런 조처로 일부 노비들이 비천한 신분에서 벗어날 수 있었던 것은 분명했다.[53]

최씨 정권 말엽의 노비의 경제적 기능에 대한 결론을 제시하기는 어렵다. 지배층의 노비가 이전의 활동—주인의 토지 구매를 돕거나 공납을 바치는 데 참여한 것 같은—을 다시 시작했다는 기록은 없지만, 그런 임무를 수행했을 가능성은 매우 높다. 오히려 그들의 사회적 해방과 정치적 진출을 강조해야 한다. 최씨 집권기 말엽의 이런 새로운 이동성 덕분에 노비가 경제적 수입을 얻은 것은 분명했다. 그리고 고려가 몽골의 원 제국에 굴복한 것은 추가적 진출의 기반이 되었다. 그럼에도 불구하고 세습적 노비제도는 계속 시행되었으며, 고려의 지배층은 그렇게 가치 있는 경제적 자원을 잃는 것을 용인하지 않았다. 아울러 출세한 노비들은 주요 관원과의 연결을 이용해 개인적 처지를 개선할 수 있었다.[54]

최씨 집권기 후반 사회적 규제가 전반적으로 이완되고 노비가 진출한 뒤에는 가노를 포함한 그 밖의 천민 지위가 향상되었다. 최항의 노비가 두건을 쓰기 시작했을 때 자료는 이렇게 기록했다. "예전에는 여러 종실의 노비만 쓸 수 있게 했지만, (…) 이때부터는 권신의 노복도 쓸 수 있게 되었다. 이 뒤로는 권세 있는 집의 종들도 모두 썼다."[55] 환관은 더욱 중요한 역할을 했다. 고위 관원들이 몽골에 대항할 전략을 논의할 때 한 환관은 그 회의에 참여했다.[56] 최충헌은 환관을 배척하려고 했지만, 최우와 최항은 자신의 정치적 접촉을 넓히려는 목적에서였거나 충성이 가장 우선적으로 요구되었던 긴급한 시대에 부응해 그들을 대우했다.

천계 출신의 여러 인물은 최씨 정권 후반에 위상을 높였다. 가장 좋은 보기는 김준으로, 처음에는 최씨 가문에서 노비로 일했지만 나중에는 군사를 이끌고 주인을 패배시켜 60년에 걸친 최씨 정권을 종식시켰다. 아울러 이때 시작된 사회적 해방은 최씨 정권의 몰락으로 갑자기 끝나지는 않았다. 국왕은 최씨 정권을 전복시키는 데 참여한 인물을 포상하면서 사회적 배경에 상관없이 모든 천민의 진출을 허락했다. 환관도 계속 자유롭게 이동했는데, 최씨 정권이 몰락한 2년 뒤인 1260년(원종 1)에 한 환관은 6품에 올랐다.[57]

최씨 집정들의 태도는 사회적 이동의 속도를 좌우했다. 최충헌은 권력을 안정시키면서 사회 구조를 동결시키려고 했다. 그는 새로운 사회적 변화를 시도하는 대신 안정이라는 전통적 방법으로 자신의 체제에 대한 도전에 맞섰다. 최충헌에게 질서를 재건하는 가장 빠르고 편리한 방법은 사회 계층을 규제하고 사회적 이동을 제한하며 왕조 행정의 효율적 기능을 복원하는 것이었다. 또한 그는 여러 지방에 많은 관원을 파견해 지방 행정을 다시 활성화시켰다. 반란이 지속되자 그는 무력을 동원해 자신의 의지를 관철시켰다. 최우는 이 정책에 동의했고 그대로 따랐다. 전통 고려 사회의 규제를 유지하면서도 지지자들에게 보상과 진출의 여지를 허락한 것은 균형 잡히고 유연한 전략이었다. 이런 제도에는 모순과 불일치가 있었지만 상당히 효과적으로 작동했으며, 질서를 안정시키는 최씨 정권의 행정 능력을 보여주었다. 농민과 천민의 소요가 심각해졌을 때도 최충헌은 선별된 추종자들의 사회적 상승을 위한 기회를 완고한 패권주의와 조화시켰다. 그는 실용과 타협을 보여주는 전략에 따라 자신의 정책을 완화했다. 최항이 권력을 계승한 뒤 지배 구조에서 천민 출신이 더 큰 역할을 하면서 사회적 규제는 이완되기 시작했다. 이런 변화는 최항과 최의의 지도력으로 새로운 기조가 만들어지면서 고무되었지만, 몽골 침략은 사회적 장벽을 무너뜨린 또 하나의 동력이었는데, 사회의 모든 부문이 유동적이어야 한다고 요구했기 때문이다. 그러나 이런 변화는 오래가지 않았다. 그 뒤 고려의 중앙 지배층은 최충헌과 매우 비슷하게 천민의 사회적 상승을 용인한 선택권을 다시 한번 규제했다.

무신 집권기의 불교

5세기에 걸친 고려시대 전체와 마찬가지로 무신 집권기 동안 불교는 고려의 종교·학문·문화의 중심으로 계속 남아 있었다. 이 시기 동안 승려는 왕조를 지배하던 여러 지도자와 연결되었을 뿐만 아니라 새로운 지적 역할을 맡아 불교 신도의 이론적인 질문에 새 방향을 제시했다. 이 장에서는 불교와 무신 집정의 관계를 살펴볼 것이다.[1] 철학적 발전을 다루지 않을 수는 없지만, 주요 초점은 불교의 발전을 잘 보여주는 제도적·사회적 변화에 맞춰질 것이다.[2] 많은 학자가 이 시대의 지배적 종교 현상으로 선종禪宗의 등장을 지적했지만, 그것과 무신 집정의 관계 및 이 특정한 종파의 발전에 관련된 이유를 설명하려면 좀 더 자세한 탐구가 필요하다. 또한 이 장에서는 무신 집정과 그 밖의 불교 종파의 관계도 살펴볼 것이다. 불교는 무신 집정의 후원에서 도움을 받았지만 사회의 다른 부문의 관심이 커지면서 번창했다. 무신 집권기 동안 학자와 젊은 학생들이 당시의 박식

한 승려들에게 배우면서 불교는 가장 뛰어난 정신의 다수를 사찰로 이끌었다. 그 결과 불교와 유교는 어쩔 수 없이 혼합되었다. 이 장에서는 이런 역동적 변화에서 무신 집정과 특히 최씨 정권의 역할을 평가하려고 시도하면서 이런 주제들을 탐구할 것이다.

고려 전기의 불교

불교는 고려의 문화에 스며들었다. 918년에 왕조가 건국된 때부터 불교 교리와 승려는 철학적 지속뿐만 아니라 국가 권력에 언제나 정치적 정통성을 부여했다. 왕건의 「훈요십조」는 이런 기능을 생생하게 보여주었으며, 이엄利嚴 같은 승려에게 국왕이 자주 자문한 것은 널리 알려져 있다. 사회적 영역에서 지배층과 평민은 불교의 경축일과 의례를 지켰는데, 팔관회八關會와 연등회燃燈會는 특히 유명했다. 신앙의 생명력 또한 다양한 모습으로 명확하게 표현되었다. 지배적 종파인 교종의 핵심 분파 화엄종華嚴宗과 법상종法相宗은 불경 연구를 강조해 학문적 접근을 진전시켰다. 그러나 신라 후기에 처음 나타난 선종은 돈오頓悟에 초점을 맞추고 경전을 중시하지 않았다. 선종은 지방 호족들의 큰 호응을 받았으며, 고려에서 그 종파는 아홉 개의 계열로 나뉘었다.[3]

11세기 후반의 승려 의천義天(1055~1101)은 이런 불교계에 새로운 변화를 가져왔다.[4] 문종(재위 1046~1083)의 아들인 의천은 중국에

갔다가 돌아온 뒤 교종과 선종의 차이를 메우는 데 헌신했다. 그는 천태종天台宗의 교리를 설파하면서 교종과 선종의 중요한 교리를 천태종과 결합시키려고 시도했다. 혈통과 학식으로 존경받은 의천은 입적할 때까지 천태종이 널리 전파될 수 있게 했다.

선종은 의천과 그 추종자들에게는 무시되었지만, 12세기가 시작될 무렵 왕실과 여러 저명한 학자가 큰 관심을 보이면서 부흥했다.[5] 예종(재위 1105~1122)은 보제사·안화사安和寺 같은 여러 선종 사찰을 후원했으며 선승 담진曇眞을 특별히 인정했다. 이자현李資玄·윤언이尹彦頤 같은 학자도 선종에 매료되었다. 일반적으로 이 시기의 선종은 세속적 문제를 멀리하고 개인의 수양에 집중하는 특징을 갖고 있었다.[6] 예컨대 인주 이씨 출신의 이자현은 명상을 추구하면서 세속을 떠나 외딴 산 속에서 살았고 곧 명성을 얻었으며, 예종은 선종의 교리를 배우기 위해 그를 불렀다.[7]

왕조가 개창된 때부터 왕실·지배층과 긴밀한 관계를 구축한 교종은 12세기 전반 내내 불교의 지배적 세력으로 남았다. 학식 있는 귀족들은 경전 강독을 강조한 것에 매력을 느껴 그들을 풍성하게 후원했다. 귀족의 생활 중심인 수도 개경에는 70개가 넘는 사찰이 있었는데, 대부분 교종에 소속되었다. 궁궐 근처의 흥왕사는 왕실의 특별한 관심을 받았으며, 의종(재위 1146~1170)의 치세 동안 왕실은 사찰의 수리를 지원했다.[8] 11세기에 재위한 현종·문종·숙종의 아들들은 교종 승려가 되었고, 의종의 동생 충희沖曦는 흥왕사의 승려로 출가했다. 문반 귀족도 비슷한 관계를 형성했다. 예컨대 김부식

의 아들 김돈중金敦中과 그 형제는 개경 근처에 관란사觀瀾寺를 세웠다.[9]

고려 귀족은 여러 이유에서 사찰을 후원했다. 진정한 독실함도 한 요인이었지만, 지배층은 상당한 경제적 이익도 얻었다. 그들은 불교의 한 종파에 가족 구성원을 출가시켜 승려는 일정한 의무에서 면제한다는 고려의 세법을 이용했다. 국가의 토지와 녹봉제도에서 승려에게 수익을 할당해주는 다른 조항 또한 이 가문들에 이익을 주었다. 가족들은 재물과 토지를 너그러이 기부함으로써 재정적·정신적 축복을 얻을 수 있었다.

후한 기부의 수혜자로서 교종은 점차 나라에서 가장 넓은 토지 소유자 중 하나가 되었다.[10] 사찰은 토지와 함께 노비도 소유했으며 사찰 토지를 경작하는 소작인도 관리했다. 사찰은 직물·도자기·술·차 생산을 포함한 다양한 수공업도 운영했다. 이런 사업에서 얻은 이익은 사찰과 그 후원자를 풍족하게 했으며, 사찰과 연계된 후원자는 면세 혜택을 보았다.[11] 교종은 사회·정치·경제적 연결을 매개로 국가·문반 지배층과 공생관계를 형성했으며, 이 세 집단은 자신의 번영을 위해 서로 의지했다.

불교와 무신의 난

1170년 무신의 난은 의종을 강제로 퇴위시키고 핵심 문반 귀족들을 조정에서 몰아냄으로써 교종을 위협했다. 교종을 왕실·중앙 귀족과 교묘하게 연결시킨 고리는 무신이 권력의 핵심을 공격하면서 위태로워졌다. 조심스러운 기다림의 시간이 흐른 뒤 1174년(명종 4) 개경의 주요한 교종 사찰들은 국왕과 문반 지배층의 권력을 완전히 회복하려는 목표로 반란을 일으켰다.[12] 교종 사찰들은 정치·경제적 이유뿐만 아니라 분노 때문에도 반란을 일으켰다. 사찰의 많은 귀족 후원자들은 무신의 난으로 살해되거나 권력에서 축출되었다. 1173년에 김보당의 난이 실패하고 전왕인 의종이 시해되면서 상황은 더욱 악화되었다. 이런 공격이 자신의 사찰을 직접 위협하는 것으로 판단한 승려들은 새 무신 지도자들에게 저항하기로 결정했다. 그러나 어느 쪽도 다른 한쪽을 무너뜨릴 수 없었기 때문에 승려와 무신 집정들은 서로의 반감을 누그러뜨리고 자신의 정책을 다시 고려할 수밖에 없었다. 무신은 이런 반란을 진압했지만, 권력을 다시 안정시킨 뒤에는 교종의 이익을 수용하려고 했다. 압박과 회유를 병행한 이런 정책의 성공은 그 세기 말엽에 장군 최충헌이 등장하기까지 교종의 주요한 저항이 다시 기록되지 않았다는 사실에서 알 수 있다.

어느 정도 강요되었지만 교종 사찰은 계속 기능했으며 지속적으로 지배층의 관심을 받았다. 왕실은 교종 사찰에서 얻는 이익을 결코 포기하지 않았으며, 새 국왕 명종은 가장 적극적인 후원자가 되었다. 후궁에게서 얻은 많은 왕자는 승려가 되었고 궁궐을 자유롭게 출입했다.[13] 문반 지배층도 비슷하게 교종을 후원했다. 그리고 무신 지도자들이 서서히 내부의 권력투쟁으로 빠져들면서 교종 사찰은 이런 무관심을 이용해 되살아났다.

그 세기 전반 다시 새롭게 관심을 받은 선종도 왕실과 문·무 관원의 후원을 누렸다. 질서에 따라 승진을 통제하는 선과禪科는 무신의 난이 일어난 해인 1170년에 시작되었다.[14] 도성에서 가장 중요한 선종 사찰인 보제사는 특별한 관심을 받았다.[15] 즉위 1년 뒤 명종은 처음 보제사를 방문했고 그 뒤 이름이 알려지지 않은 몇 사찰을 찾았다.[16] 승려들은 1174년 이의방이 살해된 뒤 보제사에 모여 추가적 요구를 압박했으며, 국왕이 특사를 보낼 때까지 떠나기를 거부했다.[17] 무신도 비슷하게 선종 사찰을 후원했다. 1175년(명종 5) 무신 집정 정중부는 보제사를 수리하고 완공 법회를 열었다. 그는 대간의 반대가 있었음에도 국왕에게 참석을 요청하기도 했다.[18] 아울러 이때 무신을 도운 문반 지배층은 이미 선종 사찰과 가까운 관계를 맺고 있었다.[19]

무신 통치의 첫 시기 동안 통치 구조가 악화되면서 선종과 교종은 중요한 사회 기구로 기능했다. 국왕은 보제사 외에도 수많은 사찰에 거둥했다.[20] 왕실은 불교 의례를 후원했고, 많은 경우 한 자리에서 1만 명이 넘는 승려에게 음식을 대접했다.[21] 승려들은 소요 진압을 돕고 입대까지 하면서 화답했다.[22] 1181년(명종 11) 일군의 관원은 봉은사에 모여 새로운 제도를 논의하기도 했다. 분명히 불교계의 주요한 종파들은 새 권력 구조에 스스로 협조한 것이었다.

그 위상과 특히 문반 지배층과의 관계 때문에 사찰은 계속 부의 저장소가 되었다. 이런 제휴 때문에 그들은 도적과 백성에게 불만의 표적이 되었다. 무신의 난 이후 무신 집정들이 유혈의 권력투쟁을 벌이면서 농민은 스스로 지키도록 버려졌다. 사회·정치적 소요로 고통받고 빈궁해진 일부는 사찰을 쉬운 먹잇감으로 보았다. 1176년(명종 6)에 지방의 노비인 망이亡伊는 무신 집정에 맞서 개인적 불만을 해결하려는 목적에서 반란을 일으키면서 이웃한 사찰을 접수하고 승려들을 죽였다. 1년 뒤 도적들은 묘덕사妙德寺·향산사香山寺를 공격해 그곳의 승려들을 사로잡았다.[23]

승려들은 늘 무고한 방관자는 아니었으며 비행을 저지르기도 했다. 전혀 독실하지 않은 승려들은 안정된 기간에도 개인적 지위 강화를 추구하면서 자신의 선택된 소명에서 멀리 벗어났다. 가속된 혼란과 불안의 시대에 정직하지 못한 승려들은 자주 음모와 부패의 중심이 되었다. 1177년과 1178년 개경 흥왕사의 승려들은 동료 승려가 반란을 꾸미고 있다고 다시 고발했다. 중방은 범죄자로 고발된 인물들을 체포했다.[24] 경대승은 집권한 뒤 정중부와 그 집단에 연계된 승려를 신속하게 제거했다.[25]

조정의 권력을 좌우하려고 시도하는 것 외에도 승려들은 주문과 부적을 이용해 지배층과 백성을 자기편으로 끌어들였다. 승려 일엄日嚴은 어떤 유명 인물보다도 당시의 정신적 타락과 불안정을 상징한다. 그가 장님을 보게 하고 죽은 사람을 살릴 수 있다는 주장을 들은 국왕 명종은 일엄을 궁궐로 불렀다. 백성은 그가 가는 길에 그를 보려고 모여들었고 그가 목욕한 물을 신성하다면서 마시기까지 했다. 『고려사』에서는 그가 도성에 오자 "지위가 높고 낮은 사람, 젊은 이와 노인이 그의 말을 들으려고 다투어 모여들었다"고 기록했다.[26] 결국 그는 사기꾼으로 밝혀졌지만, 그의 인기는 불교와 사회의 부패한 상태를 드러낸다. 문·무 관원 모두 통치의 임무를 저버렸다. 명종 말엽 새로 등장한 무신 집정 이의민의 독재가 전국을 장악하면서 조정의 지도자들은 개인적 목표만을 추구했으며 의미 없는 불교의례에 자주 탐닉했다. 명종과 이의민 모두 개인적 이익을 위해 사찰을 이용했다. 명종은 왕자들의 거처로 그것을 사용했고, 이의민은 자신의 정치적·경제적 이익을 높이는 데 그것을 사용했다.[27] 역사가들은 이런 부패상을 언급하면서 국왕은 책임 있게 행동하지 못했고 천문을 관찰해 변란을 미리 파악해야 할 관원들은 "오직 부처에게 기도해 국왕의 마음을 미혹시켰다"고 비판했다.[28]

불교와 최씨 정권의 흥기

1196년 최충헌의 집권은 그 시대의 전체적인 분위기를 극적으로 전환시켰다. 1170년 첫 정변 이후의 기간이 국가 명령의 표류와 부재로 특징지어졌다면, 최충헌의 통치는 무단적 독재로 사회와 조정을 안정시켜 그 자신의 정권을 안전하게 만든 정책을 세우면서 국가 권력에 새로운 활력을 주었다. 변화는 불교에 관련된 최씨 정권의 태도에서 분명히 나타났다. 무신 집권기 초반에는 불교와 관련해 확실치 않은 안건이 이어진 억압 정책으로 특징지어졌다면, 최씨 집권기에는 불교의 모든 정치활동을 진압하려고 시도했다. 정치적으로 최씨 집정들은 세속적 문제에서 벗어난 선종의 태도를 환영했다. 집권하기 전 최충헌은 선종 승려와 사찰을 적극 후원했다. 그 뒤 최씨 정권은 불교를 지원하는 과정에서 학문을 발전시켰고, 그 결과 사찰은 고려의 문학자들에게 교육과 사변思辨의 중심이 되었다. 또한 불교에 대한 그들의 지원은 일반 백성에게 선종이 널리 퍼지도록 도왔다.

이의민 치하의 부패를 지켜보고 불교계에 만연한 부정에 불만을 지닌 최충헌은 더욱 뚜렷한 문제점을 즉시 규제하기 시작했다. 최충헌은 정변을 일으킨 직후에 올린 「봉사십조」에서 사찰의 불필요한 번창과 승려의 부패를 비판했다. 그는 너무 많은 승려가 왕실 권력을 이용해 곡식 대부에서 이익을 착취하며, 유력한 관원들이 자신의 경제적 이익을 위해 너무 많은 사찰을 세워 발생한 문제들을 지적했다. 그의 취지는 분명했는데, 사찰과 승려는 정치적·경제적 추구를 스스로 멈춰야 한다는 것이었다.

그는 이 비판에 결정적 조처를 덧붙였다. 우선 그는 승려가 된 명종의 왕자들은 도성을 떠나 그들이 있던 사찰로 돌아가야 한다고 요구했다. 최충헌은 명종을 강제로 퇴위시키면서 이 승려들을 섬으로 유배 보냈다.[29] 의종과 명종이 승려에게 빠져 사찰과 승려를 후원하느라 의례와 국정을 돌보지 않는 것을 본 최충헌은 이런 부당한 영향력에서 벗어난 권력만이 번창할 수 있다고 결론지었다. 최충헌은 경제적·정치적 이익을 목표로 한 접촉을 줄이려고 시도하면서 승려뿐만 아니라 평신도들도 제재했다. 처음에 그의 목표는 정치적이었다. 그는 불교를 억압해 자신의 체제에 대한 실제적·잠재적 위협을 제거하고 권력을 강화할 수 있었다.

이런 새 정책들은 승려—특히 교종과 연결된—들의 저항을 촉발했다. 그들의 대응은 즉각적이지는 않았지만, 최씨 정권 초기 20년 넘게 개경 안팎의 승려들은 반란을 일으켰으며 한 번은 최충헌의 생명을 심각하게 위협하기도 했다. 그 뒤 최씨 집권기에 발생한 승려 반란은 다음과 같다.[30]

1202년(신종 5): 대구 부인사符仁寺·동화사桐華寺.

1203년: 흥주興州 부석사浮石寺·부인사·송생현松生縣 쌍암사雙巖寺.

1209년(희종 5): 개경 귀법사歸法寺.

1211년: 최충헌에 대한 반란에 승려들이 참여.

1217년(고종 4): 개경 흥왕사·홍원사弘圓寺·경복사景福寺·왕륜사王輪寺·안양사安養寺·수리사修理寺.

이런 사찰은 모두 교종과 관련된 것이었다. 이 종파는 1170년대에 무신 정권에 반란을 일으킨 것과 마찬가지로 최충헌에게도 반대했다.[31] 이런 뚜렷한 물리적 위협 외에도 여러 반란이 적발되었고 그릇된 풍문이 주기적으로 떠올랐다.[32] 사찰의 경제적·정치적 지위를 위협한 최씨 정권의 정책은 이런 소요의 대부분을 촉발시켰다. 이런 모든 위협에 대해 최충헌은 나라의 지배자가 되려는 열정적인 투지를 갖고 대응했다. 그는 저항하는 승려들을 무력으로 길들였다.

최충헌은 점차 교종에 대한 공격을 줄이고 타협을 선택했다. 1197년(명종 27) 교종과의 껄끄러운 관계를 안 그는 흥왕사를 방문하겠다고 제안했다.[33] 최충헌의 아들 최우도 비슷하게 교종과 화해를 시도했고 1223년(고종 10)에 황금으로 만든 18개의 작은 탑과 꽃병을 흥왕사에 보냈다.[34] 아울러 이때는 교리를 적극적으로 전파한 요일蓼一·태호·진억 같은 교종 승려들이 있었다.[35] 교종의 힘을 알고 국력을 약화시킬 뿐인 갈등을 피하려고 노력한 최씨 정권은 화해 정책이 반대를 달래고 최씨 정권과 왕조에 안정을 가져올 것으로 기대했다.

선종의 부흥

최씨 정권은 선종과 관계를 맺는 데 특별한 노력을 기울였다. 최충헌은 교종의 대표적 경쟁 상대인 선종으로 전환해 불교계에서 교종의 지배적 지위를 약화시키거나 균형을 맞추려고 했다. 이런 판단에 따라 교종—왕실·문반 지배층과 지나치게 밀착되었고 최씨 정권에 대한 반대의 근원이었던—은 무력 진압과 수용을 통해서뿐만 아니라 경쟁 종파를 지원해서도 규제할 수 있었다. 아울러 선종은 최씨 정권의 철학적 필요와도 맞았다. 여러 세기 동안 선종은 반체제 집단과 관련을 맺었으며 군인에게 특별한 호응을 받았다. 이런 요소들은 9세기 후반 신라 정권을 약화시킨 지방 호족과 선종의 관계에서 뚜렷하게 나타났다.[36] 앞서 지적했듯이 선종은 예종과 인종 때 중앙 정치를 피했던 일부 인물과 더욱 친밀해졌다.

선종은 무신의 이해와도 합치되었다. 무신의 난 이후 개경에 소재한 선종의 주요 사찰인 보제사는 이렇듯 커진 관심의 초점이 되었다. 선종은 참선과 돈오에 대한 강조와 함께 글을 못 읽는 군인부터 교양 있는 관원에 이르기까지 모든 사람의 필요와 마음을 다른 불교 종파보다 더 많이 다뤘다. 그것이 무신에게만 호소한 것은 아니지만, 선의 단순함과 구원의 방법으로 참선을 강조한 것은 무신에게 이 소박한 철학에 특별한 매력을 주었다.[37] 선이 세속적 문제에서 벗어난 것은 또 다른 매력적 요소였다. 최충헌이 집권한 동안 이 종파가 번영하면서 개경에서 먼 지역의 선종 사찰들은 권력의 중심과 거리를 두고 성장했다.

고려 사회에서 불교는 합법화의 핵심 역할을 수행했다. 이전 지도자들은 자신의 통치에 관련된 신성한 승인을 보여주려는 목적에서 불교에 의지했다. 승려들은 국왕에게 조언하는 중요한 역할을 자주 맡았다. 태조에게는 이엄이, 인종에게는 묘청이, 그 뒤 공민왕(재위 1351~1374)에게는 신돈辛旽이 있었다. 이런 승려이자 조언자들은 특정한 계획과 결부되어 있는 견고한 문반 귀족이나 관원의 지지를 받지 못했을 대안을 제시했다.[38] 새로운 무신 집정들에게 또 다른 교리를 제공한 선종 사상도 비슷한 출구를 제공했다. 최씨 집정들은 선종 승려와 교류하고 그들의 노력을 지원함으로써 정신적·정치적 이익을 모두 얻으려고 했다.[39]

최씨 정권 아래서 선종이 크게 부흥한 것은 많은 사람이 연구해 왔다.**40** 이런 부흥의 중심에는 승려 지눌知訥(1158~1210)이 있었다. 그는 1182년(명종 12)에 선과에 급제하고 잠깐 보제사에 있은 뒤 남부 지방으로 가서 우선 동남 지방에 머물렀다. 그 뒤 1188년(명종 18)에 그는 공산公山에 있는 거조사居祖社에서 다른 사람들과 합류했다. 거조사의 이 모임은 많은 추종자를 모았고 1197년(명종 27) 지눌은 이동하기로 결정했다. 1200년(신종 3) 그는 뒤에 수선사로 불릴 사찰에 도착했다. 이곳은 1210년(희종 6)에 입적할 때까지 그의 활동 기반이 되었다.**41** 일생 동안 지눌은 선종을 부흥시켰다. 그는 그것을 개인의 수양만 추구하는 철학에서 사회 모든 대중의 수행을 추구하는 철학으로 변모시켰다.**42**

지눌의 가르침은 계몽의 여러 경로를 제공했다. 지식에 덜 치중하는 부류는 참선을 이미 받아들였다. 학문적 통찰을 추구하는 이들에게 지눌은 경전을 더욱 깊이 있게 제시했다. 지눌은 한국 불교의 위대한 조화를 이룬 인물 중 한 사람이었다. 어떤 측면에서 그는 7세기에 한국을 정신적으로 통일시키려고 노력한 신라의 승려 원효元曉의 전통을 따랐다. 지눌은 명종 때 나타난 사회적·정치적 혼란 동안 성숙해지고 당시의 문제들에 해결책을 찾으면서 사회와 불교의 깊은 골을 무너뜨리려고 노력했다. 최충헌은 지눌의 철학적 성장에 전혀 직접적 역할을 하지 않았지만, 그와 그의 아들 최우가 기본적으로 융합을 주장하고 배타주의를 끝내려는 사상을 환영한 것은 분명했다. 그럼에도 최씨 집정들이 불교를 얼마나 깊이 이해했는지는 가늠하기 어렵다. 오늘날도 그렇지만, 그들은 대부분의 지도자와 마찬가지로 받아들일 만한 종교 교리에 헌신하고 집착하는 대중의 심성을 이용했다.

최씨 정권은 여러 방법으로 선종을 발전시켰다. 최충헌과 최우는 선종의 주요 승려에게 아들을 보내 배우게 했다.[43] 3대 최씨 집정으로 어렸을 때 혜심慧諶(1178~1234)에게 수학한 최항은 불교를 경시하는 인물들을 유배 보낼 정도로 늘 그 교리를 열성적으로 옹호했다.[44] 최씨 집정들은 선종 사찰에 기부하고 건물을 세워주었다. 최충헌은 창복사昌福寺와 대안사大安寺에, 최우는 수선사에 특별한 관심을 보였다.[45] 경상도 진주의 단속사斷俗寺, 전라도의 쌍봉사雙峯寺, 남해 지방의 강월암江月庵 같은 사찰은 최씨 영향력의 중심이었다. 몽골의 침략이 고조된 1245년(고종 32)에 최우는 강화도에 선종 사찰을 세웠다.[46]

최씨 집정들은 지눌부터 시작해서 주요한 선종 승려의 후원자가 되었다. 최충헌·최우·최항은 선사들을 승진시켰고, 최충헌은 적어도 한 번 정각靜覺이 왕사가 되는 데 개입했다.[47] 아울러 최씨 집정들은 문객을 보내 존경받는 승려들을 호위하고 선종의 주제를 강론해 자신들을 깨우쳐달라고 청했다.[48] 최우는 지눌의 제자인 혜심과 편지를 주고받으면서 불교의 사상과 교리를 논의했다. 그는 혜심에게 도성으로 와서 선종을 설법해달라고 부탁했다. 그리고 뒤에 혜심이 병에 걸리자 최우는 의원을 보내 치료하게 했다.[49]

천태종도 사라지지 않았다. 사실 그것은 최씨 집권기 동안 다시 융성했다. 그것은 선종처럼 정치를 피해 외딴 지방에서 새로운 기반을 추구했는데, 지눌의 거점으로부터 멀리 떨어지지 않은 서남 지방에 중심을 두었다. 지눌과 함께 거조사에서 수행했던 승려 요세了世는 공산(만덕산)에 백련사白蓮社를 세웠다. 요세 또한 『연화경蓮花經』을 설법하면서 불교 개혁을 추구하고 지배층과 평민 모두 이 교리에 접근할 수 있게 했다. 이 종파는 지역과 유대를 맺고 있는 지방의 고위 관원에게서 강력한 후원을 받았다.[50] 최씨 정권도 기부했는데, 백련사에는 약간 더 지원했다.[51]

최씨 집권기의 불교

최씨 정권이 통치하는 동안에도 국왕은, 고려시대의 대부분처럼, 불교를 계속해서 열렬히 후원했다.[52] 최씨 정권은 안정과 그 자신의 합법성을 높이려는 목적에서 왕권을 조종하면서 국왕과 기묘한 관계를 형성했다(9장 참조). 최씨 집정들은 국왕이 왕권 행사의 표시로 여러 종파를 후원하는 것이 나라에 이롭다고 보면서 만족스러워했다. 그들은 그런 공적 행동이 최씨 정권에 대한 적대감을 완화시키고 안정을 강화하며 자신들의 합법성을 보장하기를 바랐다. 물론 위험도 있었다. 많은 승려의 후원을 받은 희종이 최충헌을 살해하려는 음모에 동참하자 최씨 정권은 희종과 승려들을 귀양 보내는 것으로 반격했다.

희종의 거사는 예외였다. 대부분의 국왕은 최씨 정권의 구상에 따라 불교와 긴밀한 관계를 형성했다. 이전처럼 이 시기 국왕들은 교종의 왕륜사王輪寺와 선종의 보제사 같은 전국의 유명한 사찰로 셀 수 없이 거둥했다.[53] 어떤 거둥은 독실한 신앙 때문이었고, 어떤 경우는 즐거움, 그리고 나라를 위한 기도 때문인 경우도 있었다. 최씨 정권은 국왕들이 불교를 숭상하는 것을 허용했고, 어려울 때는 고종이 현성사現聖寺에 살게 했다.[54] 사찰은 왕실이 보호해야 하는 국왕의 어진神御을 보관하기도 했다. 최씨 정권은 나라를 보호하려는 자신의 진정성과 바람을 보여주려는 의도에서 이런 상징물을 존중하는 수많은 노력을 시작했으며, 이런 정책을 추진하는 국왕의 행동을 지원했다. 예컨대 왕실은 강종의 어진을 보호하기 위해 그것을 왕륜사로 옮겼다. 나중에 성종의 어진은 개국사로 이안했다.[55] 최씨 정권은 희종의 치세 동안 승려들을 등용해 도적이 훼손한 왕릉을 보수하기도 했다. 이런 정책들은 최씨 정권에 이익을 주었으며 국가와 불교의 이익을 융합시켰다.

　최씨 정권 중반 거란과 몽골의 침입이 시작되었다―최씨 정권의 생존뿐만 아니라 고려 자체의 존속까지도 위협한 공격이었다. 최씨 정권이 처음에 정통성을 위해 불교에 의지했다면, 이제는 종파에 상관없이 나라를 보호하기 위한 신성한 개입을 유도하려는 목적에서 승려에게 기댔다. 왕실은 수천 명의 승려가 모여 기도하는 큰 도량을 자주 매우 적극적으로 후원했다.[57] 최씨 집정들은 모든 불교 종파가 의례에 참여하도록 요청했다. 이런 부탁에 호응한 교종과 천태종은 위상을 높였다.[58] 강화도로 피란한 뒤 최씨 집정들은 전통적으로 국가·왕실과 연결되었던 화엄종에 특별한 의례를 부탁했다. 팔관회·연등회 같은 핵심적 불교 의례는 정기적으로 열렸다.[59]

신성한 개입을 가장 극적으로 요청한 것은 팔만대장경의 조판이었다. 최씨 정권은 이런 노력을 적극적으로 후원했고, 그 계획을 완수하기 위해 많은 재정을 썼으며, 추가적 재원을 모으기 위해 특별한 관직을 만들었다. 최씨 정권은 16년에 걸친 이런 거대한 계획을 수행하면서 많은 자원을 사용했고 모든 종파에 지원을 요청했다. 교종과 선종 모두 도왔다. 개태사에 머물던 교종 승려인 수기守其가 팔만대장경을 편집한 것은 이 종파의 높아진 위상을 다시 한번 보여준다.[60]

승려들이 기도로만 나라를 지킨 것은 아니었다. 그들은 나라를 보존하기 위해 무기를 들고 싸우기도 했다. 1215년(고종 2)에 거란의 침략이 확대되자 나라에서는 승려들을 입대시켰다. 그리고 사찰이 거란의 공격을 받자 승려들은 사찰을 지키려고 조금도 망설이지 않고 무기를 들었다.[61] 그 뒤 몽골의 침략이 격화되면서 용감한 승려들은 목숨을 바쳐 침입자에게 저항했다.[62] 나라의 운명에 대한 공통된 관심으로부터 승려와 최씨 집정의 이익은 궁극적으로 긴밀하게 얽혀 있었으며 그들을 협력하게 만들었다.

방금 열거한 많은 활동 외에도 불교는 최씨 정권에서 중요한 경제적 역할을 맡았다. 「봉사십조」에서 최충헌은 개인적으로 사찰에 기부하는 행위의 급증을 경고하고 그 숫자와 규모를 제한하려고 했다.

최씨 정권이 사찰 토지를 얼마나 몰수했는지는 기록되지 않았지만, 최씨 집정들은 모든 부의 원천을 이용해 막대한 이익을 누렸다. 이 기간 동안 사찰의 상업활동과 토지 소유를 보여주는 수치는 없지만, 최항과 그의 형 만종은 승려가 되었을 때 상당한 경제적 이익을 보았다.[63] 최씨 정권은 사찰과 결탁해 그 밖의 주요 가문과 마찬가지로 종교적 축복뿐만 아니라 조세의 혜택과 경제적 재원도 얻을 수 있었다. 그들은 자신의 토지와 사찰의 토지를 합병해 면세 혜택을 누렸고 사찰의 상업활동에서 이익을 얻었다. 그러나 최씨 집정들은 왕실과 문신이 사찰과 연관되어 부패했던 한 세기 이전과 두드러진 대조를 이루면서 다른 관원이 개인의 경제적 이익을 위해 비슷한 수단에 의지하는 것을 강력히 규제했다.

이런 방식으로 최씨 정권은 이전의 왕실과 불교의 이익을 다시 구성해 자신의 정통성을 높이고, 몽골에 저항하는 데 사찰의 자원을 이용했다. 또한 집권 후반기에 최씨 정권은 주요 사찰에 의지해 전국에서 추가적 자원을 모아 자신의 사적 활동에 사용했다(8장 참조).

불교와 학문

불교, 특히 선종 사찰은 최씨 정권 아래서 학문의 중심이 되었다. 1170년 무신의 난이 일어났을 때 피해가 두려워 지방으로 도망간 학자들은 더 이상 정치 문제에 개입하지 않았다. 초기 무신 집정들이 야기한 혼란을 목격한 일부는 사회적 관심에서 더욱 멀어진 교리에서 위안을 발견했으며 정신적 해답을 불교에서 찾았다. 한 세기쯤 뒤 이제현李齊賢(1287~1367)은 학자들이 승려 아래서 공부하는 까닭을 묻는 질문에 대답했다. 그는 이렇게 지적했다.

무신의 난이 일어난 뒤 목숨을 건진 사람들은 깊은 산으로 숨어 관대冠帶를 벗고 승복을 입은 채 여생을 마치고 있습니다. (…) 그 뒤 나라가 점차 문치를 회복했지만 학문에 뜻을 둔 선비들은 배울 곳이 없어 이 무리를 따라 배우고 있습니다. 이 때문에 학자들이 승려를 따라 배우게 된 근원이 여기서 시작되었다고 신이 말씀드린 것입니다.[64]

최씨 정권이 수선사 등의 사찰을 적극적으로 후원하면서 나타난 이런 변화는 사찰을 학습과 연구에 매력적인 장소로 만들었다. 학자와 승려, 유교와 불교의 이런 결합은 조선 왕조가 건국되는 동안 발전한 신유학을 예비하는 사상적 혼합으로 나타났다.[65]

최씨 집권기 동안 뛰어난 문인이 많이 나타났다. 그들은 거의 모두 승려와 긴밀한 관계를 맺었으며 사찰에서 상당한 시간을 보냈다. 고려에서 가장 저명한 문인일 이규보(1168~1241)는 사찰로 갔던 많은 여행을 글로 남겼으며 특히 선에 관심을 가졌다. 인생 후반기에 그는 여러 승려에게 별호를 지어주었는데, 그들을 기리는 비문에 남아 있다.[66] 이규보와 같은 시대를 살았고 비슷한 위상을 지닌 문인 이인로(1152~1220)는 무신의 난이 일어나자 산사로 가서 승려가 되었다. 그 뒤 그는 현직 문신으로 돌아와 과거에 급제했지만, 불교와의 연관을 결코 부인하지 않았다.[67] 왕조 내내 학자들은 사찰과 늘 밀접한 관계를 가졌지만, 그 연관은 이 시기에 특히 그들이 승려에게 글을 쓰며 논의하고 교류하면서 확고하고 지속적으로 형성되었다.[68] 이전에는 승려였지만 정치적 이유 때문에 일반적 삶으로 돌아온 관원들도 있었다.[69]

학자들도 불교에 적극적으로 관여했지만 유학에 뛰어난 승려도 많았다. 지눌을 계승해 수선사를 이끈 혜심이 가장 좋은 보기다. 그는 어머니의 바람에 따라 유교를 공부했고 소과에 급제해 국자감에 들어갔다. 그는 문신의 경력을 잘 쌓고 있었지만, 어머니가 돌아가셔서 모실 의무가 없어지자 승려가 되었다.[70] 나중에 요세의 제자가 된 천인天因은 17세에 진사시에 급제해 국자감에 들어가 학문을 연마했다. 23세 때 그는 세속적 삶을 포기하고 친구와 함께 승려가 되었다.[71] 요세 문하에서 배운 또 다른 승려인 천책天頙은 과거에 급제했지만 세속을 넘어 정신을 선택한 인물의 또 다른 사례다.[72] 관직에서 삶의 대부분을 보냈지만 옛 시대를 탐구하면서 스스로 사찰과 불교 연구에 투신한 인물들도 있었다.[73]

승려와 학자는 함께 연구하고 공부하면서 원만하게 지냈다. 무신 집권기에는 유학자와 승려가 자신들의 전통을 공유할 수 있는 관계에서 새로운 유동성이 나타났다. 학자와 마찬가지로 승려는 이 시기에 당시의 가장 뛰어난 불교 저술의 일부를 산출해 이런 교류에 응답했다. 사찰은 학문의 중심이 되었다. 지눌은 서남 지방에 있는 자신의 결사에서 선종에 관련된 수많은 저작을 집필하고 간행했다.[74] 그의 제자 혜심과 그 밖의 수많은 뛰어난 승려는 이 전통을 계승했다.[75] 천태종 승려인 요세도 비슷하게 연구물을 내놓았다. 승려들은 역사가가 되어 이 시기를 이해하는 데 필수적인 몇 가지 문헌을 저술하기도 했다. 교종 승려인 각훈覺訓은 걸작인 『해동고승전』을 썼다.[76] 선종 승려로 무신 집권기에 장년기를 보낸 일연—然은 최씨 정권이 몰락한 뒤 한국에서 가장 유명한 저작 중 하나인 『삼국유사』를 수십 년에 걸쳐 지었다. 목판 생산과 금속활자의 기술적 발전은 이런 저작의 인쇄와 전파를 가속화시켰다.

사찰은 학교를 대신해 학습의 중심이 되었다. 이제현이 지적했듯이 젊은 유생들은 승려 문하에서 배우려고 사찰로 몰려들었다. 그리고 그들의 상호 연구로 불교와 유교의 차이는 줄어들었다. 혜심은 학자인 최홍윤崔洪胤에게 보낸 편지에서 이렇게 썼다.

전에는 제가 공의 문하에 있었지만 지금은 공이 제 결사結社에 들어왔으니, 공은 불자佛者 중의 유자儒者이며 저는 유자 중의 불자입니다. 서로 손님과 주인이 되고 번갈아 스승과 제자가 되는 것은 예전부터 그랬으며 지금 시작된 것이 아닙니다. 그 이름만 생각하면 불교와 유교는 크게 다르지만, 그 실체를 알면 유교와 불교는 차이가 없습니다.[77]

이 시기에 시작되어 고려의 나머지 기간까지 지속된 지적 활력의 대부분은 이런 발전에서 흘러나왔다.[78] 신유학이 융성하면서 유학 사상가들은 불교, 특히 선종을 이해해야 했다. 최씨 정권은 유학자와 선종의 활동을 후원해 이런 만남을 발전시켰고, 그 결과 13세기 후반 한국이 신유학을 받아들일 수 있는 길을 예비했다.

불교의 융성

불교는 무신 집권기 동안 일상의 중심이었다. 그러나 그것은 이전의 역할과는 뚜렷하게 대조되었는데, 승려들이 개경의 거대한 사찰을 매개로 행사한 정치권력은 급격하게 줄어들었다―이런 현상은 무신의 난보다는 최충헌의 흥기와 더욱 관련되었다. 한때 정치적 조언자로 활동하면서 궁궐을 자주 방문했던 승려들은 권력의 중심에서 멀리 떨어진 외딴 산에 거주하도록 내쫓겼다. 불교 사찰, 특히 큰 교종 사찰이 급격히 재력을 잃으면서 선종 사찰은 엄격한 학문의 중심이 되었다.

최씨 정권은―불교를 적극적으로 후원하되 승려를 정치에서 배제하기로 한 결정에 따라―불교와 학문의 극적인 변화를 주도했다. 최씨 집정들은 귀족이 지원한 교종에서 덜 정치 지향적인 선종으로 전환함으로써 정신적 자양분을 발견했다. 선종과 당시에 다시 융성한 천태종은 바쁜 세속에서 벗어난 환경인, 수도에서 멀리 떨어진 지방에 중심을 두었다. 거기서 그들은 평민과 지배층의 필요에 부합하는 철학을 형성했다. 최충헌과 그 후계자 아래서 선종은 위대한 동화자가 되어 배타주의를 비판하고 돈오와 점수, 참선과 연구의 원칙을 융합한 혼합주의적 자세를 지지했다. 이런 철학적 전환으로 불교는 사회의 모든 계층의 필요를 다루는 더욱 인기 있는 종교가 되었다.

당시의 새로운 지도자들은 무신과 문신 모두 사찰의 적극적인 후원자가 되었다. 생활의 다른 부문에서 무신과 문신의 이해가 융합된 것처럼 그들은 이제 불교 안에 융합되었다. 무신과 주요 문신은 함께 사찰에 기부했으며 저명한 승려들이 주재한 의례의 비용을 댔다. 무신과 문신 모두 선종을 공부했다. 최씨 정권이 무신과 문신의 이해를 합치시켰듯이, 그것은 불교와 유교 교리의 혼합을 촉진했다. 승려와 학자들은 함께 공부했고 서로 가르쳤다. 이런 대화를 거쳐 불교와 유교 교리는 더욱 깊이 이해되었다. 이런 담론은 선종에 내재한 형이상학적 인식을 제고해 조선왕조의 철학적 질문을 특징지은 신유학의 원리에 더욱 깊은 탐구의 기초를 놓았다.

토지와
그 밖의
경제적 쟁점

GENERALS AND SCHOLARS

1196년에 집권했을 때 최충헌은 불안정한 경제 구조를 물려받았다. 왕실의 재정은 거의 바닥났다. 『고려사』는 11년 전인 1185년(명종 15)에 왕실 창고는 외국과의 무역에서 제공되는 모든 공물을 받았지만 거의 비었다고 지적했다. 이듬해 국고는 다시 한번 비었고 나라에서는 녹봉을 주기 위해 금과 옷감을 빌렸다. 국가 재정이 악화되면서 사람들은 노비를 파견하고 국가의 후원을 얻거나 그저 재산을 강탈하는 등의 여러 방법으로 사적 토지 소유를 늘리기 시작했다. 앞서 보았듯이 최충헌은 행정의 여러 분야에서 개혁을 시작했다. 재정 규제는 그의 접근에서 중요한 부분이었다. 재정의 지불 능력을 회복하지 못했다면 그의 전체적 계획은 그의 전임자들을 괴롭혔던 동일한 운명으로 그를 내몰면서 그의 권력과 함께 무너졌을 것이다. 토지에 초점을 맞춘 건전한 정책들은 농민이 부딪힌 부담의 일부를 경감시켜 그들의 지지를 얻었다. 또한 과감한 재정 정책은 국가와 그 자신의 사적 구조를 지원할 수 있는 적당한 재원을 최충헌에게 확보해줌으로써 그 추종자들의 충성을 굳게 만들었다.

무엇보다도 최충헌은 조정 관원들에게 줄 자금이 필요했다. 그는 이런 요구를 맞추기 위해 전시과, 세습할 수 있는 사전, 그리고 녹봉에 의존했다.[2] 그는 공공 행정에 충당할 수 있는 충분한 자금도 필요했다―그리고 다시 전시과와 공전, 조세 수입에 의존했다. 그러나 최충헌은 자신의 사적 비용을 충당할 재원도 필요했다. 그는 충성스러운 추종자와 문객, 그리고 그 밖의 개인적 수행원에게 지불할 재원도 필요했다. 또한 그 자신의 행정비와 자치 및 권력을 강화하는 데도 지출했다. 여기서 최충헌은 전시과에 입각해 공전과 사전을 개인적 이익을 위해 사용했다. 그는 국가 관서를 장악해 고정된 녹봉과 전시과 제도에 따른 토지를 받았다. 이런 수입은 개인의 품계에 따라 규제되었고 어떤 경우라도 최씨 정권의 수많은 지출을 감당하는 데 부족했기 때문에 최충헌은 다른 수입에 의지할 수밖에 없었다. 그는 세습할 수 있는 대토지에 관련된 통제권을 얻고 토지를 구조적으로 정리해 안정적 수입원을 얻었다. 식읍―토지 면적 대신 가족 숫자에 따른 할당에 기초한 토지 분급제도―은 또 다른 수입원이 되었다. 개인 재정을 늘리는 다른 방법으로는 사찰에 투자하고 노비를 소유하며 무역에 종사하는 것이 있었다. 그러나 최충헌은 이런 다양한 수입원을 이용하려면 나라를 안정시키고 토지제도와 조세 구조를 재건해야 했다. 노비와 농민의 불만을 진정시키고 나라를 안정시킨 그의 노력은 앞서 언급했다. 여기서는 그의 통치의 성공을 보장하는 데 관련된 재정의 역할을 살펴볼 것이다.

최씨 정권의 재정 정책: 토지

고려의 재정에서 핵심은 토지였다. 명종 때의 격동기 동안 농민은 토지에서 강제로 유리되었는데, 토지에 부과된 지나친 부담뿐만 아니라 권력자들이 토지를 겸병했기 때문이다―그들은 자신의 토지를 조세 장부에서 제외시켰고 전시과를 침해했다. 이론적으로 이전의 토지제도를 강제로 시행하고 기반이 무너진 이들을 다시 안정시켜야만 농민은 경작하고 조세를 낼 수 있었다. 그렇게 되어야 조정은 조세 수입으로 녹봉과 지출을 충당하고, 관원은 전시과에 따라 수조권을 가질 수 있었다. 최충헌은 이런 정책을 채택하기 시작했지만, 이 계획에는 결함이 있었는데 최씨 정권에게는 왕조의 그것과는 뚜렷이 구별되는 특정한 필요가 있었다는 것이다. 최충헌은 관원을 지원하기 위해 전시과를 다시 활성화할 필요가 있었지만, 급증하는 자신의 지출을 충당하기 위해 사적 재산을 늘릴 필요도 있었다. 결국 최씨 정권은 자신의 권력에 이로운 다양하고 약간 모순되는 정책을 추구했다.

이의민을 암살한 뒤 최충헌이 시작한 첫 조처 중 하나는 토지 소유의 재편을 요구한 것이었다. 그는 「봉사십조」 3조에서 선언했다.

선왕께서 토지제도를 만드셨는데 (…) 지금 관원들은 탐욕스러워 공전과 사전을 모두 **빼앗아** 소유하고 있습니다. 한 집의 부유함이 주·군에 걸쳐 있어 나라의 세금이 줄고 있습니다. (…) 폐하께서는 해당 관서에서 공문을 검토해 **빼앗긴** 것은 모두 원래 주인에게 돌려주도록 명령하소서.[3]

공전과 사전에 관련된 언급은 토지가 국가와 개인에게 소유되었다는 의미다. 또는 전시과의 운영을 말한 것일 수도 있는데, 그 제도에서 사전은 '수조권이 개인에게 주어진 것'이며 공전은 '국가가 세금을 걷는 토지'였다.[4] 최충헌은 국가 재정이 안정적 토지질서에 달려 있다는 사실을 알고 있었다. 그는 토지에서 관료제도를 지탱할 재원을 얻을 수 있었다. 그리고 관원들이 잘 보상되어야 그들의 지원과 호의를 기대할 수 있었다. 나아가 그는 토지 소유의 질서를 다시 구축해 대토지 소유를 줄이고 농민에게 토지를 돌려주어 그들의 저항을 완화시킬 수 있었다. 끝으로 그는 대토지 소유를 분해함으로써 자신의 체제에 잠재적인 적들의 경제력을 줄일 수 있었다. 요컨대 최충헌은 건전한 토지 정책으로 자신의 정권을 보장할 수 있었던 것이다.[5]

최충헌은 정적의 토지를 몰수해 토지 소유를 변경해야 한다는 자신의 주장을 실행했다. 그는 집권하면서 많은 인물을 조정에서 숙청했고 신뢰할 수 없는 관원의 권력을 축소했다. 예컨대 이의민을 제거하면서 최충헌은 경주에 있는 그의 토지와 권력 기반을 해체했다.

의심할 바 없이 이 토지의 많은 부분은 국가나 최충헌에게 귀속되었을 것이다. 숙청된 관원에게서 몰수한 토지와 그것이 재분배된 전체 분량은 기록되지 않았지만, 그 일부는 국가로 귀속되어 조세 기반을 보충했을 것으로 생각된다.

그러나 최충헌의 미심쩍은 이타주의에는 한계가 있었다. 그는 토지 소유의 재편과 결합으로 그 자신의 재정적 안전을 보장하려고 했다. 그는 가졌던 관직에 따라 전시과에 입각해 수조권을 받았지만, 국가에 져야 하는 아주 힘든 부담을 피할 수 있는 세습 가능한 사전과 조세 수입의 25퍼센트 정도를 거둘 수 있는 민전을 소유한다면 개인적으로 더욱 많은 이익을 얻을 수 있었다. 특히 권력을 가진 관원은 사적 토지 소유를 통제해 소작료를 축적해 재력을 확보하면서도 국가의 조세제도에서는 벗어날 수 있었다. 최충헌은 사적 기구의 재정적 기반의 하나로 토지를 신중하게 이용해 자율적인 경제체제를 수립할 수 있었다.[6] 그는 다른 형태의 토지에 관련된 자신의 통제력도 확대하려고 했다. 예컨대 왕실은 1215년(고종 2)에 100결의 왕실 소유 토지를 최충헌에게 주어 이런 그의 노력을 자신도 모르는 사이에 도왔다. 왕실 소유의 토지는 공전이었고, 최충헌은 이런 거래에서 이익을 얻을 수 있었다.[7] 100결은 약간 작은 할당이었지만, 최충헌이 미래에 비슷한 분량을 할당받았다면 그런 소유에서 얻는 기회는 매우 컸을 것이다. 최충헌은 다른 방법으로도 토지 소유를 확대했다. 그는 공음전의 특권을 이용했고, 12세기의 다른 많은 권력자처럼 마음대로 토지를 점유했다. 그가 사망한 뒤 역사서들은

"아버지 최충헌이 공전·사전과 소작인을 점유했기 때문에 최우는 사례마다 토지와 소작인을 되돌려주었다"고 지적했다.[8]

최충헌의 후손들은 이런 규칙을 수정해 계승했다. 최씨 정권의 지지자들은 관직을 받았고 전시과와 녹봉제도에 따라 수조권을 받았다. 그러나 아버지처럼 최우도 통치를 시작하면서부터 점유한 토지와 백성(노비라고 볼 수 있다)을 원래 주인에게 되돌려주어 토지 소유를 안정시키려고 공개적으로 시도한 것으로 볼 때 토지제도에는 분명히 문제가 있었다. 최씨 정권은 충성스러운 추종자들과 관직을 받지 못한 인물들에게 보상할 재원이 계속 필요했다. 예컨대 1228년(고종 15)에 최우는 자신의 사전 200여 결을 무신들에게 나눠주었다.[9] 그는 200결 정도의 소규모 토지를 사려 깊게 분배해 추종자들의 충성을 얻었다. 이처럼 최우는 정치적으로 편리할 때 토지를 자유롭게 분배해 자신의 체제에 대한 자신감을 보여주었다. 분명히 그는 자신의 필요를 충당할 수 있는 충분한 토지를 가졌으며, 사전을 포기할 수 있을 만큼 안전했다. 그의 토지 소유 규모에 관련된 정확한 추산은 기록되어 있지 않다. 그러나 그가 가졌던 관직과 문객, 그리고 상당한 규모의 사병을 유지하는 데—그리고 실질적 군주로 행동하는 데—필요한 비용으로 판단해볼 때 그는 막대한 재산을 운영했던 것이 분명하다. 후손 최항과 최의도 대토지를 계속 축적했다. 끊임없는 몽골의 침략에 부딪히자 최씨 정권은 강화도에 직접 관할하는 토지를 소유하려고까지 했다. 예컨대 1257년(고종 44)에 강화도의 3000결이 최의에게 분급되었다.[10]

최씨 정권만 왕실의 분급과 강제적 점유로 토지를 확대시킨 것은 아니었다. 기록에 따르면 현령 전승우田承雨는 상장군 김현보金鉉甫가 토지를 강탈하는 데 분개했다. 그래서 전승우는 김현보의 조租를 빼앗아 국고에 귀속시켰다.[11] 이 구절은 중요한데, 김현보 같은 인물도 부정한 방법으로 자신의 토지 소유를 늘렸음을 보여주기 때문이다. 그 밖의 관원들은 이런 행동에 맞서 표면적으로는 토지제도를 온전히 유지하려고 노력했다. 그 뒤 최우는 중단했지만, 전승우는 김현보 같은 인물의 행동을 막으려고 했다. 현령은 조세를 걷어 호부로 보내는 것이 임무였기 때문에 관할 지역의 전체적인 토지 조세제도의 감독을 위임받았다. 그러면 그것을 받아 적절한 수급자에게 보냈다. 대체로 최씨 정권은 무신들이 자신의 통제에서 벗어날 수 있는 경제적 독립을 얻지 못하게 하려는 의도에서 그들의 토지 소유를 규제하려고 노력했다.

이런 과정에서 왕실의 역할을 분석하기는 어렵다. 전통적으로 왕실은 나라에서 가장 큰 토지 소유자였다. 왕실이 최씨 정권과 그 밖의 권력자들에게 토지를 주었다는 기록들도 있지만,[12] 자신이 사용하는 데 필요한 토지를 보유했다. 내장內莊은 왕실이 사용할 수 있는 추가적 재원의 한 원천이었다. 내장처內莊處는 1226년(고종 13)에 처음 언급된다.[13] 이런 재원들은 왕실 재정을 강화했지만, 왕실은 최씨 정권과의 관계에서 우위를 차지하지 못했다. 예컨대 1257년(고종 44)에 최의가 강화도의 3000결을 받았을 때 왕실에는 그보다 적은 2000결이 할당되었다. 왕실의 친척과 주요 관원은 그 밖에 강과 바다에 인접한 토지를 받았다.[14] 왕실은 이런 토지 분할에서 아주 작은 역할을 했다. 더 뚜렷한 사실은 왕실의 역할이 축소되어 더욱 적은 재원과 자원을 필요로 한 반면, 실질적 조정인 최씨 정권은 나라를 다스리기 위해 더욱 많은 토지를 필요로 했다는 것이다.

이 시기 토지제도의 변화는 얼마나 중요했는가? 전시과 제도는 사라지지 않았고, 고종 말엽에도 국고는 2000결이 할당될 만큼 여전히 중요했다. 최충헌은 통치를 시작할 때 토지제도를 개혁해 제도적으로 고정된 녹봉을 자신의 관원들에게 주었다(그들은 나중에 국가와 그의 사적 기구 모두에서 겸직으로 근무했다). 최충헌은 전시과에 따라 수조권이 분급되고 그 밖의 토지는 국가의 조세 기반으로 기능한 토지제도의 외형을 유지해 그 자신의 행정비도 충당할 수 있었다. 그러나 이 제도는 개인에게 사전과 함께 특히 대토지를 늘려 왕실·국왕에게서 독립적인 경제적 기반을 구축할 수 있게 만들었기 때문에 끊임없는 비판을 받았다. 최씨 집정들은 개인적 필요를 충족시키려는 목적에서 이런 비판을 주도했다. 재정적으로 왕실에서 자유로워진 그들은 문객 같은 추종자를 등용하고 조정 관서뿐만 아니라 사전에서 나온 이익으로 그들을 후원할 수 있었다. 사전의 확대와 문객의 등용을 향한 추세는 최씨 정권이 집권하기 전부터 나타났지만 그 통치 아래서 가속을 얻었다.[15]

최씨 정권의 재정 정책: 식읍

최충헌은 자신의 재원을 강화하기 위해 식읍을 이용했다. 앞서 언급했듯이 식읍은 토지 대신 가호의 숫자에 따라 수조권을 분급하는 제도였다. '식읍'이라는 용어는 '봉지封地'로 번역되어왔지만, 그런 표현은 수조권을 분급한다는 그 제도의 본질을 전달하는 데 실패하고 식읍에 봉건적 관계가 있다고 오해하게 만들었다고 생각한다. 식읍은 일정한 토지 안에 가호를 지정해 국가 대신 식읍 소유자에게 조세와 요역을 납부케 하는 제도였다. 그러나 식읍 소유자들은 가호나 토지에 완전한 자치권을 갖지 못했다. 일반적으로 가호의 납세는 국고로 들어간 뒤 식읍 소유자에게 지급되었다.

식읍은 신라시대부터 유력 인사들을 지원하기 위한 자원이었다가 인종 때 부활했지만 최씨 정권이 흥기할 때까지 다시 지급되지 않았으며, 최씨 정권은 자신의 경제적 기반을 넓히고 국가 재정에서 독립을 더욱 확고히 하기 위해 식읍을 다시 시행했다. 국가에서 식읍을 그저 영예로 분급했다면 거기에 수반된 분봉은 자동적으로 상속할 수 없었다. 그러나 토지가 조금이라도 포함되었다면, 그것은 수급자의 후손에게 물려졌을 것으로 생각된다. 국왕은 최씨 집정 4명 중 3명인 최충헌·최우·최항에게 동일한 식읍을 분급했다.[16] 최충헌은 집권한 지 9년여 뒤인 1205년(희종 1)에 자신의 식읍을 받았지만, 뒤의 두 사람은 언제 식읍을 받았는지 분명치 않다. 이런 최씨 정권의 식읍이 단지 법률적으로만 상속할 수 있었다는 것은 국왕이 최항에게 그 아버지의 식읍을 받으라고 명령한 사실과 최의가 최항의 식읍을 상속했다는 직접적인 증거가 없다는 사실을 보면 알 수 있다.[17] 식읍에는 고정된 상속권이 없었지만, 최우는 아버지의 식읍을 물려받았고 그것은 다시 최항에게 상속되었다.

　그들은 각각 식읍을 받은 직후 부府의 이름을 딴 직함을 받았다. 예컨대 국왕은 1205년 말 최충헌이 식읍을 받은 한 달 뒤인 1206년 1월 그에게 진양후晉陽侯라는 직함을 주었다. 다음 달에는 최충헌이 진양공에 책봉되었으며 흥녕부興寧府라는 관서가 설치되었다고 『고려사』에 기록되어 있다.[18] 최우가 식읍을 받은 때는 분명치 않지만, 그가 강화도로 천도한 직후인 1234년(고종 21) 진양후에 임명되었다. 최항이 집권하고 그의 식읍이 주어지자 국왕은 그를 후로 책봉하고 그의 부를 설치했다. 최항은 2년 동안 이의를 제기했다. 그 뒤 1253년에 국왕은 최항에게 영지 분봉과 동일한 효과를 가진 또 다른 법령을 발표했다.[19] 직함과 부는 모두 식읍이 이미 확대한 뒤 명예로운 승인을 내리는 것과 같은 의미였다.

　이론적으로 국왕이 최씨 집정들에게 식읍을 하사한 까닭은 그들이 국왕을 지원해 얻는 이익 때문이었다. 식읍이 전통적으로 공신에게 주어졌다는 사실은 논란의 여지가 없지만, 이전 시기의 지도자와 마찬가지로 최씨 집정들은 자신이 국왕의 호위자라는 사실을 보여주는 동시에 거기서 발생하는 경제적 이익을 가지려는 목적에서 식읍을 추구했다. 최충헌은 자신의 식읍으로 진주 지역(현재 경상남도 소재)을 받았다. 최씨 정권에서 진주의 역할을 추측하는 것은 흥미롭다. 최충헌은 그 지방에서 관원으로 근무한 적이 있지만, 그 지역과 그의 관계를 보여주는 자세한 기록은 없다.[20] 그는 이웃한 하동 정씨 및 전라도의 정안 임씨와 긴밀한 혼인관계를 맺었기 때문에 전라도와 경상도의 일부를 포함한 진주 일대가 그의 권력 기반이 된 것은 분명했다. 그의 외가인 진주 유씨도 그곳에 세력 기반을 갖고 있었다.[21] 최충헌의 원래 식읍 규모는 3000호 정도였는데, 실제 분급된 것은 300호였다.[22] 그 뒤 이 분급이 바뀌었는지는 확언하기 어렵지만, 1242년(고종 29)에 최우의 식읍을 늘려달라는 요청이 제기되었고 최항의 식읍과 관련해서도 동일한 요청이 올라왔다.[23]

왕조 제도에서 식읍의 비용은 국고에서 직접 지출되었다. 그러나 최우와 최항 집권기 동안 이런 방법에 이의가 제기되었다. 어떤 관원이 실수로 최우의 진양 식읍에서 산출된 수확을 국고로 귀속시키자 국왕은 그 수익을 최우에게 직접 보내라고 지시했다. 국왕은 최씨 집정의 생각을 대변하는 역할을 자주 수행했다. 이때 국왕의 지시는 최씨의 생각을 예상하거나 이미 시작된 변화를 확인하려는 그의 바람을 보여준 것이라 생각된다. 그러자 최우는 관례적인 제도를 따라야 한다고 유연하게 대답했다.[24] 7년 뒤 왕실은 진양부의 모든 생산을 최항에게 직접 납부하라고 다시 한번 명령했지만, 최항은 이 영예를 공손하게 사양했다.[25] 원문에서 '직접直'이라는 단어는, 수확이 그 뒤 재분배되기 전에 국고로 대부분 보내졌지만, 이전 제도에서도 식읍 소유자는 궁극적으로 그 수확을 가졌음을 보여준다. 이런 동일한 계획은 전시과에서 지대를 납부하는 데도 사용되었다. 그러나 최씨 정권은 이런 전통을 따르지 않았는데, 생산물이 최우에게 직접 보내지지 않자 국왕이 시정을 지시한 사례에서 증명된다. 이런 논리에 따라 최씨 집권기에 식읍의 수익은 왕조 관서를 우회해 최씨 정권으로 직접 보내진 것으로 생각된다. 결국 처음에 본질적으로 수조지였던 식읍은 최씨 정권의 통제를 받아 운영되는 큰 변화를 겪은 것이다.

1250년 식읍이 수조권적 특징을 가졌는지 여부에 관련된 이런 질문은 최씨 정권과 왕조 제도의 관계에 추가적 통찰을 제공한다. 수조권의 본질이 지속되었다면 수조권 재분배에 핵심으로 작용했던 중앙 조정이 유효하게 운영되었다는 사실을 분명히 보여준 것이다. 그러나 최씨 정권이 중앙 국고를 우회해 수익을 직접 걷기 시작했다면, 이런 새로운 체제는 옛 질서의 쇠퇴를 나타내는 것이다. 그런 변화는 식읍 비용에 관련된 행정을 간소화하고, 더욱 중요하게는 식읍의 전체적 운영을 왕실의 간섭에서 벗어나 최씨 정권이 장악하게 만들었다. 만약 국가가 무시되고 식읍 재정에 대한 관할권을 잃었다면, 이런 변화는 궁극적으로 국가가 수조지의 통제권을 완전히 상실한 것이었다. 돌이켜 생각해보면 이것은 최씨 정권이 두 가지 모두를 시도했다는 사실을 보여준다.

최씨 정권은 두 가지 목적에 기여할 수 있는 제도를 바랐다. 공적으로 그것은 사회적 관계든 토지 소유든 전통적 질서의 유지를 요구했다. 사적으로 그것은 개인적 방법을 이용해 자신의 권력을 확립하고 지속시키려 함으로써 반대되는 목표를 추구했다. 그것은 이런 동일한 방법으로 식읍의 본질을 바꾸려는 과정을 시작했다. 1243년과 1250년의 두 사건을 감안하면 식읍이 어떻게 분급되었는지 애매하다. 최씨 집정들은 한편으로는 왕조 제도를 유지하려고 노력했고 다른 한편으로는 개인적 특권의 최고 지위를 확고히 하려고 했다.

그러므로 식읍은 최씨 구조 전체의 축소판이며 최씨 정권이 자신의 체제를 구축하기 위해 왕조의 합법적 제도를 사용한 방법을 보여주는 좋은 사례다. 처음에 최씨 정권은 국왕에게 분급을 의존했다. 이런 측면에서 최씨 정권은 왕조 구조의 일부라고 주장할 수도 있다. 그러나 이런 제도가 일단 구축되자 최씨 정권은 왕실에서 자신의 독립성을 확고히 하는 데 그것을 사용했다. 예컨대 교정도감은 왕명으로 설치되었지만 곧 최씨 정권의 모든 행정의 중심이 되었으며 왕실의 규제 위에 있게 되었다. 비슷하게 국왕은 식읍을 분급했으며, 최씨 정권은 그 분급을 이용해 자신의 재원을 늘리고 재정을 공급함으로써 국가의 제어로부터 자유롭게 운용할 수 있었다. 이론적으로 국왕은 최씨 정권 전체보다 위에 있었다. 그러나 실제로는 그저 최씨 집정의 의지를 승인하고 그들의 행동을 합법화해주었다.

진주 식읍은 최씨 정권에게 옷감과 요역, 그리고 공납을 제공했다. 최씨 정권이 가호에 접근할 수 있게 됨으로써 식읍은 토지 산출물만 가질 수 있었던 사전 분급보다 수익이 높았다. 진주는 오늘날에도 풍족한 농업지역이므로 13세기에는 아주 비옥한 토지였을 것이다. 조선 전기에 진주에는 1628개의 가호에 5905명의 인구가 거주했다. 한 지방의 지명 사전에서는 진주를 따뜻한 기후와 가벼운 바람이 있는 비옥한 지역으로 서술했다. 진주에는 곡물·과일·목화·삼을 기를 수 있는 1만2730결의 토지가 있었다. 꿀·버섯·물고기·차·옻·대나무·약초·가죽도 생산되었다. 품질이 낮은 자기도 만들었으며 소금도 생산되었다.[26] 최씨 정권은 진주를 식읍으로 받음으로써 이런 생산물의 대부분을 요구했으며, 그 지역은 그런 요구가 계속 커짐에 따라 더욱 중요하게 된 견고한 경제적 기반을 제공했다.

식읍은 원래의 의도와는 완전히 달라진 중요성을 갖게 되었다. 처음에 왕실은 식읍의 주요한 이익을 수취했다. 그러나 최씨 정권은 왕실 가족이 더 이상 식읍을 받지 못하게 함으로써 이런 관계를 끊어버렸다. 왕실은 식읍의 이익이 끊김으로써 새로운 경제적 기반을 찾아야 했고 처處와 내장에 재원을 의존하기 시작했다.[27] 최씨 정권이 무너진 뒤 최의를 대체한 김준 같은 인물들은 자신의 권력을 후원하는 데 계속 식읍을 이용했다.[28]

최씨 정권의 재정 정책: 사찰·노비·무역

사찰은 최씨 정권에 추가적 재원을 공급했다. 의심할 바 없이 최충헌과 그의 후손들은 사찰과의 관계를 이용해 자금을 모았다. 예컨대 최항은 진도에서 승려였을 때 이웃 농민에게 세금을 징수하는 데 부도덕한 승려들을 동원했다. 왕조 기록은 다음과 같다.

최우의 서자인 승려 만종과 만전은 무뢰한 악승惡僧들을 모아 문도門 徒로 삼아 재산 모으는 데만 열중해 금은과 곡식·옷감을 엄청나게 모았다. 문도들은 이름난 사찰을 나누어 점거해 세력을 믿고 위세를 부리며 인근을 횡행했다. 그들은 달단韃靼을 본뜬 말안장과 옷을 사용하면서 서로 '관인官人'이라고 불렀다. 그들은 불의한 행동을 함부로 해 다른 사람의 아내를 강간하거나 제멋대로 역마驛馬를 타거나 관리를 능욕하는 등 못 하는 짓이 없었다. 그 밖에도 살진 말을 타고 좋은 옷을 입은 중들이 제자라고 사칭하면서 곳곳에서 침탈하고 소란을 일으켰지만, 주·현에서는 모두 떨 뿐 말하는 사람이 하나도 없으니 백성이 모두 원망했다. 경상도에서 그들이 저축한 쌀 50여 만 석을 백성에게 꿔주고 이윤을 걷었다. 가을에 곡식이 겨우 익으면 문도를 나눠 보내 매우 가혹하게 징수하니, 백성은 가진 것을 그들에게 모두 빼앗기고 조세를 여러 번 거르게 되었다. (…) 만전은 일찍이 진도珍島의 한 사찰에서 살았는데, 그 도당 또한 횡포했다.[29]

이 구절은 최씨 정권이 재정적 이익을 얻기 위해 승려를 뻔뻔하게 이용한 것뿐만 아니라 최씨 정권에서 사찰의 중요성을 보여준다. 경상도와 진도에 사찰이 있던 전라도는 최씨 정권의 경제력에서 필수적인 지리적 중심이었다.

최씨 정권은 사찰과 제휴해 여러 방법으로 세입을 늘렸다. 예컨대 최우의 아들 만종은 승려로 남아 있었는데, 최씨 정권이 전복되었을 때 대토지를 소유하고 있었다. 명확한 증거는 부족하지만, 최씨 정권은 분명히 자신의 재력을 이용해서, 그리고 아마 사찰을 매개로, 대부貸付해 이자에서 이익을 얻으려고 시도했다. 또한 그들은 사찰이 수공업, 차와 술 생산, 그리고 물품과 곡식 저장으로 얻은 수입을 이용했다. 최씨 집권기인 11~12세기 동안 사찰은 그들이 이용할 수 있는 안정적 수입을 제공했다. 최씨 정권은 도성의 창복사昌福寺·서보통사西普通寺·태안사, 강화의 수선사, 남부 지방의 단속사·쌍봉사·강월암을 후원했다. 이런 사찰들은 그 지역의 경제적 자원을 이용하는 데 동원되었다.[30]

이것과 비슷하게 최씨 정권은 그 토지에서 일하고 사소한 일을 처리하는 데 노비를 부렸다. 앞서 보았듯이 최충헌과 최우는 대체로 상층에서 노비가 활동하는 것은 제한했지만, 하부에서 노비를 부리는 데는 반대하지 않았다. 노비는 최씨 정권의 자원을 늘릴 수 있는 값싸고 즉각적인 노동력을 공급했다.

무역 이익은 최씨 수입의 또 다른 원천이었다. 북부 국경을 따라 전개된 무역은 무신의 난에 이어진 내부적 격변으로 중단되지 않았다. 국경 도시들은 계속 상업의 번화한 중심이었으며, 금에 가는 사신을 수행한 사람들은 대부분 상당한 이익을 모았다. 이 무역은 최충헌이 집권한 뒤에도 침체되지 않았다. 사실 무역을 위한 모색은 1216년(고종 3) 거란과 문제가 시작된 뒤에 더욱 활발해졌다. 고려의 역사서들은 이렇게 기록했다. "상인들은 이익을 모으려고 경쟁했다. 관원들이 엄격히 규제하고 물건을 압수했어도 몰래 무역을 계속한 사람들의 탐욕은 끝이 없었다."[31] 이처럼 조정은 그런 상업을 규제하려고 노력했지만 무역은 계속되었다. 예컨대 1201년(신종 4), 1205년 (희종 1), 1211년(희종 7)에 송과 금에서 상인들이 왔다. 1205년에 중국 상인 한 명이 부당하게 하옥되어 매질당하자 최충헌은 거기에 책임을 져야 하는 관원을 즉시 파직했다. 1231년(고종 18)에는 송의 상인이 최우에게 물소를 선물했다. 답례로 최우는 그 상인에게 인삼과 비단을 주고 물소는 국왕에게 바쳤다.[32] 일본과의 접촉은 그리 잦지 않았지만 이익을 얻을 기회를 제공했다. 최우는 관계를 안정시키기 위해 평화를 요청하는 문서를 가진 사신을 일본으로 보냈다. 사신이 돌아오자 최우는 그에게 큰 상을 내렸다. 무역은 계속되었다. 1244년(고종 31)에 비단과 은을 실은 일본 선박이 제주도로 들어왔는데, 그때부터 몽골이 침략을 확대하자 고려는 강력히 저항했고, 일본의 왜구도 위험하지만 이익은 별로 없는 모험적 공격을 전개했다.[33]

최씨 정권이 이런 형태의 상업활동에서 얼마나 이익을 얻었는지는 파악하기 어렵다. 최충헌이 공식적 또는 비공식적 교환을 이용해 자신의 수입을 늘릴 수 있었음을 보여주는 기록은 없지만, 그는 실현할 수 있을 때마다 이런 자원을 이용했을 것이 분명하다. 아울러 최충헌은 자기 정권의 다른 모든 부문에서처럼 모든 자치적 움직임을 규제하려고 했다. 무역으로 자립 가능한 인물은 그의 체제를 위협할 수 있었기 때문에 그런 경쟁을 억제할 필요가 있었다. 아울러 외국 무역은 침투할 수 있는 첩자들에게 잠재적 경로를 제공했다. 이것은 1216년(고종 3)에 국가가 무역을 엄격히 규제한 까닭을 설명해준다. 또한 그것은 최충헌이 공식적·비공식적 무역 모두에서 이익을 얻으려고 했음을 보여준다.

몽골의 침입이 격화되자 공식적인 조공 사행이나 은밀한 국제 무역은 거의 모두 사라졌다. 중국이나 일본에서 오는 상인은 드물었다. 이때 몽골은 무역에서 이익을 얻기보다는 모든 종류의 공납을 과도하게 요구해 최씨 정권과 고려에 부담을 지웠다. 만약 최씨 정권이 국제 무역에서 이익을 얻을 수 있었다면 그것은 몽골의 침략으로 끝났을 것이다.

최씨 정권의 재정 정책: 조세 구조

조세 구조는 토지제도와 밀접히 관련되어 있었다. 최충헌과 그 후손들은 토지제도에서 그랬던 것처럼 조세 구조를 통제하고 이용해 경제적 자산뿐만 아니라 정치적 영향력도 얻을 수 있었다. 개혁을 위한 최충헌의 「봉사십조」의 한 가지 목표는 온전한 조세제도를 복원하는 것이었다. 4조와 5조에서 그는 가난한 백성은 조세를 낼 수 없다고 지적했다. 아울러 부정한 서리들은 약한 사람들을 수탈하고 해칠 뿐이어서 상황을 더욱 참을 수 없게 만들었다. 최충헌에 따르면 해결책은 정직한 관원을 파견해 지방을 감찰하고 뇌물 수수를 금지하는 것이었다. 최충헌의 개혁 요구로 볼 때 1170년 무신이 집권한 뒤 조세 구조가 상당히 악화되었다는 것은 분명하다. 그것이 몰락하면서 나라는 효율적으로 운영되지 않았다. 명종 때 왕실의 재정적 파산도 분명하다. 최충헌은 이런 상황을 바로잡으려고 노력했고 성공했다.

몽골의 침입과 왕실의 강화도 천도로 야기된 혼란에도 불구하고 다시 활성화된 조세 구조는 고종 말엽까지 계속 작동했다. 그때 고려의 역사서들은 이현李峴이 몽골에 다음과 같이 제안해 나라를 배반했다고 기록했다. "우리나라의 수도는 섬에 있는데 공부貢賦는 모두 주州·군郡에서 납니다. 귀국의 군대가 가을 전에 주·군을 급습하면 도성 사람들은 반드시 위기에 빠질 것입니다."[34] 이현은 고려의 조세제도가 강화로 천도한 뒤 20여 년 동안 운영되었다고 인정했으며, 지배층이 조세 수입에 의존하고 있다고 지적했다. 고려의 무신 집정들이 그렇게 오랫동안 몽골의 침략에 견딜 수 있었던 것은 이런 제도의 효과적 운영, 특히 농업적으로 풍족한 남부 지방과의 관계를 유지한 최씨 정권의 능력 덕분이었다.

최씨 정권과 왕실 모두 조세 구조를 운영했다. 이론적으로 왕실은 조세제도 운영에 최종적 통제권을 가졌다. 적어도 한 사례에서 그것은 경제의 농업 분야에서 부담을 줄이려는 목적으로 요역을 감축했다. 1250년(고종 37) 최항은 전국의 조세를 줄이자는 비슷한 주청을 올렸다. 아버지가 별세한 뒤 최항이 집권하면서 백성의 지지를 얻기 위해 이때 조세를 줄이는 것은 정치적으로 좋은 포석이었다. 최충헌은 분명히 추가 징수와 관련이 있었다. 예컨대 1202년(신종 5) 한 무장은 최충헌이 자신에게 부대를 이끌고 봉주鳳州로 가서 은과 비단을 걷게 했다고 사칭했다.[35] 여기서 최충헌이 이런 특별한 사건을 승인하지는 않았지만 이전에 추가 징수를 지시했다는 사실을 추론할 수 있다.

왕권은 약화되었지만 조세제도는 최씨 집권기 동안 조금만 바뀐 채 전통적 방식으로 계속 운영되었다. 지방 관원이나 중앙 조정에서 파견된 인물들은 계속 조세 수취를 담당했다.[36] 가을에 수확한 뒤 추가 징수가 일단 모이면 중앙의 호부로 보내졌다. 조세 수입은 행정에 쓰였다. 그리고 최씨 정권이 실제로 왕조를 다스렸기 때문에 그것과 조정 모두 조세 수입에서 이익을 보았다. 조세제도의 강화는 잘 계획되었고 시기도 적절했다. 최씨 정권은 조세 수입이 합리적인 정치·경제·국방에 사용될 수 있음을 알았다. 이처럼 1235년(고종 22)에 광주廣州가 외침을 성공적으로 막자 최씨 정권은 그 지역의 요역과 공납을 면제해 포상했다.[37] 중앙 조정은 광주를 보기로 삼아 다른 지방도 몽골에 용감하게 저항하도록 고무하려고 했다. 역사적으로 중앙 조정은 피폐해진 농민을 북돋우고 지원하려는 목적에서 이런 전략을 적극적으로 추진해왔다. 최씨 집정들은 고향을 떠나 산의 요새나 해안으로 간 백성에게 비슷한 면세를 제공했다. 평화기에 고향으로 돌아온 농민들은 또 다른 조세 혜택을 받았다. 면세는 외침에 시달리고 계속된 가뭄을 겪은 지역에도 주어졌다.[38] 최씨 정권은 이런 조처로 궁핍한 농민의 지지를 얻었으며 그들을 몽골에 저항하는 자신의 노력에 동참시켰다. 그러므로 최씨 정권은 이런 조세 정책에서 금전적 이익뿐만 아니라 정치적 지원도 얻은 것이었다.

최씨 정권의 조세 운영은 진보했고 유연했으며 광범하기도 했다. 최씨 정권은 이전에 면세된 백성을 포함시킬 수 있는 제도를 확대하는 새로운 방법을 끊임없이 찾았다. 최충헌이 통치할 때까지 고위 관원(일반적으로 양반이라고 불렸다)은 보통 대부분의 세금에서 면제되었다. 1208년(희종 4) 나라에서 도성의 도로를 수리할 때 5부部 방리坊里의 양반들에게 곡식을 걷어 품삯을 내게 했다. 역사에서는 양반의 역役이 이때 시작되었다고 기록했다.[39] 특수한 하위 신분인 양수척도 고려 전기 내내 노역과 그 밖의 의무에서 면제되었다. 최충헌의 바로 전임자인 이의민은 이 면제를 없앴다. 이의민의 아들은 양수척에게서 과중한 공물을 징수했으며, 최충헌은 양수척의 숫자를 계산해 더욱 무거운 세금을 매겼다고 기록되어 있다.[40] 최충헌의 권력이 얼마나 많은 사람을 조세 구조 안으로 끌어들였는지는 추측할 수 있을 뿐이지만, 최충헌과 그의 후계자들이 경제적·정치적 지원을 얻으려는 목적에서 조세를 사용했다는 것은 분명하다. 최씨 정권은 조세제도를 강화하고 확대함으로써 왕조를 명분으로 자신을 강화시킨 정책에 사용할 재정적 뒷받침은 물론 자신의 체제를 운영하는 데 더 많은 재원을 얻었다.

조세 수입으로 뒷받침된 녹봉제도 또한 최씨 정권의 지속을 위해 유지되었다. 세입을 사용할 수 있는 한 왕조 관원들은 무사히 녹봉을 받았다. 이런 급료는 수조권의 할당을 충분히 보충해주었다. 그러나 몽골 침입으로 조정이 나라를 제대로 통제할 수 없게 되자 조세 수입과 전시과에서 나오는 수조권의 수익은 끊겼다—이 때문에 최씨 정권은 녹봉을 지불할 새로운 원천을 찾아야 했다. 관원들은 1257년(고종 44)에 전지를 분급해 녹봉을 대체할 가능성을 논의한 뒤 그 방안을 시행하기 위해 급전도감給田都監을 설치했다.⁴¹ 석 달 뒤 최씨 정권은 강화도를 분급했는데, 대부분의 토지는 최의와 왕실에 귀속되었고 나머지는 왕실의 인척과 품계에 따라 관원들에게 지급되었다.⁴² 자신의 권력이 관원의 충성에 달려 있다는 것을 알고 있던 최씨 정권은 그들의 수입을 보장하기 위해 수많은 예방책을 시행했다.

재정적 과도기

최씨 정권은 나라에서 정치적으로 가장 강력했을 뿐만 아니라 경제적으로도 가장 부유했다. 최충헌과 그의 후계자들은 신중하고 조심스러운 정책으로 왕실의 하사와 강제적 토지 점유처럼 좀 더 은밀한 방법을 이용해 거대한 토지를 소유할 수 있었다. 최씨 정권은 전시과의 수조권 분급에서도 부를 얻었으며 식읍을 통해 그 밖의 조세도 사용했다. 또한 최씨 정권은 지방의 공납과 요역을 통해 구현된 조세 구조 및 이익도 통제할 수 있었다. 국제 무역은 수입의 또 다른 원천이었지만, 대외관계와 국제적 안정에 기초한 불확실한 공급이었다. 노비와 사찰의 자산은 추가적인 경제적 재원이었다.

충분히 검증된 방법에 의존했지만, 최씨 정권은 수입을 추구하는 데 적극적이고 유연했다. 그것은 자산을 천천히 늘렸고 장기적 이익을 추구하기 위해 즉각적 이익을 기꺼이 포기했다. 그것은 기회가 허용되는 곳에서 이용할 수 있는 새로운 혁신적 원천을 발견했다. 그 광대한 행정과 거기에 수반된 인원은 지원해야 할 엄청난 부담이었다. 최씨 정권은 그런 제도 일부에 자금을 공급하는 데 자신의 사재를 동원했지만, 관원에게 수조권과 녹봉을 주기 위해 전시과와 조세제도를 유지하려고 했다. 최씨 정권의 부의 규모를 보여주는 정확한 기록은 없다. 그러나 경상도와 전라도에 있는 토지와 식읍, 그리고 국가가 하사한 여러 지방의 자산을 고려하면 그 재산은 막대했던 것으로 나타난다.[43] 최씨 정권은 토지 외에도 부의 추가적 창고가 있었다. 고종 말엽 최씨 정권이 무너졌을 때 최의의 작은 창고 중 하나에는 1만5000석이 넘는 쌀이 보관되어 있었다. 그는 말을 기르는 특별한 지역도 가졌다.[44] 최씨 정권이 멸망하자 국가는 전라도와 경상도에 관원을 보내 최의와 그의 삼촌 만종의 토지에서 산출된 노비·의복·곡식의 목록을 작성하고 몰수했다.[45] 최씨 정권이 그 밖에도 얼마나 많은 창고를 운영했는지—그리고 추가적인 재정 운영도—는 추측할 수 있을 뿐이다. 나라에는 다른 재력가들도 있었다. 그러나 왕실과 마찬가지로 그들은 최씨 정권의 지원에 의존했다.

최씨 집권기 동안 전시과 같은 왕조의 재원에서 걷는 세입에 의존하는 제도로부터 사유지와 식읍, 조세 수입에 의존하는 형태로 점차 바뀌었다. 전시과 제도에서는 관원에게 수조권을 주었지만, 다른 자산에서 수입을 얻으려는 최씨의 개인적 필요를 방해했다. 국가가 토지 세입에 접근하는 것이 점차 어려워지자 최씨 정권은 녹봉과 일반적 행정비를 사재로 충당해 그 공백을 메웠다. 최씨 정권은 이렇게 확대된 책임을 받아들일 수밖에 없었는데, 국가의 통제에서 대규모의 토지를 박탈해 직접 감독했기 때문이었다. 그러나 최씨 정권은 조세 구조를 유지했는데, 그것은 유형이나 소유권에 상관없이 전국에 걸친 토지에서 나오는 수입의 즉각적 원천이었기 때문이다.

최씨 정권은 과도기를 주도했다. 토지질서와 조세제도는 최충헌이 집권하기 오래전부터 악화되기 시작했다. 그는 자신의 필요를 채우기 위해 왕조 구조를 강화시켰다. 한편으로 그는 쇠퇴하고 있던 왕조의 구조를 복구했지만, 다른 한편으로는 왕조를 희생시켜 최씨 정권의 사유지와 수입이 확대되도록 함으로써 궁극적으로 국가가 토지 세입에 접근할 수 있도록 놓아두고 왕실 자체는 더욱 약화시키는 흐름을 지속했다. 또한 식읍에서 보았듯이 그는 개인이 이런 권한을 갖도록 허락하는 대신 토지와 가호의 부담을 재분배하는 국가의 권력을 약화시켰다. 이런 추세가 몽골의 침입으로 얼마나 악화되었는지는 분명치 않다. 그러나 고려가 몽골의 요구에 굴복한 뒤 전시과 제도와 국가의 조세 구조는 실질적으로 쓸모없게 되었다. 고려가 경제적 변화의 새로운 국면을 맞으면서 유력한 정치가와 부유한 가문, 그리고 사찰들이 관할하는 대토지가 그것을 대체해 일어나게 되었다.[46]

최씨 정권의 난제

최씨 정권은 국가적 체제와 개인적 체제라는 본질적으로 대립되는 두 개의 제도 위에 세워졌다. 1196년 집권하면서부터 불거진 위기에 압박받은 최충헌은 국내의 불안과 가난, 불교의 반대, 그리고 강력한 무신층이 제기한 도전에 빠르고 단호하게 대응해야 했다. 가장 편리한 해결책은 나라의 문제를 풀고 그것을 효과적으로 다룰 수 있는 관서를 이미 운영하고 있던 왕조 구조를 재건하는 것이었다. 왕조 조직을 매개로 개인들은 이동할 수 있었으며, 최충헌은 자신의 권력을 안정시키는 데 필요한 변화와 개혁을 수행하는 결정을 내릴 수 있었다. 그러나 자신의 체제가 일단 확고해지자 최충헌은 사적 기구를 만들기 시작했으며 그것을 왕조 구조 위에 덧붙였다. 공적 기구와 사적 기구가 병존해 국무를 처리하는 제도로부터 최씨 정권을 궁극적인 실패로 이끈 난제가 발생했다. 사적 기구는 최씨 정권의 행정과 권력의 중심이었다. 그러나 최충헌은 왕조제도를 유지하고 거기에 의존까지 하면서 나중에 최씨 정권의 패권에 도전하고 왕권을 복구하는 기반으로 사용된 왕조질서의 중요성을 알고 있었다.

이것은 최씨 정권이 마주친 근본적 난제였지만, 그것으로부터 수많은 다른 난제가 파생되었다. 이 장에서는 이런 제도에 의존한 데서 흘러나온 문제들은 물론 최씨 정권에서 국왕의 역할, 유교, 그리고 문반의 규범을 살펴볼 것이다. 또한 당시의 문객제도와 사회적·경제적 혼란으로 야기된 모순처럼 최씨 정권이 마주친 다른 문제들도 탐구할 것이다. 최씨 정권은 몽골의 침략을 막지 못한 것만큼이나 이런 난제들을 해결하지 못한 무능력 때문에 무너졌다.

국왕

국왕은 전체적인 왕조 구조의 정점에 있었지만 최씨 정권과 왕실의 관계는 독특했다(고려 국왕의 계보는 머리말의 〈그림 1〉 참조). 20년에 걸친 최충헌의 집권기 동안 5명의 국왕이 재위했다. 그는 그중 2명(명종과 희종)을 강제로 퇴위시켰고, 2명(신종과 강종)은 재위 중에 붕어했으며, 1명(고종)은 최충헌보다 오래 살았다. 최충헌의 조카 박진재는 1197년(명종 27)에 국왕의 무능을 지적하면서 명종에 대한 첫 공격을 주도하고 그의 퇴위를 요구했다.

지금 국왕은 28년 동안 재위해 늙고 게으릅니다. 여러 소군小君은 은

혜와 위엄을 훔치고 농단해 국정을 어지럽히고 있습니다. 또한 주상은 잡다한 무리를 총애해 많은 금과 비단을 하사한 결과 국고가 비었으니 어찌 폐위시키지 않을 수 있겠습니까?[1]

안정과 좋은 행정을 이루려면 최충헌과 그 세력에게 명종의 퇴위는 반드시 필요했다. 무신 지도자들은 명종의 동생을 옹립했고, 신종은 병사할 때까지 7년 동안 거의 아무런 사고 없이 재위했다. 신종의 왕위는 아들 희종이 계승했다. 그러나 재위 7년 뒤 희종은 최씨 정권에 복종하는 것을 참을 수 없게 되었고, 여러 반최충헌 세력에게 사주되어 1211년(희종 7)에 최충헌을 암살하려고 시도했다. 최충헌은 그가 이 음모에 가담했다는 이유로 귀양 보내고 명종의 아들을 강종으로 추대했다. 강종이 재위 2년 만에 62세로 갑자기 붕어하자 그의 아들이 새 국왕인 고종으로 즉위했다. 고종은 고려에서 가장 긴 기간인 46년 동안 재위했다. 그는 최씨 정권이 무너진 1년 뒤 붕어했다.

최충헌은 왕조 구조를 복구하고 이 체제의 필수적 부분으로 국왕을 존속시켜 이론적으로는 국왕의 특권을 다시 확립했지만 실제로는 그렇지 않았다. 그는 이의민을 암살한 뒤 즉시 국왕의 승인을 얻기 위해 궁궐로 갔다. 그는 궁궐 앞에서 설명했다.

적신賊臣 이의민은 일찍이 시역弑逆의 죄를 지었고 백성을 해쳤으며 왕위를 넘보았기 때문에 신 등은 오랫동안 그를 질시해왔습니다. 지금 나라를 위해 그를 토벌했지만 일이 누설될까 걱정되어 왕명을 미리 요청하지 못했습니다. 죽을죄를 지었습니다. 죽을죄를 지었습니다.[2]

　최충헌은 이의민의 범죄를 징벌하고 국왕을 보호하기 위해 그를 죽일 수밖에 없었다고 진술했다. 또한 그는 자신의 계획을 국왕에게 숨길 수밖에 없었으며 지금에서야 알리고 재가를 얻으려는 이유를 설명했다. 국왕은 최충헌에게 중요했는데, 자신의 계획을 국왕의 필요와 연결시켜 권력을 공고히 하려고 했기 때문이었다. 그는 정변에 국왕의 승인을 얻어 국왕의 의지를 대신해 활동하는 국왕의 관원으로서 자신의 정책을 시작할 수 있었다. 최충헌은 국왕의 지위를 인정하고 자신의 명분을 국왕의 그것과 일치시켜 스스로의 위상을 왕실의 수호자로 격상시켰다.[3]

　최충헌은 일단 국왕의 지원을 얻자 방어적 태도로 점차 왕실을 조종했다. 이의민을 암살하고 한 달 뒤에 올린 「봉사십조」로 시작된 최충헌의 이런 행보는 미묘하고 잘 계산되었으며 효과적인 정책이었다. 마지막 조항에서 최충헌은 왕실이 아첨하고 착취하는 무리를 피신시키고 장관의 조언을 무시한다고 비판했다. 그는 명종의 행동이 뚜렷하게 개선되지 않자 강제로 퇴위시켰다. 신종의 치세 동안 왕실의 위신은 계속 하락했다. 1202년(신종 5)에 명종이 붕어하자 최충헌은 그를 국왕에게 적합한 의례로 안장하지 말고 왕비에게 맞는 의례를 사용하라고 지시했다. 궁궐과 왕실은 사흘 동안만 검은 관冠

을 썼다. 2년 뒤 신종이 붕어하자 최충헌은 공식적인 애도 기간을 관례적인 26일에서 14일로 줄였다.⁴ 왕실의 위엄과 위신이 점차 사라진 것은 권력의 하락과 결부되었다.⁵

대부분의 치세 기간 동안 고종은 실권이 거의 없었고 최씨 집정들이 대부분의 사안을 결정했다. 1255년(고종 42)에 고종은 한 관원을 거듭 불렀지만 그때마다 나타나지 않자 자신의 처지를 슬프게 인정했다. 분노한 고종은 행정을 장악해 복종하지 않는 관원을 파직하려고 했지만 탄식했다. "오늘 내가 조정을 장악해도 내일이면 분명히 그것을 돌려줘야 할 것이다. 내가 어떤 형벌을 내릴 수 있겠는가?"⁶ 여러 해 전 정숙첨은 국왕이 참으로 무력하며 나라에 처참한 결과를 가져올 것이라고 선언했다.⁷ 최충헌이 유순한 국왕을 찾는데는 거의 20년과 5명의 국왕이 필요했다. 그의 난제 가운데 일부는 자신의 독립을 감추기 위해 허울뿐인 왕권을 수립하려는 시도에서 기인했다. 최씨 정권은 왕권을 피하기 위해 무력만이 아니라 다른 여러 제도적 방법에 의존했다.

최충헌은 왕실에 영향을 행사하는 한 가지 방법으로 가족관계를 이용했다. 집권기의 막바지에 가까운 1219년(고종 6)에 그는 국왕에 대한 충성과 그를 보호한 공로의 표시로 왕실의 성인 왕씨를 받았다.⁸ 왕성의 하사는 왕조를 보호한 충신에게만 허용되는 것이었다. 최충헌은 혼인관계—국왕을 조종하려는 목적에서 귀족이 사용한 일반적인 전략—에도 의지했다. 고려 전기 동안 국왕들은 자주 여러 왕비를 두었는데, 경원 이씨와 안산 김씨 같은 왕비 가문의 다수는 왕실과 혼인해 국왕에게 영향력을 행사하려고 했기 때문이다. 명종·신종의 외가인 정안 임씨와 희종·강종의 외가인 강릉 김씨는 무신 집권기 동안 잠재력을 지녔다. 이런 혼인관계는 최씨 정권이 수립되기 전에 형성되었다. 정안 임씨의 명성은 이미 상당히 자세하게 서술했다. 아마 자신과의 긴밀한 관계를 매개로 최씨 집정들은 왕실의 사건에 일정한 영향력을 행사했을 것이다. 이 기간 동안 강릉 김씨의 역할은 그렇게 두드러지지 않았다. 이 가문은 긴 역사를 지니고 있고 고려 전기에 매우 존경받았지만, 무신 집권기에는 그 영향력이 뚜렷하지 않았다. 이런 관계에 덧붙여 희종은 정안 임씨 출신과 혼인했으며, 강종은 신안후信安侯 성성誠의 딸인 유씨柳氏와 혼인했다.[9]

최충헌은 자신이 맞이한 마지막 국왕인 고종을 희종의 딸(국왕 자신의 둘째 사촌)과 혼인시켰다. 동기와 사촌 사이의 혼인은 고려시대에 널리 이뤄졌다. 예컨대 10세기에 광종은 왕비 가문들의 영향력을 줄이려는 목적에서 자신의 이복자매와 혼인했다. 최씨 정권은 왕실이 이것과 동일한 정책을 추구하도록 만들었다—아마 같은 이유 때문이었을 것이다. 아울러 1197년에 최충헌은 동생이 왕실과 혼인하는 것을 막기 위해 전투를 벌였다. 이때 그는 이런 중대한 행동은 자신이 그토록 조심스럽게 세운 구조를 무너뜨릴 것이라고 판단했다. 그러나 최충헌은 혼인관계를 매개로 자신의 가문이 국왕에게 접근하는 것을 부정했을 뿐만 아니라 다른 인물이 동일한 행동을 하는 것도 막았다. 최충헌은 고종을 자신의 둘째 사촌과 혼인시켜 이런 정책을 완성했다. 아울러 최충헌은 국왕이 왕비 한 명만 두도록 제한해 이전의 무신 집정들과 마찬가지로 왕실과 국무에서 귀족 가문의 정치적 영향력을 감소시켰다.

최충헌은 왕권을 주장할 수 있는 인물들과 직접적 혼인관계를 맺기에 충분히 확고한 위치에 있지는 않았다. 그러나 그의 아들 최우는 이런 목표를 이뤘고 자기 후손들이 통치자로서 나라를 지배하는 것을 볼 수 있었다. 최씨 정권이 왕실과 맺은 혼인관계는 최충헌이 자신의 집권기 동안 공주를 자기 아들과 손자의 배우자로 선택하면서 시작되었다(2장 참조). 최우는 이 정책을 지속했다. 그 뒤 전략적으로 중요한 시기에 최우는 자신의 손녀인 경주 김씨 출신의 김약선의 딸을 고종의 아들인 원종과 혼인시켰다. 이런 혼인관계에서 태어난 인물은 마침내 1274년 충렬왕으로 즉위했다. 최우는 이런 조치 —그의 아버지가 감히 고려하지 못했던—를 계획할 수 있었는데, 그때 최씨 정권은 확립되어 정치적·사회적으로 훨씬 더 공고한 위치에 있었기 때문이다. 최씨 정권의 위신은 이미 확고했는데, 저명한 문신 및 무반 가문과의 다양한 전략적 혼인 때문이었다. 더욱이 최우의 손녀는 고려에서 가장 이름이 높은 가문 중 하나로 이미 왕실과 오랜 관계를 맺어온 경주 김씨 출신이었다. 그녀를 왕자와 혼인시킨 것은 왕실의 위신을 전혀 손상하지 않았다. 그것은 현명한 책략이었다. 그것은 최씨 정권과 당시의 고위 관원 가문 및 왕실의 관계를 강화했기 때문이다.

최씨 정권은 경제적 수단으로도 왕실을 지배할 수 있었다. 그들의 토지 정책은 왕실에 필요한 재원을 공급했고 왕실 토지를 온전히 보장했다. 최충헌은 비용 충당을 도울 수 있는 선물을 왕실에 선사했다. 최우는 풍족한 선물—예컨대 1232년(고종 19)에 홀로된 왕비가 세상을 떠나자 은과 금이 이중으로 장식된 관棺 같은—을 주었다.[10] 최씨 정권이 몰락해가는 시점에서 집권한 최의는 토지·쌀 2570석·옷감·기름·꿀을 왕실에 선물해 너그러움을 과시했다.[11] 이런 행동은 부분적으로는 왕실의 곤경 때문이었고 부분적으로는 선물을 매개로 왕실에 통제력을 행사하려는 최씨 정권의 의도 때문에 나타났다. 최씨 정권은 왕실을 이용해 식읍—일반적으로 왕실 친족에게 주어진 토지 분급—을 얻기도 했다.

최씨 정권은 제도를 능숙하게 이용해 왕실에 대한 지배적 지위를 더욱 굳혔다. 그들은 무력을 통제함으로써 국왕이 무력적 수단을 이용해 자신의 지위를 강화하려는 어떤 계책도 차단할 수 있었다. 최씨 정권은 국왕을 실질적으로 무력하게 만들면서 왕조 행정을 점차 지배했다. 내시는 한때 국왕을 측근에서 보좌한 관원이었다. 그러나 최충헌 치하에서 그들은 무신 집정의 총신이 되었으며, 최충헌의 후원으로 지명된 경우가 많았다. 하위 관원조차 부를 수 없다는 고종의 개탄은 왕실이 의존적 지위로 추락했다는 사실을 극적으로 보여준다.

최충헌은 매우 큰 권력을 축적해 국왕이 되려고 생각할 수도 있었다. 실제로 그의 조카 박진재는 "나의 삼촌은 국왕을 제거하려는 계획을 갖고 있다"는 소문을 퍼뜨렸다.[13] 이 사건은 박진재와 최충헌의 관계에 균열을 내는 것 외에도 최충헌에게 찬탈의 어떤 계획도 포기하게 만들었을 것이다. 그러나 꿈은 계속 살아 있었다. 최우의 통치 아래 최씨 정권은 광대한 안전과 권력을 이뤘다. 사실 최우는 아주 안정적으로 자리 잡았기 때문에 국왕이 될 가능성도 고려했다. 연지演之라는 점술가는 이 문제를 최우와 은밀히 논의하면서 이렇게 말했다. "지금 국왕은 자리를 잃을 형상이지만 공은 왕후王侯의 형상이 있습니다. 운명이 있으니 어찌 피할 수 있겠습니까?" 최우는 그것을 측근과 논의했는데, 측근이 연지에게 묻자 연지는 놀랐고 대화는 끝났다.[14] 최우는 국왕이 될 가능성을 고려했지만 포기하기로 결정했다. 최충헌도 같은 선택을 고려했고 비슷한 결정에 이르렀다. 거의 전권을 가진 이 지도자들은 스스로 왕위에 올라 새 왕조를 선포하는 마지막 단계를 포기했다.

최씨 정권의 합법성

왕실은 최씨 집권기 동안 많은 역할을 했지만, 가장 중요한 기능은 최씨 정권의 구상에 합법성을 부여하는 것이었다. 왕조 구조를 유지하기로 결정했을 때 최충헌은 왕실의 지위도 보장했다. 국왕은 최씨 정권을 운영하는 데 필수적이었기 때문이다. 국왕은 선전의 가치를 지니고 있었다. 그는 최씨 집정의 말을 대변했고 권력을 강화해주었다. 또한 최씨 집정들에게 합법성의 외피를 제공해 그들의 통치를 승인했다. 최항의 통치는 특히 여러 왕명으로 존중되었다.

국왕은 국가 의례를 수행하고 유교적 군주의 기능을 수행하는 데 중요한 역할을 했다. 1197년 신종이 즉위한 뒤 첫 조처는 죄인을 사면하고 관원을 포상한 것이었다. 1208년(희종 4)에 희종은 노인, 효자, 정절을 지킨 과부와 그 밖의 모범적 개인들에게 술과 음식을 하사했다. 아울러 그는 환자와 고아도 도와주었다. 국왕은 도적의 감소를 위해 여러 차례 기도했다. 북부 지방에 도적과 병충해가 창궐하자 고종은 이런 재앙을 멈추기 위해 중앙과 지방의 신사神祠에 내시를 보내 기도하게 했다.¹⁵ 이런 의례적 기능 외에도 국왕은 왕릉을 돌보고 거기에 필요한 의례를 거행했다. 악귀가 한 왕릉을 방해하자 희종은 예부에 그것을 보호하는 순찰대를 만들라고 지시했다. 이런 의무가 새로운 것은 아니었다. 고려 전기 내내 국왕은 풍습을 유지하는 것 외에도 백성과 자신의 선왕들을 보호했다. 그러나 최씨 집권기의 국왕들은 자신의 임무를 수행하면서 '권력을 갖지 못한 명목상의 최고위자'이자 국왕은 '매우 약하지만 신하는 매우 강한' 특징이 나타났다.¹⁶ 국왕은 의례적 기능을 했을 뿐 권력은 거의 갖지 못했다. 그들은 기본적으로 최씨 정권의 합법성의 원천이자 국가의 연민을 보여주는 주체로서 중요했다.

국왕의 존속은 유교를 발전시켰다.¹⁷ 최충헌과 그의 아들 최우는 학자들을 조정에 등용하는 과거와 그 밖의 방법의 우위를 보장해 유교를 촉진하려고 노력했다. 최씨 정권은 그런 방법으로 문신이 믿은 질서가 비난을 초월해 있다는 사실을 유지했다. 이런 제도—유교 사상에 표현된 이념의 본체—는 국왕과 전체적인 왕조제도를 유지하는 데 완벽한 근거를 제공했다. 왕조 구조를 부활시키기로 결정했을 때 최충헌은 그 이념인 유교를 발전시킬 수밖에 없었다. 더욱이 유교를 즉시 대체할 수 있는 다른 정치 이념이 없었다.

그러나 최충헌이 이런 조처를 시행한 데는 깊은 함의가 있었다. 유교 사상은 왕조질서를 정당화했지만 최씨 정권의 다른 절반인 최씨의 사적 기구에는 아무런 존재 이유도 제공하지 않았다. 국왕과 문신이 포함되어 있는 왕조의 구조적 체제를 지지한 것과 마찬가지로, 최충헌이 유교를 지지한 것은 결국 그의 체제를 약화시켰다. 자신의 혁신에 어떤 형태의 이념적 지지도 받지 못했다는 사실은 그의 체제에서 결정적 약점이었다. 새 체제가 시작될 때 새로운 철학은 그렇게 부상한 구조를 지탱하는 근거로 자주 등장한다. 왕건은 고려를 건국해 즉위하면서 자신의 왕국을 위한 기본 이념으로 풍수지리설과 불교, 그리고 유교를 선택해 거기서 지지를 결합시키려고 했다. 이런 계획은 최승로崔承老가 고려의 유학 사상을 크게 확장시킨 성종의 치세 동안 미화되었다.[18] 조선의 기초 또한 새로운 이념인 신유학의 성장에 그 일부를 두었다.

최충헌은 대립적인 두 조직의 운영을 정당화할 수 있는 근거를 개발하지 못했다. 그 대신 그는 유교적 체제를 유지해 자신의 구조를 유교적 규범에 맞췄다. 그를 위해 일한 인물들은 지도자인 그에게 충성을 바쳤다. 그러나 그들의 궁극적 충성은, 만약 그들이 유교를 완전히 믿는다면, 통치자인 국왕에게 가야 했다. 최씨 정권은 이런 어쩔 수 없는 타협에 힘입어 그 시기에 일시적 안정을 가져올 수 있었지만 약점의 씨앗을 뿌렸다. 유리하지 않은 시기나 미숙한 최씨 집정 치하에서 유교 이론은 최씨 정권의 축출과 왕권의 완전한 회복을 정당화하는 데 사용되었다.

왕실이 보존되어야 했던 또 다른 이유가 있었다. 중국의 개입에 관련된 두려움은 최씨 집정들이 새 왕조를 세우지 못하도록 막은 것이 분명했다. 그런 측면은 최충헌과 그의 측근이 명종을 제거해야 할 필요성에 부딪혔을 때 나눈 대화에 반영되어 있다. 한 사람은 확대된 왕실의 모호한 구성원인 사공司空 진縝을 가능성 있는 후계자로 제안했다. 그러나 최충헌은 그 제안에 반대했다. "평량공平涼公 민旼은 국왕의 동생으로 지략과 도량이 넓어 제왕의 국량이 있다. 또 그의 아들 연淵은 총명하고 학문을 좋아하니 세자가 될 만하다." 박진재는 대답했다. "진과 민 모두 임금이 될 만합니다. 그러나 금金에서는 진을 모르기 때문에 그를 세우면 저들은 반드시 찬탈했다고 생각할 것이니 민을 세우는 것이 낫습니다. 앞서 의종을 폐위시켰을 때처럼 동생이 왕위를 이었다고 말하면 후환이 없을 것입니다."[19]

이 삽화는 왕실의 지위에 변화를 고려하는 최충헌의 조심성을 보여준다. 그는 왕실의 정통성과 현명한 국왕을 선택하는 데 주의를 기울여야 한다고 주장했다. 그러나 그는 당시 여진의 금이 대표하고 있던 중국 황제의 반응을 더욱 걱정하고 있었다. 모든 이례적인 계승은 중국 왕실에 조심스럽게 해명해야 했다.[20] 명종을 퇴위시켰을 때 최충헌은 명종이 아팠다고 금에 알렸고, 그 뒤 1198년(신종 1)에 그의 붕어를 발표했다—1202년(신종 5)에 그가 실제로 붕어하기 전이었다.[21] 희종의 암살 시도가 실패하자 최충헌은 다시 금에 국왕이 아프기 때문에 왕위를 비워야 했다고 설명했다. 금의 역사서도 희종이 1212년(강종 1)에 세상을 떠났다고 기록했으며—실제로는 1237년(고종 24)까지 살았다—강종의 계승은 중국 역사서에서 완전히 누락되었다.[22] 중국의 승인이 없다면 고려 왕조와 최씨 정권의 정통성은 위협받을 수 있었다. 왕실 안에서 계승자를 선택했다는 사실을 중국에 설명하는 것을 주저했다면, 최씨 정권이 주도해 왕실을 무너뜨리고 새 왕조를 수립한다는 생각은 상상도 할 수 없는 것이었다.

중국의 정치적 격변은 한국에도 영향을 주었다. 여러 왕조가 흥기하고 멸망한 중국과 비교해 한국은 주요한 세 왕조만 경험했다—그리고 뒤의 두 왕조인 고려와 조선은 매우 긴 기간 동안 존속했다. 한국의 왕조 교체는 중국 왕조가 분열하고 다양한 세력의 도전을 받았을 때만 일어났다. 고려 왕조는 중국사의 오대五代 시대에 세워졌다. 왕건은 자신의 새 왕조를 승인받으려는 목적에서 주요한 왕조를 방문했지만, 고려 전기의 국왕들은 폐위된 신라 국왕을 도우려고 달려올 중국의 동맹을 걱정하지 않았다. 신라의 국왕은 기본적으로 국내 문제들 때문에 왕위를 포기했다. 그러나 그가 자신의 특권을 지원하는 데 중국 황제의 후원에 기댈 수 없었기 때문에 왕건은 더욱 쉽게 자신의 왕조를 개창할 수 있었다. 이성계가 조선을 건국했을 때도 동일한 상황이 나타났다. 중국에서는 원과 명이 패권을 겨루고 있었다. 이성계는 이런 분쟁을 이용해 고려 통치의 마지막 흔적을 없애고 조선을 건국했다.

최충헌은 그런 위치에 있지 않았다. 그가 집권했을 때 금은 아직 정점에 있었기 때문이다. 금은 고려 왕실의 왕권을 승인했고 1170년에 의종이 폐위되자 명종의 계승을 마지못해 승인했다.[23] 고려 왕실에 대한 금의 지원은 흔들리지 않았다. 중국 왕조가 위축되었을 때 최충헌이 집권했다면, 최씨 정권은 새 시대와 새 왕조를 열 수 있었을 것이다. 그러나 그런 방법은 12세기 말에 사용할 수 없었다. 최씨 집정들은 반란이 왕조를 위험에 빠뜨릴 경우 중국의 잠재적 침략 위협에 주의를 기울여야 했다.

최충헌이 고려해야 할 또 다른 사항은 왕실에 대한 신하들의 충성이었다. 최충헌이 왕실을 무너뜨리려고 했다면 전국에서 도덕적 분노가 터져나왔을 것이다. 그는 자신이 추구한 안정을 가져오는 대신 문신들의 더 큰 격노와 반대를 불러왔을 것이다. 그런 행동은 금의 간섭을 촉발할 수도 있었는데, 고려 관원들이 부정행위를 규탄하고 금의 도움을 호소할 수 있었기 때문이다. 그럴 경우 금은 최충헌을 징벌할 원정을 시작할 만한 합법적인 명분을 가질 수 있었다. 실제로 이런 상황은 1175년(명종 5)에 조위총이 초기 무신 지도자들에 반란을 일으켜 정당한 국왕에게 권력을 복원시키려고 했을 때 일어날 뻔했다.[24]

최충헌은 왕실을 유지하는 좀 더 안전한 대안을 선택했다. 이런 계획으로 그는 자신의 업무를 추진하고 고려의 문치제도와 금의 지원을 얻을 수 있었다. 그는 국왕을 존속시켰지만 자신의 지시에 순종하는 국왕들을 선택했다. 앞서 지적했듯이 이런 상황은 역사적으로 같은 시기에 일본이 천황을 제도적으로 이용한 것과 비슷했다. 그러나 한국과 일본 사이에는 핵심적 차이가 있었는데, 최씨 정권은 국왕의 역할로 자신의 존재를 좀 더 완벽하게 가렸다는 것이다. 물리적으로 최씨 집정과 국왕은 같은 수도를 공유했다. 일본의 가마쿠라 막부는 좀 더 자치적이었고 지리적으로 떨어져 있었다. 이전의 고려 국왕들 중 일부는 상당히 공격적으로 자신의 의무를 수행했지만, 다른 일부는 왕권을 공식적인 것으로 격하시킨 채 그저 의례적儀禮的 기능만 맡았다.[25] 최충헌은 후자의 형태를 띤 국왕을 양성해 최씨 정권이 국정에 관련된 거의 모든 책임을 갖고 국왕은 조정에 수동적으로 참여하는 존재로 남겨두었다.

이것은 필요에 따라 강요된 편의적 조처였지만, 결국 최씨 정권의 몰락을 가져왔다. 최충헌과 그의 후계자들은 자신들보다 높은 권력을 인정할 수밖에 없었다. 모든 조처는 국왕의 승인을 받았다. 최충헌과 최우는 이런 제도에서 일했으며, 국왕과의 이런 관계를 자신들의 이익에 맞출 수 있을 만큼 강력했다. 그러나 이처럼 가공적으로 왕권을 유지한 것은 그 뒤의 반발이 배태되는 씨앗이 되었다. 그 뒤 국왕의 지위는 최씨 정권을 무너뜨리는 구심점으로 기능했다. 이것은 일본에서 1868년(조선 고종 5, 중국 청 목종 동치 7, 일본 메이지 1)에 도쿠가와 막부를 종식시키면서 따른 길이었다. 왕권이 완전히 다시 살아날 잠재성에 늘 취약한 것 또한 최씨 정권에게 매우 실제적인 위협으로 남아 있었다. 국왕의 권력에 달려 있는 합법성의 개념은 고려 사회와 최씨 정권에게 중심적 문제였다.

문신

최충헌은 존속시키기로 결정한 왕조 구조를 운영하기 위해 문신의 협력에 의지해야 했다. 무신 집권기에 문신 권력의 역할은 주목할 만한 유형을 따랐다. 의종의 치세 동안 확인할 수 있는 모든 관원 중에서 문신은 관직의 90퍼센트 정도를 차지했다. 이 비율은 명종의 치세가 시작될 때 77퍼센트로 떨어졌으며 같은 국왕의 말엽에는 54퍼센트로 하락했다. 이 시기 동안 문신은 점차 권력에서 물러났지만 여전히 경쟁력을 지닌 존재였다. 최충헌은 왕조제도를 복구하면서 문신 지도자들의 지원을 얻으려고 노력했으며, 문신의 비율은 다시 한번 늘어나기 시작했다. 이런 동일한 흐름은 관직에서 근무한 문과 급제자의 숫자에도 반영되었다(〈표 8〉 참조).

그 뒤 문신은 최씨 정권의 핵심이 되었다. 최충헌은 통치하려면 무력이 필요했지만, 무력으로만 다스린다면 효력을 가질 수 없었다. 최씨 정권은 문신의 동의를 얻음으로써 통치하는 데 그들의 지원과 도움을 굳게 만들었다. 문신은 최씨 정권을 존중해 저항을 진정시키고 평안을 창출하는 데 도움을 주었다. 그들은 행정적 문제를 다루고 나라를 운영하는 데도 매우 소중했다. 최충헌은 유능한 관원을 임명해 더욱 효과적이고 공정하게 나라를 다스릴 수 있었다. 최씨 정권이 문신의 건의를 매우 적극적으로 받아들였다는 사실은 한국 사회가 무신의 연합이 아니라 복구된 문신제도에 입각해야 가장 잘 다스려지는 세련된 행정적 단계에 도달했음을 보여준다. 문신은 무신 권력의 중요한 균형추이기도 했다. 명종 말년에 최충헌이 이의민을 제거하는 데 도움을 준 것은 불만을 품은 문신들이었다. 그들은 최충헌을 지지해 최씨 정권의 잠재적인 적들이 성공하는 것을 막는 데 계속 중요한 역할을 했다.

최씨 집권기가 진행되면서 무신 지도자와 문신 지도자의 구분은 점차 흐려졌다. 체제가 성숙해지면서 최씨 정권은 무신적 관점을 점차 벗어났다. 문신은 다시 한번 더 큰 책임을 맡게 되었다. 현직 무신은 줄었지만, 무신 지도자들이 모든 형태의 관직을 맡게 되면서 문반과 무반은 널리 섞이게 되었다. 무신도 과거에 급제했는데, 이것은 관원이 유교 교육을 받고 고전을 잘 읽을 수 있게 되었다는 새 시

〈표 8〉 1146~1257년 관직의 구성

배경	의종	명종 (1170~1175)	명종 (1175~1196)	최충헌	최우	최항
전체	96	44	76	80	96	35
문반	90 (93퍼센트)	34 (퍼센트)	46 (61퍼센트)	43 (54퍼센트)	69 (71퍼센트)	26 (74퍼센트)
무반	6 (6퍼센트)	9 (20퍼센트)	26 (34퍼센트)	16 (20퍼센트)	24 (25퍼센트)	7 (20퍼센트)
불명확		1	4	21	3	2
과거	41 (42퍼센트)	22 (50퍼센트)	34 (45퍼센트)	20 (25퍼센트)	43 (45퍼센트)	22 (63퍼센트)
A	39 (40퍼센트)	21 (48퍼센트)	31 (41퍼센트)	32 (40퍼센트)	46 (48퍼센트)	18 (51퍼센트)
AA	21 (22퍼센트)	12 (27퍼센트)	19 (25퍼센트)	13 (16퍼센트)	28 (29퍼센트)	11 (31퍼센트)
서리			1			1
천민			4	1	1	

대를 알리는 징후였다. 문신도 덜 완고해졌고 무반직을 맡는 데 그리 주저하지 않게 되었다. 무신의 전략과 전술을 계획한 서방은 문신으로 구성되었다. 구분의 비슷한 완화는 가문 구성에서도 볼 수 있다. 고려 전기에는 특정 가문이 무반 계열을 독점했다. 그러나 이제 차이는 세대 안에서도 나타났다. 경주 김씨 출신의 김태서金台瑞는 여러 아들을 둔 문신이었다. 한 명은 문신이 되었고 두 명은 무신이 되었다. 하동 정씨 출신의 저명한 장군인 정숙첨의 아들 중 한 명은 과거에 급제해 문신이 되었다. 의종과 명종 때 무신과 문신의 갈등 및 적대감은 상호 신뢰와 협력의 관계로 변해갔다. 어떤 인물의 관력은 관직을 갖는 데 더 이상 걸림돌이 아니었다. 그러나 무신적 전통을 강조하는 추세가 줄어들고 문신적 규범을 중시하는 태도가 강화된 것은 왕조와 그 구조의 완전한 권력을 회복하려는 시도를 불러왔다.

문객

최씨 정권의 제도가 기능적 장애를 빚은 근원은 최충헌과 그 후계자들이 만든 문객제도였다. 이론적으로 문객은 주군에게 최고의 충성을 바쳤다. 최씨 정권은 대부분 최씨 기구와 조정 관직을 겸임한 문객을 통해서 운영되었다. 최충헌은 문객에게 이중의 관직을 줌으로써 그들이 충성스러운 지지자로 남을 것을 결코 의심하지 않았다.

그러나 그런 이중성은 사려 깊은 문객에게 심각한 문제를 던졌다. 최충헌에게 관직을 받은 문객은 그를 주군으로 모시면서 충성해야 할 의무가 있었지만, 국가 관직은 국왕에게 충성하도록 요구했다. 최씨 정권 초기 최충헌과 최우는 도전하기에 너무 강력했기 때문에 대부분의 사람에게 이것은 그리 심각한 고민이 아니었다. 그러나 잠재력은 계속 남아 있었다. 이념과 관직은 최씨 정권을 무너뜨리는 데 사용될 수 있었다.

최씨 정권의 문객제도가 가진 약점은 최씨 집정이 사망할 때마다 드러났다. 새로운 최씨 집정이 계승할 때마다 그에게 신뢰를 받지 못했거나 위협이 될 것으로 간주된 인물들이 대거 숙청되었다. 최우는 부정직하고 아첨하는 인물들을 강제로 몰아내면서 아버지의 측근 중 다수를 처형하고 자신이 믿을 수 있는 인물로 대체했다. 그렇다면 최충헌 문객의 충성은 그의 아들에게 자동적으로 옮겨가지 않은 것이었다. 최씨 정권의 문객은 집정 개인에게 충성했지만 그 가문 자체는 아니었던 것으로 보인다. 최항 역시 최우를 계승하면서 아버지의 믿음직한 지지자 중 다수를 유배 보냄으로써 비슷한 상황이 전개되었다. 최씨 정권에 바치는 그들의 충성을 정당화시킬 수 있는 이념적 기반은 없었다. 그들은 신의나 사리를 추구했기 때문에 개인을 지지할 수는 있었지만, 조직에 바치는 지지를 합리화할 수 있는 확고한 이론은 없었다. 아울러 최씨 정권이 발달시킨 제도 안에서 궁극적 충성은 늘 왕조를 향해 있었다. 최씨 정권은 그 자신의 체제와 함께 왕조질서를 구축함으로써 대립적 제도와 권력의 원천을 허용한 것이었다. 왕조의 위계질서는 늘 최씨 정권에 도전할 기지로 사용될 수 있는 휴면 질서의 상태로 남아 있었다.

사회적·경제적 모순

최충헌이 집권하기 전의 정치적 격변기 동안 사회 구조에는 뚜렷한 변화가 나타났다. 천민이 관직에 임명되기 시작했고, 그들 중 다수는 선망받는 재추에 들어가기도 했다. 유능한 노비는 토지 점유와 경제활동에서 주인을 도와 사회에서 더욱 두드러진 역할을 하기 시작했다. 당시의 사회적 법률은 이완되었고, 바로 그런 이완은 농민 반란과 국내의 불안을 가져왔다. 무반 가문의 일원으로서 최충헌은 이런 사건들을 지켜보았으며 자신의 체제를 구축해야만 했다. 그의 해결책은 간단했다. 그는 즉시 노비와 환관의 역할을 줄이고 사회적으로 저명한 인물들의 지위를 보장해 이전의 위계질서를 다시 구축하려고 했다. 최충헌은 기존의 사회질서와 학식 있는 사람들에게 의존하는 것을 인정한 유교적 제도를 받아들였다. 노비 등의 활동을 제한하고 유능한 관원을 활용함으로써 국내의 불안은 진성되고 체제는 안정될 수 있었다.

최씨 정권에서 근무한 인물들의 가계는 이처럼 새로워진 신분적 관심을 반영한다. 명종 후반의 관원 중 천계 출신 4명은 고위 관직에 올랐지만, 최충헌 집권기 동안 그런 인물은 1명만 발견된다. 아울러 명종 때 문신 중 31명(41퍼센트)이 5품 이상을 지낸 아버지를 두었다는 사실은 최충헌 집권기의 32명(40퍼센트)과 비교된다. 최우와 최항은 이때 시작된 흐름을 지속했다. 최씨 정권은 최항의 시대까지 천계 출신을 고위 관직이나 영향력 있는 자리에서 효과적으로 축출했다. 최항 시대에도 그런 인물은 고위 관직을 얻지 못했으며, 최씨 집정의 보좌관과 측근으로 활동하면서 최씨 정권에서 비공식적으로 임명되었다.

최씨 정권이 모든 수준에서 피지배 신분을 엄격히 규제했다는 인상을 가질 필요는 없다. 실제로 그 정책의 대부분은 농민의 불만을 누그러뜨리려는 것이었고, 집정들은 자신의 측근과 사노비에게 상당한 관심을 쏟았다. 최충헌과 최우는 사회적 이동을 일정하게 규제하고 저명한 무반·문반 가문의 영향력을 복구했지만, 최항과 최의 치하의 변화는 더 큰 사회적 해방의 통로를 열어놓았다. 신라시대부터 점차 많은 사람이 특권과 권력을 갖도록 확대되었다. 신라는 골품을 가진 귀족들에게만 정치적 권력을 허용했다. 고려시대가 시작된 뒤부터 권력은 신라시대의 비지배층을 포함해서 더 큰 집단이 접근할 수 있도록 확대되었다. 무신 집권기의 무신 집정들도 의사 결정에서 중요한 역할을 맡았다. 그 기간 중 일부에는 노비도 고위 관직에 올랐다. 그 뒤 최충헌은 노비를 규제했지만, 문은 열렸다. 최씨 정권이 수립된 직후 소수의 노비가 다시 요직에 올랐다. 최씨 집권기의 마지막에 사회적 제한은 잠깐 이완되었다.

또한 최충헌은 경제로 관심을 돌리면서 재정 구조를 회복시키려고 노력했다. 조정은 최충헌만큼이나 재원이 필요했다. 왕조 체제는 이미 자리를 잡았고 다만 가동할 필요가 있을 뿐이었다. 최충헌은 이것을 자신의 임무로 삼았다. 최충헌은 전시과를 다시 활성화하고 점유했던 토지를 되돌려주도록 강압해 대토지 소유자의 권력을 약화시키고 왕조를 강화했으며 새로운 세입을 얻었다. 이 계획은 토지와 조세제도를 정화하고 조정해 농민의 불만을 해결하고 질서를 복구했다. 또한 그것은 무신 집정들이 토지와 긴밀한 관계를 확대하는 것을 막았으며 그들을 봉토를 받은 봉신이라기보다는 관료적 문객으로 남겨두었다. 최충헌은 토지제도를 다시 활성화하면서 자신의 최고 지위를 보장하려고 했다. 그러나 그의 토지제도 복구는 완전하지 않았다. 그는 다른 사람들의 대토지 소유를 규제했지만 자신의 재산은 확대했으며, 그 결과 자신이 폐지하려고 했던 바로 그 관행을 지속시켰기 때문이다. 기능 장애의 씨앗 또한 그의 공적·사적인 이중 체제 안에서 움텄는데, 한 질서를 약화시키지 않고는 다른 질서를 확대할 수 없었기 때문이다.

최씨 정권의 지위

최씨 정권은 복구의 외형을 나타내면서 나라에서 가장 높은 기구로 확고히 자리 잡았다. 최씨 정권은 대립되는 기구를 해체하거나 약화시켜 목적을 이루려고 했다. 그들은 최고에 있는 자신과 그 아래의 사회 사이에 개재하는 어떤 권력도 인정하지 않았다. 최고의 지위에 관련된 가장 강력한 경쟁자는 왕실이었기 때문에 최씨 정권은 혼인 관계와 경제적 전략, 그리고 무반 기구에 대한 통제 같은 제도적 장치를 동원해 왕실을 복속시키려고 했다. 최씨 정권은 스스로를 왕실과 합치려고 시도했으며, 전통적으로 왕실에 보내졌던 존경과 권력을 떠맡았다. 최씨 정권의 권력이 아무리 커졌다고 해도 국가의 정점에 왕실을 둔 유교적 질서를 동시에 존속시키지 않았다면 이런 시도는 성공했을 것이다.

불교는 최씨 정권을 위협한 두 번째 주요한 권력이었다. 최충헌은 추모와 억압을 병행하고 대립적인 종파를 후원해 교종의 거대한 영향력을 억제하려고 했다. 그는 그런 목표를 이뤘다. 그는 철학적으로 자신의 목표에 더욱 적합하고 정치적으로 자신의 권력에 덜 도전할 것 같은 종파를 발달시켰다. 최씨 정권의 후원으로 선종은 나라에서 가장 우세한 종교 권력이 되었다. 최씨 집권기 동안 사찰과 승려는 국정에 개입하지 않았다. 최씨 정권은 왕국의 주요한 권력 중하나를 성공적으로 억제했다.

최씨 정권에 대한 도전은 노비와 농민의 봉기, 그리고 경제적 독립을 구축하려는 개인적 시도에도 잠복해 있었다. 최충헌은 신중하게 공격했으며 수많은 전략으로 지방 반란을 진압할 수 있었다. 최충헌은 강력한 세력을 통제하기 위해 기존의 토지제도를 시행함으로써 광대한 토지가 잠재적인 적들에게 넘어가는 것을 막았다. 무역은 혁신적 인물이 지배 구조에서 자신의 권력과 독립을 강화하기 위해 사용할 수 있는 또 다른 즉각적 재원이었다. 장보고張保皐 등은 해상 무역으로 신라에 도전할 만한 거대한 부와 권력을 축적할 수 있었다. 이런 잠재력은 최씨 집권기에도 분명히 살아 있었다. 그러나 최충헌은 상업과 그 이익에 적극적인 관심을 기울임으로써 이런 가능성을 차단했다. 그는 개인이 너무 많은 부를 얻고 자신의 권력 구조와 경쟁할 수 있는 질서를 구축하는 것을 엄격히 규제했다.

무신 집단은 잠재적 경쟁의 마지막 근원이었다─그리고 아마 가장 무서운 내부의 적이었을 것이다. 최씨 집정들은 모두 무신의 반대를 줄이려고 노력했는데, 그 문제는 최충헌에게 가장 심각했다. 최충헌은 잠재적 위협이었던 인물들을 숙청해 적대적 무신의 상당 부분을 무력화시켰다. 그가 추구한 정책의 다수는 어떤 무력적 반란의 부흥도 차단하려고 계획된 것이었다. 최충헌은 자신의 무력 구조를 구축해 무력적 우위를 보장하고 다른 사람들의 복종을 충분히 확인할 수 있는 강력한 체제를 구축했다. 아울러 그는 문신과 유교를 지원하면서 문신적 통치제도를 따르며, 자신의 체제에 문신적 요소를 강화하고 무신적 성향을 약화시키려고 했다. 그는 무신의 시한폭탄을 해체하려고 했다. 무력에 의지하는 것이 권력의 기반이 되는한─그리고 지도자에 대한 지원을 보장할 수 있는 철학적 또는 제도적 수단이 없는 한─정치는 무력에 따라 결정된다. 이것은 나라를 통치하는 데 매우 불안정한 방법이었다. 최충헌은 무신 집권 초기의 과도함이 약화되고 문신의 권력이 복구된 이행기를 이끌었다. 최우와 최항은 이런 기본 유형을 이어받았다. 경쟁적 위치에 있던 제도들은 최씨 정권의 주도적 지위가 60여 년 동안 유지되면서 영향력을 잃었다.

궁극적으로 최씨 정권은 무력에 기초했다. 최씨 정권은 자신의 계획을 시행하기 위해 무력 동원이 가능했기 때문에 자신의 위치를 유지할 수 있었다. 그러나 무력만으로는 충분치 않았는데, 최씨 정권은 문신 학자들을 등용하고 존중받는 왕조 구조를 복구했으며 유교적 합법성에 호소해 자신의 지위를 강화했기 때문이다. 그 뒤 최씨 정권은 자신의 정책을 추진하는 데 필요한 수단을 갖게 되었다. 무력과 문치의 이중적 지원 없이 나라를 통치하고 안정을 회복하는 것은 거의 불가능했다.

최씨 정권의 몰락

최씨 정권이 무너진 가장 분명한 까닭 중 하나는 몽골의 침략으로 야기된 파괴다. 고려 왕조는 건국부터 북방의 심각한 위협에 자주 직면했다. 그 뒤 최충헌이 사망한 몇 년 뒤인 1225년(고종 12) 몽골과의 첫 갈등이 불거졌다. 그때 몽골은 중국 북부에서 권력을 확장한 뒤 금을 위협하고 있었다. 그 뒤 몽골은 40년 넘게 한반도를 거듭 침략했지만, 최씨 정권은 항복하지 않았다. 1231년(고종 18) 가을 본격적 공격이 시작되었을 때 고려는 용감하게 방어했다. 이듬해 두 번째 공격이 시작되자 고려는 다시 저항했다. 최씨 집정들과 왕실은 항복을 거부하면서 수도를 근처의 강화도로 옮겨 저항하기로 결정했다. 그 뒤 침공이 이어지자 지도자들은 위험에 빠진 농민들에게 섬과 산성으로 피란하라고 독려했다.

1231년부터 1259년(고종 46)까지 몽골의 침략은 크게 여섯 차례 전개되었다.[26] 그러나 거듭된 침략 동안 전국이 유린된 것은 아니었고, 공격의 폭풍 사이에 농민들은 자신의 토지로 돌아가 농사를 지을 수 있었다. 남부 해안 지방은 대부분 침략에서 벗어나 계속 최씨 정권의 곡창지대가 되었다. 거대한 왕궁과 관청 건물, 그리고 민가들이 지어지면서 번영을 누린 강화도는 그리로 피신한 최씨 집정들과 왕실의 거처가 되었다.[27] 이 섬에서 최씨 집정들은 방어를 지휘하고 나라를 다스렸다.[28] 파괴의 규모가 더욱 커지자 최씨 집정들은 일부 지역에 조세를 면제했다. 1250년대 중반 5차 침공이 한창일 때 국고는 거의 비었지만, 세입은 계속 강화도로 들어왔다. 최의가 집권한 1257년(고종 44) 기근은 두 차례 걱정스러운 수준에 도달했으며, 그가 암살되기 전해에 나라와 개인의 창고는 모두 비었다.[29] 몽골이 초래한 격동은 평화를 향한 큰 갈망을 불러왔지만, 최씨 정권은 끝까지 항복하지 않았다. 이런 침략에 그렇게 오랫동안 견딜 수 있었다는 것은 그 체제의 기본적인 힘을 증명한다.

고려는 몽골의 항복 요구에 대응해 창조적인 대외 전략을 발전시켰다. 1250년대에 몽골 사신을 맞이하기 위해 국왕이 본토로 가야 하는가를 둘러싸고 위기가 발생했다. 최항은 허세를 부리면서 자신은 왕실의 누구도 그런 사행을 가는 데 반대한다고 천명했지만 마지막 결정은 국왕에게 남겨두었다. 그때 고려에는 두 명의 정책결정자(국왕과 최항)가 있었기 때문에 결정은 혼선을 빚었다. 몽골은 그 계략을 곧 알아챘으며 최항이 국왕을 따라 항복하지 않으면 휴전하지 않을 것이라고 천명했다. 교착 상태를 깨달은 최항은 전통적인 최씨 정권의 전략으로 되돌아가 몽골의 침략에 대응하는 가장 효과적인 방법으로 초토화 전략을 사용했다.[30] 그러나 거듭된 침공은 희생자를 불러왔고 농민이 토지를 버리고 피란함으로써 조정은 파산의 위기에 직면했다. 최씨 정권이 무너진 뒤에야 몽골에 항복했지만, 일부 무장은 삼별초의 난에서 마지막으로 항전해 굴복에 저항했다.

최씨 정권 자체의 결함은 그 몰락의 추가적 원인으로도 검증할 수 있다. 최씨 정권의 권력은 그 집정에게 있었다. 최씨 정권이 양성한 문객제도에서 최씨 집정 자신은 모든 충성의 중심이었다. 그가 제거된다면 그 구조가 설 수 있는 아무런 제도적 보장이 없었다. 최씨 정권은 최충헌과 최우의 치하에서 빠르게 확대되고 성숙했는데, 그들은 당시의 정치를 이해하고 자신의 생존을 보장하기 위해 대립적인 세력과 균형을 맞출 수 있었던 유능한 인물이었다. 마지막 두 집정인 최항과 최의는 다른 상황의 산물이었고 그 선조들의 감각을 따라가지 못했다. 최씨 정권이 발달하면서 나라는 안정되었다. 문치제도는 공개적으로 칭송되었다. 문학적 성취와 유교적 이상의 추구는 최씨 정권 초기의 무력적 분위기를 대체했다. 어린 시절 전라도에서 선종을 공부한 최항은 무술 연마와 왕실생활에 익숙하지 않았다. 그러므로 그가 정치 문제를 다루고 문신의 감성을 이해하며 최씨 정권을 지휘하는 데 그렇게 무능했던 것은 놀랍지 않다. 최항의 아들 최의도 자신의 지위에 부여된 책임을 제대로 준비하지 못했고 권력의 대부분을 측근에게 위임했다. 최씨 정권의 약점은 늘 존재했다. 최충헌과 최우는 이를 능숙하게 다룰 수 있었지만, 최항과 최의는 점차 그것에 압도되었다. 후기의 최씨 집정 자신들은 물론 최씨 정권 제도는 최씨 정권이 무너지는 원인이 되었다.

강화도에 머문 최씨 정권의 마지막 기간은 더욱 절망적 용어로 묘사된다. 최씨 집정의 측근들은 경제 기반의 붕괴와 끊임없는 몽골의 침략으로 전체적인 최씨 정권의 몰락이 임박했다는 사실을 또렷이 깨달았다. 최씨 정권의 대對 몽골 정책은 쟁점의 일부였다. 최씨 집정들이 항복을 거부한 까닭은 결과에 대한 두려움 때문이었다. 몽골은 저항하기로 결정한 집단을 잔인하게 진압하기로 유명했다―그리고 최씨 치하의 고려는 25년 넘게 저항했다. 최씨 정권의 지지자에게 항복은 모든 의미에서 종말을 의미했다. 스스로의 두려움 이외에 몽골에 대한 증오도 격렬했다. 그리고 침략에 침략이 이어지면서 고려가 몽골에게 지배되어서는 안 된다는 감정은 더욱 커졌다. 무신은 항복한 뒤에도 반란을 일으켰고 평화를 받아들이지 않았다. 최씨 집정들이 정책을 수립하지 못하게 되었을 때 최씨의 통치를 종식시킨 것은 최씨의 측근과 고위 문신들이었다. 그들은 최씨 정권이 공급이 끊기고 선택이 제한되어 취약해졌다는 것을 깨달았다. 그리고 그들은 비대하고 젊은 최의가 삼촌에게서 조언을 듣는 것을 보고 최씨 정권은 더 이상 다스릴 만한 능력이 없다고 판단했다.

물론 최씨 정권이 무너질 가능성은 늘 있었다. 부패의 씨앗은 많은 제도에 내재했고, 최씨 정권의 경제적·사회적 구조에 형성된 모순은 이미 지적되어왔다. 앞서 보았듯이 최씨 정권은 두 개의 대립되는 제도를 발달시켰기 때문에 특히 취약했다. 최씨 집정들은 국왕·문신들과 함께 전통적 왕조 구조를 유지하면서 그런 질서 내에서 최씨 정권의 조직을 형성했다. 최씨 정권의 치명적 결함은 문신과 유교를 육성했지만 자신의 체제를 위한 새로운 이념적 기반을 마련하는 데 실패했다는 것이었다. 문신의 지도력은 점차 구조에 대한 통제력을 다시 확립했고 무신의 이상을 무시했다. 그들의 유교적 신념—정통성은 국왕에게 있다는 생각을 포함해—은 지속적인 최씨 지배에 관련된 반감이 거스를 수 없이 급속해지는 현상에 반영되었다. 몽골의 존재 여부와는 상관 없이, 최씨 정권과 무신 정권은 고려의 문치적 전통에서 살아남을 수 없었다.

최씨 정권의 유산

최씨 집권기는 한국사에서 주요한 분수령이었다. 최씨 정권은 새로운 정치적·군사적 체제를 만들었고 그것을 왕조 관서 위에 덧붙였다. 그들은 기존의 왕조질서를 무시하고 최고의 권력을 최씨 집정과 그들의 가장 가까운 측근에게 돌렸다는 측면에서 새로웠다. 실제로 국왕은 이 체제에서 주변적이었지만 무신은 중요한 역할을 했다. 정방과 야별초 같은 최씨 기구는 최씨 정권이 사라진 한참 뒤까지도 핵심적 역할을 맡았다.

그러나 이런 새 구조에서도 과거의 유산은 유지되었다. 최고의 최씨 기구—교정도감—는 합의에 기초해 운영되었는데, 앞선 재추의 과두정치와 상당히 비슷했다. 또한 이 구조 안에 있던 인물들은 이전의 유력 가문 출신이 많았으며 기존의 사회질서 대부분을 만들었다. 최씨 정권이 과거와 완전히 단절되지 않았다는 것은 가장 강력한 힘이자 가장 불길한 결함이었다. 최씨 정권은 자신의 새 질서를 옛 질서에 적응시킴으로써 자신의 체제를 고안하는 데 필요한 시간을 벌었다. 그러나 이전 시대의 규범을 수용한 것은 당시의 제한에서 완전히 자유로울 수 없다는 의미였다. 최씨 정권은 무신의 난 이전 시기를 넘어 철학적으로 전진할 수 없었다. 그리고 자신의 새 질서에 적용할 이념으로 선종을 선택했지만, 선종의 교리는 정치적 이론이 빈약했다. 결국 최씨 정권은 자신의 명령을 합리화하기 위해 유교의 정통성이라는 개념에 의존할 수밖에 없었다. 그러나 유교에 의지하면서 왕실의 최고 지위를 인정해야 하는 곤란한 상황을 겪게 되었다.

무신은 12세기에 최고 권력자가 되었다. 한 세기도 못 되어 권력은 그들의 손에서 빠져나갔지만, 전체적으로 무신 통치의 영향과 함께 특별히 최씨 정권의 영향은 심대했다. 그것은 고려 왕조의 나머지 기간을 지배한 정치적·사회적 기조의 많은 부분을 마련했다. 최씨 정권이 나라를 다스린 60년 동안 도입한 많은 제도적 개혁 중에서 가장 중요한 것은 사병과 사적 통치 기구의 발달이었다. 최씨의 통치 아래서 나라의 안전은 최씨 정권의 책임이 되었으며, 최씨가 지휘한 도방과 야별초는 그들의 군사력이 되었다. 최씨 집정들은 이런 기구를 구성하는 데 정규적 경로가 아니라 자신들에게 충성을 바쳐 자리를 얻은 문객들을 등용했다.

고려 사회의 구조 변화는 복합적이었다. 일부 귀족 가문은 중요성이 떨어졌지만 다른 가문들은 위상을 유지했다. 사회의 하위 질서와 관련해 최씨 정권은 무신의 난 이후의 기간을 유린한 농민 반란을 진압했다. 또한 그것은 천민 출신의 특권을 부정해 사회질서를 재건했다. 그러나 여기서도 그 정책은 모순적이었다. 최씨 정권은 자신의 지지자에게는 신분에 상관없이 요직으로 승진하도록 허용했다. 그 결과 그들은 고려 전기의 큰 특징이었지만 무신의 난 이후 이미 작동하던 견고한 사회적 구별의 침식을 조심스럽게 용인한 것이었다.

최씨 정권의 경제 정책은 동일하게 중요한 발전을 낳았다. 최씨 정권은 할 수 있을 때마다 국가 행정을 우회하려고 했다. 예컨대 식읍 운영에서 식읍의 산출량을 수취하고 축적하는 것에 관련된 궁극적 판결은 애매한 문제였다. 이런 사안에서 최씨 정권은 조정의 전통적 권한을 박탈함으로써 개인들이 국가의 중개인으로부터 벗어나 자신의 토지를 직접 관할케 했다. 식읍 운영보다 더욱 중요한 것은 사전의 급격한 확대였는데, 그것은 토지에서 세입을 걷을 수 있는 국가의 능력을 심각하게 침해했다. 이런 흐름은 최씨 집권기에 끝나지 않았으며 국가는 결국 재정의 통제권을 잃었다. 토지는 점차 국가의 재산이 아니라 개인의 사유재산이 되어갔다.

최씨 정권은 세입의 통제력을 넓힐 뿐만 아니라 새로운 재원을 찾으려고 노력했다. 예컨대 최씨 집권기 동안 양반과 양수척은 일정한 납세 책임을 졌다. 최씨 정권은 자신의 사적 소유를 넓히는 동안에도 지방에서 걷은 세입은 국가의 필요에 쓰려고 더욱 신속하게 걷어 반드시 국고로 보내려는 목적에서 중앙 행정을 동원했다. 최씨 정권의 치하인 13세기 초반부터 중앙 조정은 수도뿐만 아니라 지방에 대한 영향력을 다시 확립했다.

이런 사회적·경제적 변화 외에도 당시 불교계에는 새로운 흐름이 나타났다. 정교한 교리를 가진 교종은 참선을 중시하고 경전에 대한 맹종을 거부하는 선종에 점차 주도권을 잃었다. 일반 백성에게 더욱 중요한 형태의 불교 사상이 확산될 수 있는 무대가 준비된 것이다. 불교는 중앙 지배층은 물론 대중에게 깊은 호소력을 지닌 인기 있는 종교가 될 잠재력을 갖고 있었다.

또한 최충헌과 그의 후계자들은 무신의 난 직후 차질을 겪었던 문반 구조를 다시 활성화시켰다. 최씨 정권 기구인 중방과 정방은 실제로 조정의 모든 활동을 수행했다. 최씨 정권은 이런 기구의 도움과 문과 등의 전통적 방법을 이용해 많은 문신 학자를 공식적 조정과 자신의 체제에 문객으로 등용했다. 실제로 최씨 집정들은 과거를 좀 더 자주 치르고 더 많은 합격자를 배출해 과거의 범위를 확대시켰다. 이런 분위기 안에서 유교 교육은 이전의 위상을 회복했다.

부분적으로는 최씨의 후원 덕분에 문학이 크게 발전하고 학문도 융성했다. 최씨 집권기는 문치적 이상의 발전에 매우 중요했다.

고려 전기 사회는 무신과 문신의 권력 경쟁을 해결하려는 시도 때문에 계속 혼란을 겪었다. 참으로 무신의 통치가 시작된 정변의 무대를 마련한 것은 이런 요소 사이의 갈등이었다. 무신과 문신의 갈등은 최씨 정권이 등장할 때까지 풀리지 않았다. 그리고 그 뒤에도 해결책은 예상되지 않았다. 최씨 정권의 수립은 합의의 새로운 시대로 이어졌다. 무신 집권기에 무신과 문신의 경쟁에 일정한 해결책을 도출할 수 있었다는 사실은 역사의 역설적 전개다. 급제 여부는 더이상 정치적으로 출세하는 데 장벽이 아니었으며 학문적 능력이 중요한 기준이 되었다. 나라에서 가장 커다란 권력을 가진 인물은 무신과 문신이 협력하고 그들이 조정에 참여하지 않고서는 전체적으로 자신의 권력이 안전하지 않다는 것을 깨달았다. 최씨 정권이 문신의 협조에 크게 의존하게 되었다는 측면에서 고려에 문반적 유산이 지속될 수 있는 확고한 토대가 성립된 것은 이 무신 집권기였다.

부록

1. 의종대(1146~1170)의 내시

이 름	본 관	정 보
김거공金巨公	북원北原	서리
김거실金居實		숙청
김광金光		숙청
김광중金光中		A/과거/숙청
김돈중金敦中	경주	A/과거/숙청
김류金鏐	광주	서리
김존중金存中	용궁	과거
김천金闡	경주	A/승진
김헌황金獻璜		
노영순盧永醇	기계	승진
박돈중		서리
박윤공朴允恭		숙청
박회준朴懷俊		
배연裴衍	기계	A/숙청
배윤재裴允才		승진
영의榮儀		천민/숙청
유방의劉邦義		숙청
유응규庾應圭		A
유장劉莊		
윤언문尹彦文	파평	A
윤지원尹至元		
이당주李唐柱		A/숙청
이복기李復基		
이성윤李成允		
이양윤李陽允		
이홍승李鴻升		과거
정서鄭敍	동래	A/승진
정함鄭諴		천민

진득문秦得文		
진현광陳玄光		
최광균崔光鈞	한남	A
최윤서崔允偦	해주	A/숙청
최현崔儇	해주	A/숙청
한유공韓儒功		
함유일咸有一	한양	서리/승진
황문장黃文莊		A/과거

A: 아버지나 인척이 5품 이상에 오른 경우
숙청: 1170년 무신의 난 이후 관직에서 숙청된 경우
승진: 1170년 무신의 난 이후 승진한 경우
천민: 역사서에 그렇게 되어 있는 경우
서리: 역사서에 그렇게 되어 있는 경우

A	12
숙청	13
과거	5
승진	6
천민	1
서리	5
합계	36

2. 1170년 무신의 난에서 숙청된 인물들

이름	관직	기타
강처균康處均	도성낭중都省郎中	
강처약康處約	병부낭중	
김거실金居實	행궁별감行宮別監; 내시	
김광金光	내시	
김광중金光中	비서감秘書監; 내시; 병마부사兵馬副使	본관 광양; 과거; 지공거
김기신金起莘	어사잡단御史雜端	
김돈시金敦時	상서우승尙書右丞	본관 경주; 과거; 김부식의 아들
김돈중金敦中	중추원	본관 경주; 과거; 내시; 김부식의 아들
김수장金守藏	별감	
김자기金子期	사천감司天監	술사術士
박보균朴甫均	대부소경大府少卿	
박윤공朴允恭	시어사侍御史	내시
배연裵衍	내시	배경성裵景誠의 아들
배진裵縉	지후祗侯	배경성의 아들
백자단白子端		환관
서순徐醇	동지추밀원사; 지공거	병마부사
양순정梁純精	추밀원부사	
왕광취王光就		환관
영의榮儀	내시	아버지는 유배됨; 외가 조상이 반역을 일으킴
유방의劉邦義	내시	
유익겸柳益謙	지후	
윤돈신尹敦信	이부시랑	본관 파평; 과거; 윤언이尹彦頤의 아들
윤종악尹宗諤	대부주부大府注簿	본관 파평; 과거; 윤인첨尹鱗瞻의 아들
음중인陰仲寅	사천감	
이당주李唐柱	내시	
이복기李復基	대간	국왕과 연회를 자주 즐김. 내시?

이세통李世通	승선	
이윤수李允綏		이규보의 아버지
이인보李仁甫	원외랑員外郎	
이지심李知深	국자감 대사성	과거; 지공거
임종식林宗植	중추원	국왕과 연회를 자주 즐김
전치유田致儒	봉어奉御	
조동희趙冬曦	병부시랑	
조문귀趙文貴	위위소경尉衛少卿	
조문진趙文振	시랑	과거
진윤승陳允升	병부낭중	
진현광陳玄光	내시소경	
최동식崔東軾	감찰어사	
최온崔溫	지추밀원사	본관 직산; 최항재의 아들; 국왕과 연회를 자주 즐김; 병마부사
최유칭崔褒偁	판이부사	국왕과 연회를 자주 즐김
최윤서崔允偗	대부소경; 내시	본관 해주
최춘崔偆	소경少卿	
최치崔値	원외랑	
최현崔儇	내시	
한뢰韓賴	기거주起居注	
허자단許子端	태사령太史令	
허홍재許洪材	판이부사; 병마부사	과거; 지공거

내시	13
중추원	6
병부 관원	3
대간	4
사천감	3
병마부사	4
지공거	8
합계	**47**

3. 명종대(1170~1175)의 조정 구조

이 름	문·무반	입사 경로	가문적 배경	관 직
경진慶珍	무			중서문하성
곽양선郭陽宣	문	과거		간의대부; 지공거
기탁성奇卓成	무			추밀원부사; 대간
김보당金甫當	문		AA	간의대부; 공부시랑
김성미金成美	?			복야僕射
김천金闡	문	과거	AA	중서문하성; 추밀원부사; 지공거
김화윤金華尹	문	과거		간의대부; 지공거
노영순盧永醇	문		A	중서문하성
문극겸文克謙	문	과거	AA	추밀원부사; 예부; 지공거
민영모閔令謨	문	과거	AA	추밀원부사; 형부; 지공거
서공徐恭	문		AA	중서문하성
송승부宋勝夫	문			불명확
송유인宋有仁	무			추밀원부사
양숙梁淑	무			중서문하성
왕세경王世慶	문	과거	A	중서사인中書舍人
유응규庾應圭	문		A	공부시랑
윤인첨尹鱗瞻	문	과거	AA	중서문하성; 지공거
이광정李光挺	무			추밀원부사; 대간
이문저李文著	문			상서우승尙書右丞; 이부
이소응李紹膺	문			좌산기상시左散騎常侍
이응장李應璋	문		AA	대간
이응초李應招	문	과거	AA	예부원외랑
이의방李義方	무			추밀원부사; 병부
이준의李俊儀	무			추밀원부사
이지명李知命	문	과거		상서우승
임극충任克忠	문	과거	A	중서시랑평장사
임민비林民庇	문	과거	A	간의대부

장익명張翼明	문			예부시랑
장충의張忠義	문	과거	A	불명확
정중부鄭仲夫	무		A	중서문하성
조위총趙位寵	문			병마사
진광인晉光仁	문	과거		대간
진준陳俊	무		AA	중서문하성
최균崔均	문	과거		예부시랑
최당崔讜	문	과거	AA	간의대부
최여해崔汝諧	문	과거		전첨典籤
최우청崔遇淸	문	과거		전첨
최유청崔惟淸	문	과거	A	중서문하성; 이부·병부시랑
최척경崔陟卿	문	과거		대간
한언국韓彦國	문	과거		우간의; 지공거
한취韓就	문	과거		중서시랑평장사
함유일咸有一	문			병부시랑

문반	34(77퍼센트)
무반	9(20퍼센트)
불명확	1
과거	22(문신의 65퍼센트)
A	21(48퍼센트)
AA	12(27퍼센트)
합계	**44**

4. 명종대(1175~1196)의 문신 구조

이 름	문·무반	입사 경로	가문적 배경	관 직
경진慶珍	무			중서문하성
권절평權節平				중서문하성/예부
기탁성奇卓成	무			중서문하성; 이부
기홍수奇洪壽	무			추밀원부사
김부金富	무		A	예부시랑
김순金純	무		AA	중서문하성
노탁유盧卓儒	무		AA	형부시랑
두경승杜景升	무		A	중서문하성; 추밀원부사/대간
문극겸文克謙	문	과거	AA	중서문하성
문장필文章弼	무		AA	중서문하성; 추밀원부사/대간
문적文迪	문			우산시상시/추밀원부사
민영모閔令謨	문	과거	AA	중서문하성; 이부
박소朴紹	문	과거		호부
박순필朴純弼	무		천민	중서문하성; 병부
백임지白任至	무			중서문하성; 형부
손응시孫應時	문			예부
송유인宋有仁	무			중서문하성/병부
송저宋詝	문	과거		간의대부
송청宋淸	무			추밀원부사
신보지申寶至	무			수사공守司空 좌복야/대간
염신약廉信若	문	과거	AA	중서문하성/ 추밀원부사/이부/예부
오광척吳光陟	무			이부
왕세경王世慶	문	과거	A	간의대부/이부
우술유于述儒	문?			형부
우학유于學儒	무		A	중서문하성
유공권柳公權	문	과거	AA	중서문하성/ 간의대부/형부/지공거
유택柳澤	문	과거	AA	대간

윤인첨尹鱗瞻	문	과거	AA	중서문하성
윤종양尹宗諹	문	과거	AA	형부
윤종함尹宗諴	문	과거	AA	지공거
윤종회尹宗誨	문		AA	시랑?
이공정李公靖	문			중서문하성/병부
이광정李光挺	무			중서문하성
이광진李光縉	문		AA	중서문하성
이문저李文著	문		AA	추밀원부사
이상로李商老	문			이부
이소응李紹膺	?			중서문하성
이순우李純佑	문	과거		간의대부
이영진李英搢	무			병부/형부
이의민李義旼	무		천민	중서문하성; 이부/ 형부; 상서
이응장	문		AA	예부/대간
이응초	문	과거	AA	중서문하성; 간의대부
이인성李仁成	?			중서문하성
이준창李俊昌	문			중서문하성; 형부
이지명	문	과거		중서문하성; 간의대부; 지공거
이혁유李奕蕤	문	과거	A	중서문하성
임민비	문	과거	A	중서문하성; 추밀원부사/대간
임부任溥	문	과거	A	이부
임유任濡	문	과거	A	추밀원부사/예부/지공거
임항任沆	문	과거	A	예부
장충의	문	과거	A	상서
정국검鄭國儉	문			대간
정세유鄭世猷	무			형부
조영인趙永仁	문	과거	A	중서문하성/지공거
조원정曹元正	무		천민	추밀원부사/공부
진광인	문	과거		공부/대간

진사룡陳士龍	무?			병부
채순희蔡順禧	무			추밀원부사
최당	문	과거	AA	상서; 이부
최문준?	문	과거	AA	중서문하성; 추밀원부사/병부
최선崔詵	문	과거	AA	지공거
최세보崔世輔	무		천민	중서문하성; 이부
최여해	문	과거		중서문하성
최연崔連	무			중서문하성/예부
최우청	문	과거		중서문하성; 간의대부
최유가崔瑜賈	문	과거		중서문하성/지공거
최정崔証	문	과거	A	예부/지공거
최척경	문	과거		병부/예부
최충렬崔忠烈				중서문하성/형부
최효저崔孝著	문	과거		지공거
한취	문	과거		중서문하성
함유일	문			상서; 공부
현덕수玄德秀	문			병부
홍중방洪仲邦	무			수사공 좌복야
황보탁皇甫倬	문	과거	A	간의대부/지공거

문반	46(61퍼센트)
무반	26(34퍼센트)
불명확	4
과거	34(문신의 74퍼센트)
A	31(41퍼센트)
AA	19(25퍼센트)
천민	4
합계	**76**

5. 최충헌 집권기(1196~1219)의 문반 구조

이 름	문·무반	입사 경로	배 경
금극의琴克儀	문	과거	AA
기홍수	문/무		
김군수金君綏	문	과거	AA
김봉모金鳳毛	문	음서	AA
김온주金蘊珠	?		
김원의金元義	무		A
김주정金周鼎	문		A
김준金俊	?		
김중구金仲龜	무		A
김척후金陟候	무		
김평金平	문	과거	
노관盧琯a	?	남반	
문유필文惟弼	문		AA
민식閔湜	문	과거	AA
박득문朴得文	?		
박시윤朴時允	문?		
박인석朴仁碩	문	문음	AA
박진재朴晋材a	무		
박현규朴玄圭	문	과거	
방응교房應喬	문?		
백광신白光臣	문	과거?	A
백수정白守貞	?		
백어주白汝舟	문?		
백존유白存儒	무		
사홍기史洪紀	?		
송홍렬宋洪烈a	?		
송효성宋孝誠	문?		
안완安琓			

안유부安有孚	문?	과거?	
왕경의王景儀	문?		
왕규王珪	문		AA
왕의王倚	문		
우술유于述儒	문		
우승경于承慶	무		
유공순劉公順	문?		
윤세유尹世儒	문		AA
이계李桂	?		
이극서李克偦	?		
이문중李文中	무		
이실춘李實椿	문?		A
이연수李延壽	문	음서	A
이유성李維城	무		A
이의李儀	?		
이이李頤	문?		
이자정李自貞	?		
이춘로李椿老	문		A
임영식林永軾	?		
임유任濡	문	과거	AA
장윤문張允文	문/무	음서/과거	A
전원균田元均	문	음서	A
정공순鄭公順	?		
정광서丁光敍	?		
정국검鄭國儉	문		
정극온鄭克溫	무		
정방보鄭邦輔	무		
정세충鄭世冲	문?		
정숙첨鄭叔瞻a	무		A
정온진	무		

정진鄭積a	무		A
조영인趙永仁	문	과거	A
조준趙準a	문	과거	AA
조충趙冲	문	과거	A
조통趙通	문	과거	
진화陳澕	문/무	과거	AA
차약송車若松	무		A
차척車倜	문?		
채순희蔡順禧	?		
채정蔡楨	문	과거	서리
최광우崔光遇	문		
최당崔讜	문	과거	AA
최보순崔甫淳	문	과거	A
최부崔傅	문?		
최선崔詵	문	과거	AA
최원세崔元世	무		
최정분崔正份	문	과거	
최충헌崔忠獻	무		A
최홍윤崔洪胤	문	과거	A
태수정太守正	?		
현덕수玄德秀	문		

* a는 최씨의 인척

문반	43(54퍼센트)
무반	16(20퍼센트)
문·무반 혼합	3
불명확	18
과거	20(문신의 47퍼센트)
음서	5(6퍼센트)
A	32(40퍼센트)
AA	13(16퍼센트)
최씨의 인척	6
합계	**80**

6. 최우 집권기(1219~1249)의 문신 구조

이 름	직 종	입사 경로	배 경	관 직
공천원貢天源	무			중서문하성/추밀원부사 이부/예부
권경중權敬中	문	과거		예부
권위權韙	무			대간
기저奇泞	문			중서문하성/추밀원부사
김겸金謙	문			좌사간
김경손金慶孫	무		AA	추밀원부사/간관
김수정金守精	문			중서사인
김숭녕	무			추밀원부사/이부/공부
김약선金若先	무		AA	추밀원부사
김양경金良鏡	문	과거	A	중서문하성/추밀원부사 형부/지공거
김연성金鍊成	문	과거	AA	상서
김의원金義元	무			중서문하성/병부
김정金珽	무		AA	예부
김중구金仲龜	무			중서문하성/추밀원부사 병부
김창金敞	문	과거	A	추밀원부사/지공거
김취려金就礪	무		AA	중서문하성/병부
김태서金台瑞	문	과거	AA	중서문하성/지공거
김효인金孝印	문	과거	A	간관
노연盧演	문			기거사인
문유필文惟弼	문		AA	중서문하성/간의대부 상서/예부
문한경文漢卿	무			중서문하성/공부
민인균閔仁鈞	문	과거		지공거
민희閔曦	무			중서문하성/대간
박문성朴文成	문			중서문하성/좌산기상시
박서朴犀	문		AA	중서문하성
박승유朴承儒	문	과거		

박정규廷揆	문	과거		예부/지공거
박훤朴暄	문	과거	A	형부/지공거
백돈귀白敦貴	문			간의대부
백분화白賁華	문	과거	A	예부
사광보史光補	문			간의대부/추밀원부사/병부
사홍기	문			중서문하성/간의대부 이부/공부
설신薛愼	문	과거		대간/지공거
손변孫抃	문	과거	A	중서문하성/예부
송경인宋景仁	문		AA	추밀원부사/병부
송국첨宋國瞻	문	과거		형부/대간
송순宋珣	문	과거		중서문하성/지공거
송신경宋臣卿	무			중서문하성/이부
송언기宋彦琦	문	과거	A	병부/대간
송윤宋允	문			병부
안석정安碩貞	?		천민	대간
오수기吳壽祺	무			추밀원부사
오응부吳應夫	무			중서문하성
오찬吳贊	문			대간
왕규王珪	문		A	중서문하성
왕유王猷	무			대간
왕해王諧	문	과거		대간
유경현庾敬玄	문	과거	AA	간의대부/중추원/대간
유승단俞升旦	문	과거		중서문하성/간의대부 중추원/지공거
유언침柳彦琛	문		AA	예부/형부
유인첨	문		AA	중서문하성
유자량庾資諒	문		AA	상서성
유충기劉冲基	문	과거		간의대부/지공거
유천우俞千遇	문	과거		이부
유택柳澤	문	과거	AA	상서성/지공거

유홍庾弘	문		AA	추밀원부사
이공로李公老	문	과거	A	추밀원부사
이규보李奎報	문	과거	A	중서문하성; 추밀원부사/지공거
이극서李克偦	?			추밀원부사
이백순李百順	문	과거		지공거
이세화	문	과거	A	간의대부
이연수李延壽	문			중서문하성; 이부/추밀원부사
이인로李仁老	문	과거	A	간의대부
이적李勣	문		A	추밀원부사/상서성
이적유李迪儒	무			중서문하성/좌산기상시
이항李抗	문		A	중서문하성
임경겸任景謙	문		AA	추밀원부사
임경숙任景肅	문	과거	AA	추밀원부사/상서 형부; 지공거
정방보鄭邦輔	무			중서문하성
정통보鄭通輔	문			중서문하성; 이부/예부
조백기趙伯琪	문	과거	AA	추밀원부사
조수趙脩	문	과거		간의대부
조염경趙廉卿	무			예부
조충趙冲	문	과거	AA	중서문하성
주숙周肅	무			추밀원부사
진식陳湜	문	과거	AA	추밀원부사/대간
차척車倜	무			중서문하성/추밀원부사 대간
채송년蔡松年	무			추밀원부사
최린崔璘	문	과거	AA	중서문하성/지공거
최박崔博	문	과거		지공거
최보순崔甫淳	문	과거	A	중서문하성 지공거; 이부
최보연崔甫延	문		A	형부

최온崔溫	문	과거	AA	지공거
최우崔瑀	무		AA	중서문하성; 추밀원부사 이부; 병부/간관
최임수崔林壽	?			간의대부
최자崔滋	문	과거		간의대부
최정분崔正份	문	과거	A	중서문하성/지공거
최정화崔正華	문			중서문하성; 호부
최종번崔宗蕃	문	과거	AA	추밀원부사
최종재崔宗梓	문	과거	AA	간의대부/상서/지공거
최종준崔宗俊	문	과거	AA	중서문하성; 추밀원부사 이부
최춘명崔椿命	문		A	추밀원부사
최항崔沆	무		AA	추밀원부사/호부
태집성太集成	무			대간
한광연韓光衍	문	과거	AA	중서문하성; 공부/호부/지공거
홍균洪鈞	문	과거		중서문하성; 병부/지공거

문반	69(71퍼센트)
무반	24(25퍼센트)
불명확	3
과거	43(문신의 62퍼센트)
A	46(48퍼센트)
AA	28(29퍼센트)
천민	1
합계	**96**

7. 최항 집권기(1249~1257)의 문신 구조

이름	직종	입사 경로	배경	관서
기윤숙奇允肅	무			중서문하성; 상서
김기손金起孫	문		AA	중서문하성; 상서
김보정金寶鼎	무			중서문하성
김수강金守剛	문	과거		대간
김지대金之岱	문		서리	중서문하성/지공거
김창金敞	문	과거	A	중서문하성; 이부
김태서金台瑞	문	과거	AA	중서문하성
김효인金孝印	문	과거	A	추밀원부사 병부; 지공거
설신薛愼	문	과거		추밀원부사
손변孫抃	문	과거	A	상서
송국첨宋國瞻	문	과거		간의대부
송극현宋克儇	?			대간
송순宋珣	문	과거	A	중서문하성
유석庾碩	문	과거	A	형부
유소柳韶	문		AA	추밀원부사
유천우俞千遇	문	과거		병부
윤극민尹克敏	문	과거		추밀원부사/지공거
이보李輔	무			추밀원부사
이세재李世材	무			추밀원부사/대간
이자성李子晟	무		A	중서문하성
이장용李藏用	문	과거	AA	추밀원부사
이주李柱	문	과거		추밀원부사
이현李峴	무			추밀원부사
임경숙任景肅	문	과거	AA	중서문하성/지공거
정안鄭晏	문	과거	AA	중서문하성
정준鄭準	?			추밀원부사
조계순趙季珣	문		AA	추밀원부사

조수趙脩	문	과거		중서문하성/지공거
최린崔璘	문	과거	AA	중서문하성
최온崔溫	문	과거	AA	추밀원부사/지공거
최자崔滋	문	과거	A	중서문하성 추밀원부사/지공거
최평崔坪	문	과거	AA	추밀원부사
최항崔沆	무		AA	추밀원부사/이부; 병부/대간
홍진洪縉	문	과거		간의대부
황보기皇甫琦	문	과거		상서/지공거

문반	26(74퍼센트)
무반	7(20퍼센트)
불명확	2
과거	22(전체의 63퍼센트; 문신의 85퍼센트)
A	18(51퍼센트)
AA	11(31퍼센트)
서리	1
합계	**35**

주註

들어가며

1. 예컨대 『고려사절요』(學習院, 1969) 13:46a~47b, 14:8b 참조. 역사가들은 자주 연대기를 인용한다. 아울러 『고려사』(경인문화사, 1972)도 참조. 고려시 대 자료에 관련된 짧은 비평은 Deuchler, *The Confucian Transformation of Korea: A Study of Society and Ideology*(Cambridge, Mass.: Harvard University Press, 1992), 29~32쪽 참조.

2. Clarence N. Weems, ed., *Hulbert's History of Korea*(New York: Hillary House, 1962) 184~185, 191쪽과 Richard Rutt, ed., *James Scarth Gale and His History of the Korean People*(Seoul: Taewon, 1972), 201쪽 참조. 헐버트와 마찬가지로 게일도 15세기에 편찬된 『동국통감』을 많이 이용했다.

3. Hatada Takashi, *History of Korea*(번역본)과 Warren W. Smith and Benjamin H. Hazard(Santa Barbara: ABC Clio, 1969), 51쪽.

4. 김상기, 『고려시대사』, 동국문화사, 1961; 이병도, 『한국사—중세편』, 을유문화사, 1961; 이기백, 『국사신론』, 대성사, 1961 참조.

5. 변태섭, 『고려 정치제도사연구』, 일조각, 1971; 김당택, 『고려무인정권연구』, 새문사, 1987; 민병하, 『고려 무신정권연구』, 성균관대학교 출판부, 1990; 김

광식, 『고려 무인정권과 불교계』, 민족사, 1995; 홍승기, 『고려귀족사회와 노비』, 일조각, 1983; 홍승기 편, 『고려무인정권 연구』, 서강대학교 출판부, 1995.

머리말

1. 이런 분석은 대부분 제임스 B. 팔레의 "Land Tenure in Korea: Tenth to Twelfth Centuries," *Journal of Korean Studies* 4(1982 · 83), 73~206쪽에서 제시한 결론에 바탕을 둔 것이다. 아울러 팔레의 최근 저작인 *Confucian Statecraft and Korean Institutions: Yu Hyongwon and the Late Choson Dynasty*(Seattle: University of Washington Press, 1996)도 참조. 팔레는 이 연구에서 인용된 많은 1 · 2차 자료에 바탕을 두고 분석했다.

2. Hugh Kang, "The Development of the Korean Ruling Class from Late Silla to Early Koryo"(Ph.D. dissertation, University of Washington, 1964) 참조. 모든 관직이 채워졌다면 이 부서에는 4만5000명 정도가 소속되었을 것이다. 아울러 이기백, 「고려경군고」, 『고려병제사연구』, 일조각, 1968; 『고려사 병지 역주』 1, 경인문화사, 1969, 81쪽 참조.

3. 이기백, 『고려사 병지 역주』 1, 6~8쪽.

4. 이기백, 「고려 주현군고」, 『고려병제사연구』, 202~229쪽; "Korea: The Military Tradition," in *The Traditional Culture and Society of Korea: Thought and Institutions*, ed. Hugh H. W. Kang(Honolulu: Center for Korean Studies, 1975), 19~20쪽.

5. 이기백, "Korea: The Military Tradition," 16~18쪽; 「고려군인고」, 『고려병제사연구』, 82~130쪽. 저명한 토지제도사 연구자인 강진철은 고려의 군사제도는 당의 부병제를 따랐고 농민/군인의 민병대에 기초를 두었다는 약간 다른 해석을 제시했다. 강진철, 「고려초기의 군인전」, 『숙명여대 논문집』 3, 1963, 145~167쪽 참조. 이기백은 고려의 군사제도가 직업 군인에 기초했다는 학설을 설득력 있게 주장했다. 「고려 부병제설의 비판」, 『고려병제사연구』, 270~282쪽. 아울러 Palais, "Land Tenure," 95~102쪽도 참조.

6. 이 제도에 관련된 자세한 사항은 김용선, 『고려음서제도연구』, 일조각, 1991;
박용운, 『고려시대 음서제와 과거제 연구』, 일지사, 1990 참조.

7. 허흥식, 『고려 과거제도사연구』, 일조각, 1981, 252쪽.

1장 무신의 난

1. 이 사건에 관련된 자세한 사항은 Hugh Kang, "The Development of the
Korean Ruling Class from Late Silla to Early Koryo," 267~278쪽 참조.

2. 같은 논문, 291쪽.

3. 같은 논문, 235쪽.

4. 일부 역사학자들은 무신의 난 이전부터 무신의 경제·사회·정치적 지위가 서
서히 상승했다고 주장했다. 이런 지위 상승은 열망의 증폭과 결부되면서 무신
이 자신의 지위를 높이려는 반란을 일으키게 되었다. 변태섭, 「고려무반연구」,
『고려 정치제도사연구』, 342~398쪽 참조.

5. 이기백은 무신과 군인은 질이 떨어지는 토지를 받았다고 파악했다("Korea:
The Military Tradition"). 아울러 Palais, "Land Tenure," 95~114쪽도 참조.
결은 대략 2에이커(약 8093제곱미터, 또는 약 2448평―옮긴이) 정도에서 수확
되는 고정된 산출량이다.

6. 변태섭, 『고려 정치제도사연구』, 347쪽. 이들은 거란과의 전쟁에서 공로를 세
웠다. 그동안 그들이 배제된 것은 15세기 편찬자들의 편견 때문으로 생각되지
만, 처음부터 고려의 기록자들은 장군들에 관련된 중요한 정보를 남기지 않았
을 가능성도 있다.

7. 같은 책. 노영순盧永淳의 열전은 『고려사』 100:6b~7a 참조. 그의 아들 노탁유
盧卓儒는 『朝鮮金石總覽』(조선총독부, 1933), 1:415; 양원준은 이난영, 『한국금
석문추보』, 중앙대학교 출판부, 1968, 145~146쪽 참조. 조상의 거주지에 따
라 분류되는 가문은 본관이라고 불린다. 예컨대 '기계 노씨'는 기계가 노씨 가
문의 조상이 거주하던 지역이라는 의미다. 본관은 김씨나 이씨처럼 동일한 성
을 공유하고 있는 가문을 구별해준다. Deuchler, *The Confucian Transfor-
mation of Korea*, 8쪽 참조.

8. 변태섭, 「고려무반연구」, 366~367쪽.

9. 이기백, 「고려 군반제 하의 군인」, 『고려병제사연구』, 289쪽 및 주9.

10. 이런 통찰에 대해 제임스 B. 팔레에게 감사한다.

11. Michael C. Rogers, "National Consciousness in Medieval Korea: The Impact of Liao and Chin on Koryo," In *China Among Equals: The Middle Kingdom and Its Neighbors, 10th to 14th Centuries*, ed. Morris Rossabi(Berkeley: University of California Press, 1983), 162쪽.

12. 『고려사』 98:23a; 『고려사절요』 11:8a.

13. 의종대에 관련된 연구로는 하현강, 「고려 의종대의 성격」, 『동방학지』 26, 1981 참조. 「무신정변은 왜 일어났는가?」, 『한국사시민강좌』 8, 1991, 1~20쪽에서 그는 무신의 난의 원인을 분석하면서 의종의 실정, 무신과 일반 군인의 불만을 지적했다. 『한국사시민강좌』 8호에서는 무신시대에 초점을 맞췄다. 1994년에 『역사와 현실』은 그 시대에 관련된 연구사를 실었다.

14. 『고려사절요』 11:17b.

15. 임극정은 왕자 경의 외삼촌이었다. 임극정의 누이는 정서와 혼인했다. 정서는 이런 관계를 확대시키는 데 핵심적 인물이었는데, 그의 누이들은 최유청·이작승과 차례로 혼인했기 때문이다.

16. Edward Shultz, "Military Revolt in Koryo: The 1170 Coup d'Eat," *Korean Studies* 3, 1979, 28~29쪽 참조.

17. 『고려사』 90:28a~b; 『고려사절요』 11:9b~11a.

18. 『한국금석문추보』, 100쪽.

19. Edward Shultz, "Twelfth-Century Koryo Politics: The Rise of Han Anin and His Partisans," *Journal of Korean Studies* 6, 1983, 3~38쪽 참조.

20. 『고려사절요』 11:21b~22a.

21. 『고려사절요』 11:22a.

22. 『고려사』 128:10a. 정중부의 아들 균은 김이영의 딸과 혼인했다. 문극겸의 딸은 이의방의 동생과 혼인했는데, 무신과 문신의 연결에 대한 더욱 뚜렷한 증거다. 김낙진, 「견룡군과 무신의 난」, 홍승기 편, 『고려무인정권 연구』, 42쪽 참조.

23. 『한국금석문추보』159쪽.

24. 사도 왕온의 아버지는 문종의 아들인 조선공朝鮮公 왕도王燾다. 『고려사』 90:18b; 『고려사절요』 10:44a 참조. 아울러 Shultz, "Twelfth-Century Koryo Politics: The Rise of Han Anin and His Partisans," 28~29쪽 참조.

25. 『고려사』 88:31a. 의종은 최탄의 딸과 혼인함으로써 한 명 이상의 왕후를 두는 이전 국왕들의 관행을 이어갔다. Deuchler, *The Confucian Transformation of Korea*, 31쪽도 참조.

26. 박용운, 「고려조의 대간연구」, 『역사학보』 52, 1971, 1~51쪽; 『고려시대 대간연구』, 일지사, 1980 참조. 이때 심의회와 비슷한 두 기구가 떠올랐는데, 도평의사사의 전신으로 도당이 된 도병마사와 재추다. 변태섭, 『고려 정치제도사연구』, 84~89쪽 참조.

27. 의종의 치세 24년 동안 대간은 36개 이상의 주요한 간쟁을 제기했다. 이중 적어도 25개는 치세의 첫 7년 동안 발생했다. 김당택, 「고려 의종대의 정치적 상황과 무신의 난」, 『진단학보』 75, 1993, 39~40쪽 참조. 김 교수의 논의는 『한국사』 18(탐구당, 1993)에 그가 쓴 부분에도 대부분 실려 있다.

28. 예컨대 국정에 대한 비판은 『고려사』 99:13a, 17:29a, 18:1b; 『고려사절요』 11:5a, 11:5b, 11:16b 참조. 격구에 대한 공격은 『고려사』 17:21a~b, 17:37b~38a; 『고려사절요』 11:1a~b, 11:14a 참조. 다른 국왕들도 이 경기를 즐겼지만, 관람했다는 것만으로 의종처럼 혹독하게 비판받은 인물은 없었다. 김당택은 문신들이 국왕이 격구를 즐기는 것을 공격해 이 경기에 뛰어난 무신과 국왕 사이에 발전하고 있던 관계를 약화시키려고 했다고 추정했다 (「고려 의종대의 정치적 상황과 무신의 난」, 46쪽).

29. 예컨대 『고려사』 17:24a~b, 122:11a~12a, 122:14a, 96:33a; 『고려사절요』 11:2b~3a, 11:9b~10a, 11:30b, 11:31b~32a 참조. 또 다른 간쟁은 1152년(의종 6)과 1157년(의종 11)에 제기되었다. 1158년 대간은 정함에게 고위 관직을 주는 데 강력하게 반대했다. "정함의 선조는 태조가 개창할 때 천명을 거슬러 신하로 복종하지 않았기 때문에 노비로 신분이 격하되고 구별되어 조정에서 벼슬할 수 없도록 했습니다. 지금 정함에게 높은 관직을 주시니 태조가 책봉한 공신의 후예가 도리어 신하로 복종하지 않은 부류에게 부림을 당하게 되었습니다. 이것은 태조가 법통을 세워 후손에게 내린 뜻을 어긴 것입니다. 정함의 관직을 삭탈하시고 그와 결탁한 부류 또한 서인으로 강등하소

서."『고려사』99:13b~14b, 122:13a~b;『고려사절요』11:26a~b.

30. 『고려사』17:23a, 18:25a;『고려사절요』11:2b, 11:37a. 1151년에 대간이 철회를 거부하자 의종은 그것을 무시하고 격구를 구경하러 갔다.『고려사』17:35b;『고려사절요』11:12a~b 참조.

31. 1151년에 그는 철회를 거부한 윤언문尹彥文과 4명을 좌천시켰다.『고려사』99:13a~b;『고려사절요』11:13b~14a 참조. 그리고 1157년에 한 관원이 정함의 임명을 승인하기를 거부하자 의종은 분노했다. "그대들은 내 말을 듣지 않는다. 나는 먹어도 맛을 모르겠고 자도 편안치 않다." 이 말을 들은 대간은 국왕의 명령을 따를 수밖에 없었다.『고려사』122:12b;『고려사절요』11:24b~25a 참조. 그는 이번에는 이겼지만 역사가들은 환관이 "계속 권력을 잡아 국왕의 총명을 가리고, 재상과 대간은 그 위세를 두려워해 입을 닫고 말하지 않았다. 마침내 정중부의 난을 불러왔으니 슬프다"고 서술했다.『고려사절요』11:25a.

32. 1163년(의종 17) 문극겸이 이끈 대간은 왕권을 손상시킨 환관과 측근을 국왕이 후원했다고 비판했다. 문극겸이 궁궐에서 그 사건을 언급하자 분노한 의종은 상소를 불태우고 문극겸을 유배시켰다.『고려사』99:16a~b;『고려사절요』11:34a~b 참조.

33. 예컨대『고려사』18:5b~6a, 19:7a~b;『고려사절요』11:19a~b, 11:49b 참조. 1169년(의종 23)과 1170년에 의종은 대간을 포함한 주요 신하들에게 20회 이상의 연회와 유람을 베풀었다.

34. 『고려사』18:20b~21a;『고려사절요』11:32b~33a.

35. 예컨대 최윤의는『朝鮮金石總覽』1:388~390;『고려사』99:25a~b, 김부식의 아들인 김돈중은『고려사』98:19b~21b, 허홍재는『고려사』19:3b~4a;『고려사절요』11:47a 참조.

36. 사람들은 승진을 위해 환관에게 뇌물을 주었다(『고려사절요』11:44a). 환관도 왕실의 후원을 받는 승려와 결탁해 사찰 건축에 참여하면서 농민을 수탈하고 수확을 착취했다(『고려사』18:18a, 18:11a;『고려사절요』11:30b). 당시 사람들은 "권력이 환관에게 있다"고 공개적으로 인정했다(『고려사절요』11:28b).

37. 이우철은 내시들의 다수가 환관이었다고 파악했다(「고려시대의 환관에 대하여」,『사학연구』1, 1958, 35쪽). 아울러 김낙진, 「견룡군과 무신의 난」

10~53쪽도 참조. 의종 때의 내시 명단은 〈부록 1〉 참조.

38. 『고려사』 18:26a~b; 『고려사절요』 11:38b. 아울러 Peter Lee, ed., *Source-book of Korean Civilization*, New York: Columbia University Press, 1993, Vol. 1, 313쪽도 참조. 『고려사』보다 간단한 『고려사절요』는 우번이 유력한 가문의 자제로 편성되었다고 서술했지만 좌번의 구성은 언급하지 않았다. 존 던컨은 『고려사』에서 귀족과 유학자로 양분한 것은 12세기의 대립보다는 15세기 편찬자들의 편견이 반영된 것이라고 파악했다(개인적 발언).

39. 『고려사』 17:38b; 『고려사절요』 11:14b, 11:30b.

40. 『고려사』 18:33b~34a; 『고려사절요』 11:43a~b.

41. 『고려사절요』 11:13b.

42. 의종에 관련된 비슷한 해석은 하현강, 「고려 의종대의 성격」 참조.

43. 1156년에 의종과 그의 왕비는 왕자가 태어나면 금자金字와 은자銀字로 화엄경 4부를 찍겠다고 기도했다. 왕자가 태어나자 그들은 흥왕사의 담장을 수리하고 약속한 경전을 2부 만들어 소장케 했다. 『고려사』 18:5a~b; 『고려사절요』 11:18a~b 참조.

44. 『고려사』 18:14b, 『고려사절요』 11:29a; 『고려사』 18:15b, 『고려사절요』 11:29b.

45. 하현강은 의종이 왕권을 회복하고 도덕적 국왕으로 군림하는 데 큰 관심을 갖고 있었다고 주장하면서 전체적으로 긍정적인 해석을 제시했다(「무신정변은 왜 일어났는가?」, 8~11쪽). 또한 그는 국왕이 불교 · 도교 · 민간 신앙과 연관된 비유교적 종교 활동에 큰 관심을 보였다고 파악했다(「고려 의종대의 성격」).

46. 『고려사』 18:18b, 18:24a, 19:4a~5a; 『고려사절요』 11:31a~b, 11:36a, 11:47a~b.

47. 김낙진은 견룡군에 관련된 첫 언급은 11세기 후반에 나왔다고 지적했다(「견룡군과 무신의 난」, 15~18쪽). 국왕이 왕권을 강화하려고 호위대를 양성하는 것은 특별한 일이 아니었다. 하현강은 중흥사의 창건을 언급했다(「무신정변은 왜 일어났는가?」, 9쪽). 중흥은 '회복한다'는 의미다. 의종은 별궁에도 그 이름을 붙였다. 『상정고금예문』에 관련된 논의는 김당택, 「고려 의종대의 정치적 상황과 무신의 난」, 42쪽과 「상정고금예문의 편찬시기와 그 의도」, 「호

남문화연구』21, 1992, 1~12쪽 참조.

48. Michael Rogers, "P'yonnyon t'ongnok: The Foundation Legend of the Koryo State," *Journal of Korean Studies* 4, 1982~1983, 3~72쪽.

49. 김부식의 아들 김돈중은 촛불로 수염을 태웠다(『고려사』 128:1b; 『고려사절요』 11:49a). 독자들은 이 기록을 쓴 역사가들이 무신의 난의 명확한 이유와 이 '수염을 태운 사건'이 극적인 방식으로 그 목표를 이뤘다는 사실을 밝히려고 했다는 사실을 조심스럽게 상기해야 한다.

50. 『고려사』 122:12a; 『고려사절요』 11:19b.

51. 『고려사』 100:6a~b; 『고려사절요』 12:41b.

52. 김낙진, 「견룡군과 무신의 난」, 19쪽.

53. 김당택, 「고려 의종대의 정치적 상황과 무신의 난」, 35 및 45쪽.

54. 『고려사』 128:2a; 『고려사절요』 11:35a~b.

55. 『고려사절요』 11:40a~41a.

56. 『고려사』 128:2a; 『고려사절요』 11:49a.

57. 『한국금석문추보』, 118쪽; 『고려사』 98:3b. 김낙진은 이런 평가에 반대했다(『견룡군과 무신의 난』, 30쪽). 그는 정중부의 출신 배경이 모호하며 세습적인 무반 가문 출신이 아니라고 보았다.

58. 김당택은 무신 중에서 정변에 가담한 부류와 그렇지 않은 부류를 살펴보았다(『고려무인정권연구』, 14~30쪽). 그는 가담한 부류 중에서 정중부 등을 온건파로, 이의방·이고 등을 급진파로 파악했다.

59. 이의방은 전주 이씨 출신이며 그의 형제 이준의李俊儀는 뒤에 조선을 건국한 이성계의 직계 조상이다(『고려사』 128:15b). 그의 또 다른 형제 이인李隣은 문극겸의 딸과 혼인했다(『고려사』 99:17b).

60. 『고려사』 128:2a~3b. 아울러 Lee, *Sourcebook of Korean Civilization*, 333~334쪽도 참조.

61. 『고려사절요』 11:55a. 숙청된 관원의 명단은 〈부록 2〉 참조.

62. 스에마츠 야스카즈末松保和는 병마사를 지낸 문신은 상당한 무력을 가졌다고 파악했다(「高麗兵馬使考」, 『東洋學報』 39-1, 東洋學術協會, 1956).

63. 박용운 등은 고려 후기의 추밀원은 긴급한 국방 문제만 다뤘다고 파악했다. 변태섭, 「중앙의 정치조직」, 국사편찬위원회 편, 『한국사』 13, 탐구당, 1993,

55쪽 참조.

64. 김낙진, 「견룡군과 무신의 난」, 47~51쪽.

65. 『고려사절요』 12:41b.

66. 〈부록 3〉 참조. 비교를 위해 관직 경력, 급제 기록, 그리고 가계 항목은 그 뒤의 표에서도 사용될 것이다. 부록에서는 중서문하성·추밀원·육부·어사대에서 7품 이상의 관직을 가졌던 인물과 지공거로 활동한 인물을 나열했다. 자료에는 그런 관직을 가졌던 인물의 일부만 언급되어 있다. 매년 이런 관직에서 근무할 수 있던 인원은 150명 정도였다. 이 표에서는 몇 년이나 수십 년 동안 근무한 사례도 자주 보인다.

67. Shultz, "Twelfth-Century Koryo Politics: The Rise of Han Anin and His Partisans," 30~31쪽 참조.

68. 『고려사』 101:1a~2a, 101:7a~8a; 『고려사절요』 13:32a~b, 13:11b~12a.

2장 명종의 치세

1. 예컨대 서공은 동료 문신들의 거만함에 오랫동안 분개해왔기 때문에 중방에서는 그를 보호하기 위해 호위대를 그의 집 주위에 배치하도록 지시했다(『고려사』 94:7b~8a; 『고려사절요』 12:4a).

2. 중방에서는 도량형을 표준화하고 도성의 도로를 넓힐 것까지도 요구했다. 『고려사』 20:8b~9a, 85:12a; 『고려사절요』 12:51b~52a 참조.

3. 『고려사』 75:41b, 101:10a; 『고려사절요』 12:56b~57a, 13:15b. 중방은 내시와 다방茶房을 겸직하라고 추천했다. 다방은 국왕의 내시와 연관된 문반직이었다. 이기백, 『고려사 병지 역주』 1, 96쪽 참조. 존 던컨의 연구는 관서의 이런 과다함을 입증했다. John B. Duncan, "Formation of the Central Aristocracy in Early Koryo," *Korean Studies* 12, 1988, 53~54쪽.

4. 임명에 관련해서는 『고려사』 19:32b; 『고려사절요』 12:30b 참조. 순찰의 파견은 『고려사』 20:3b, 9a, 82:2a; 『고려사절요』 12:46a, 51b 참조.

5. 이후의 수치는 〈부록 3〉에 근거했다.

6. 조원정의 아버지는 옥공玉工이고 어머니는 관기官妓였다(『고려사』 128:26b

~27a; 『고려사절요』 12:60b~61a). 이의민도 비슷한 배경을 가졌다(『고려사』 128:19a). 최세보의 가계도 한미했다(『고려사』 100:21b; 『고려사절요』 13:31a). 박순필도 비천한 출신으로 기록되어 있다(『고려사』 100:22b).

7. 재추와 중방은 법률을 제정하고 의례를 거행하기 위해 여러 차례 만났다. 예컨대 『고려사절요』 12:51b~52a; 『고려사』 20:8b~9a, 85:12a 참조.

8. 김당택, 『고려무인정권연구』, 14 및 26~27쪽.

9. 『고려사』 128:16b; 『고려사절요』 12:1a~2a. 채원은 『고려사』 128:16b 참조.

10. 김당택은 최근 펴낸 『고려의 무인정권』, 국학자료원, 1999, 69~93쪽에서 경대승의 짧은 집권을 분석하는 데 한 장을 모두 할애하면서 그것을 무신의 난으로 시작된 사건들에 대한 보수적 반작용으로 파악했다.

11. 김당택은 중방의 묵인이 없었다면 경대승의 정변은 성공하지 못했을 것이라는 사실을 일깨워주었다. 「정중부, 이의민, 최충헌」, 『한국사시민강좌』 8, 1991, 27쪽 참조.

12. 『고려사』 100:18a; 『고려사절요』 12:45b.

13. 김당택, 『고려무인정권연구』, 38~39쪽.

14. 같은 책, 42~43쪽. 김당택은 이의민과 명종 모두 무신의 난의 결과로 권력을 획득했다고 지적했다.

15. 末松保和, 「高麗兵馬使考」.

16. 『고려사절요』 12:2a, 12:26b; 『고려사』 128:18b.

17. 『고려사』 128:27b; 『고려사절요』 13:17b~18b.

18. 『고려사』 100:18a.

19. 『고려사』 100:18b~20a; 『고려사절요』 12:57b~58b. 김자격의 혐의는 도당 내의 불화나 새로운 권력자와 우호를 다지려는 이기적 바람 때문에 야기되었다고 생각된다.

20. 『고려사』 19:21b~22a, 128:7a~b; 『고려사절요』 12:7b~9a.

21. 『고려사』 100:7b~11a.

22. 김당택, 「고려 무인집권 초기 민란의 성격」, 『국사관논총』 20, 1990, 119~139쪽.

23. 「봉사십조」는 『고려사』 129:4b~6b; 『고려사절요』 13:40b~42b에 나온다. 아

울러 Lee, *Sourcebook of Korean Civilization*, 336~339쪽도 참조. 고려를 건국했을 때 왕건은 「훈요십조」를 내렸다. 최충헌은 이 상소로 건국할 때와 비슷한 계획을 시도한 것으로 추측된다. 최진환은 「봉사십조」가 최충헌의 중앙집권화와 이의민의 숙청을 정당화하는 데 사용되었다고 지적했다(「최충헌의 봉사십조」, 홍승기 편, 『고려무인정권 연구』, 54~78쪽).

24. 이 문제에 관련된 포괄적인 논의는 Edward Shultz, "Ch'oe Ch'unghon: His Rise to Power," *Korean Studies* 8, 1984, 58~82쪽 참조.

25. 『고려사』 20:24b~25a; 『고려사절요』 13:20b~21a. 동정직은 지방 지배층에게 주어진 명예직이었다(1998년 8월 존 던컨의 개인적 발언).

26. 『고려사』 99:29a; 『고려사절요』 12:32a~b.

27. 『고려사』 128:13a; 『고려사절요』 12:34b~35a. 다른 사례에서 왕공은 자신의 가노를 보내 물건을 흥정하도록 했지만 노비는 공정한 가격을 제시하지 않았다(『고려사절요』 12:55b~56a).

28. 『고려사』 128:25a; 『고려사절요』 13:38a~b.

29. 이우철, 「고려시대의 환관에 대하여」; 『고려사』 20:19a~b; 『고려사절요』 13:8b.

30. 『고려사』 100:26a; 『고려사절요』 13:10b~11a.

31. 『고려사』 18:31a~b; 『고려사절요』 11:41a~b.

32. 변태섭, 「농민·천민의 난」, 국사편찬위원회 편, 『한국사』 7, 탐구당, 1973, 204~254쪽; 旗田巍, 「高麗の明宗·神宗代に於ける農民一揆」(1·2), 『歷史學研究』 2-4·5, 1934. 이 주제에 관련된 단행본은 이정신, 『고려 무신정권기 농민·천민항쟁 연구』, 고려대학교 출판부, 1991 참조. 박종기도 농민 반란을 연구했다. 김당택은 명종·신종대의 농민 반란을 연구했으며 이런 동요의 다른 요인으로 일반 군사들의 불만을 지적했다(『고려의 무인정권』, 95쪽).

33. 『고려사』 19:19b; 『고려사절요』 12:6a. 『동국여지승람』을 살펴보면 1172년(명종 2)이나 1175년에 처음으로 감무가 파견된 여러 지역을 찾을 수 있다. 서경은 『고려사절요』 12:35a 참조. 이훈상은 예종 때 중앙 조정은 지방에 영향력을 확대하려고 적극적으로 노력했다고 지적했다(「고려중기 향리제도의 변화에 대한 일고찰」, 홍승기 편, 『고려무인정권 연구』, 255쪽). 명종 때의 사건은 이런 움직임의 자연스러운 지속이다.

34. 『고려사』 20:9a~b, 75:17b~18a; 『고려사절요』 12:52a~b.

35. 김당택, 「고려 무인집권 초기 민란의 성격」.

36. 예컨대 승려 홍기는 『고려사』 129:7a; 『고려사절요』 13:42b 참조. 일부 학
자들은 이런 왕자들을 매우 싫어했다. 『고려사』 101:2a~3a; 『고려사절요』
14:10a 참조.

37. 민현구, 「월남사지 진각국사비의 음기에 대한 일고찰」, 『진단학보』 36, 1973,
29~31쪽; 金鍾國, 「高麗武臣政權の特質に關する一考察」, 『朝鮮學報』 17,
1960, 587쪽.

38. 궁궐에서 불이 나자 승려들은 이를 끄는 데 도움을 주었다. 1176년과 1182
년에 승려들은 반란을 진압하는 데 왕실 경호부대를 도왔다. 『고려사』
19:16a~b, 『고려사절요』 12:5a; 『고려사』 19:29a, 『고려사절요』 12:25a 참
조.

39. 명종이 국왕이 되었을 때 새 지도자들은 의종의 퇴위를 금의 황제에게 설명
하기 위해 상당한 거리를 여행했다. Rogers, Michael C., "Koryo's Mili-
tary Dictatorship and Its Relations with Chin," *T'oung Pao* 47, 1959,
43~62쪽.

40. 그 자료들은 어느 정도 믿을 수 있다. 명종이 무신의 권력과 균형을 맞추기
위해 환관을 이용한 것은 당연했다. 그러나 명종은 총애하던 후궁이 죽자 자
제력을 잃고 슬피 울었다. 곧 국왕은 자신의 슬픔을 달래기 위해 딸에게 시
중을 들게 하고 잠까지 함께 잤다. 『고려사』 20:4a~5a, 17a, 『고려사절요』
12:46b~47a, 13:2b; 『고려사』 20:17b~18a, 『고려사절요』 13:4a~5a.

41. 최진환, 「최충헌의 봉사십조」, 74~75쪽.

42. 이의민의 집권에 관련된 자세한 논의는 김당택, 『고려의 무인정권』, 37~50쪽
참조.

43. 『고려사』 128:22a~23a; 『고려사절요』 13:30a~b.

44. 최충헌은 앞서 정중부와 비슷한 온건한 태도를 추구했고 이의민과 대립되는
정책을 폈다고 김당택은 주장했다(『고려의 무인정권』, 50~57쪽).

45. 『고려사』 129:1a~2b; 『고려사절요』 13:36a~b.

46. 아울러 김용선, 『고려음서제도연구』, 108쪽 참조.

47. 『고려사』 129:1a~2b; 『고려사절요』 13:36a~38a; 『朝鮮金石總覽』 1:440

~445.

48. 특히 최충헌을 중요하게 지원한 인물은 그의 조카인 박진재와 또 다른 친척인 노석숭이었다.

49. 좀 더 자세한 논의는 Shultz, "Ch'oe Ch'unghon: His Rise to Power," 69, 76~79쪽 참조.

50. 민병하, 「고려 무신집정 시대에 대한 일고」, 『사학연구』 6, 1959, 27~68쪽.

51. 최씨 가문 중 이 계열에 관련된 자세한 계보는 Shultz, "Ch'oe Ch'unghon: His Rise to Power," 71쪽 참조. 아울러 최씨 가문의 관계에 대한 자세한 분석은 이경희, 「최충헌 가문연구」, 『부산여대사학』 5, 1987, 1~52쪽 참조.

52. 『고려사』 129:9b~10a; 『고려사절요』 13:49a~b.

53. 최충헌의 직계 후손에서 왕자와 혼인한 사람은 없다. 그러나 최충헌의 증손녀는 엄밀히 따지면 경주 김씨였는데, 원종(재위 1259~1274)이 된 왕자와 혼인했다. 그들이 낳은 아들은 충렬왕(재위 1274~1308)이 되었다.

54. 최비는 『고려사』 100:22a~b; 『고려사절요』 13:40a~b 및 『고려사』 129:4a~b 참조.

55. 『고려사』 20:37a~b; 『고려사절요』 13:43b~44a.

3장 최씨 정권의 무반 기구들

1. 중방의 정책 결정은 『고려사』 21:21a~b; 『고려사절요』 14:36a~b, 13:29a~b, 13:21b 참조. 신종의 붕어는 『고려사』 21:17a~18a; 『고려사절요』 14:15b ~16b 참조.

2. 『고려사』 129:31a; 『고려사절요』 15:30b.

3. 김당택은 재추가 처음에 그 기능의 다수를 맡았으며(『고려의 무인정권』, 115쪽) 그 뒤 교정도감이 같은 임무를 수행했다고 지적했다(78쪽). 나이토 슌포 內藤雋輔는 중방이 권력을 잃으면서 정방이 영향력을 갖게 되었다고 주장했다(「高麗時代の重房及政房に就いて」, 『稻葉博士還曆紀念滿鮮史論叢』, 1937). 사실 이 두 관서의 기능은 상당히 달랐다(제4장).

4. 최우는 "이전의 유마장교遊馬將校는 국왕을 가까이서 호위하는 자이므로 나는

그들을 개인적으로 뽑아야 한다"고 주장했다. 그 뒤 그는 그들을 자신의 집에서 선발했는데, 안장 장식이 전보다 훨씬 화려했다.『고려사』 129:31b~32a, 『고려사절요』 15:35a;『고려사』 22:25a,『고려사절요』 16:43b.

5. 『고려사』 81:15a;『고려사절요』 15:20a. 국가 비상군이 이렇게 약화된 까닭은 최충헌이 정예 병력을 사병으로 보냈기 때문이었다.

6. 『고려사』 129:26a;『고려사절요』 15:20a.

7. 앞서 지적했듯이 1216년(고종 3)에 그는 사돈인 정숙첨을 원수元帥로, 충성스러운 횡천 조씨 출신으로 과거에 급제한 조충을 부원수로 파견했다.

8. 『고려사』 129:37b;『고려사절요』 16:8b~9a. 1231~1258년 동안 몽골은 여섯 차례에 걸쳐 고려를 대대적으로 침공했다. 몽골의 침입에 관련된 자세한 연구는 윤용혁,『고려 대몽항쟁사 연구』, 고려대학교 출판부, 1991 참조.

9. 『고려사절요』 16:16b.

10. Shultz, "Ch'oe Ch'unghon: His Rise to Power," 143~144쪽 참조.

11. 『고려사』 129:11a~b;『고려사절요』 13:50b.

12. 『고려사절요』 14:29a~30b.

13. 예컨대『고려사』 129:21b, 23a~b;『고려사절요』 14:33b, 45a~b, 46a~b.

14. 『고려사』 129:23a~b;『고려사절요』 14:45a~b, 46a.

15. 1202년(신종 5)에 최우는 최씨 사병의 훈련을 참관했다.『고려사』 129:15b;『고려사절요』 14:12b~13a. 아울러『고려사』 21:23a;『고려사절요』 14:22b~23a, 14:24b.

16. 『고려사』 129:27b~28a;『고려사절요』 15:20b~21b. 이 집단에 포함된 인물은 대장군 최준문 · 상장군 지윤심 · 장군 유성절이다.

17. 『고려사』 129:35b~36a;『고려사절요』 15:46a~b. 최씨의 몇 부대가 격구를 한 뒤 최우는 그들에게 포상과 관직을 주었다. 한 달 뒤 그는 가병을 사열하고 그들에게 술과 음식을 하사했다.

18. 『고려사』 129:36b,『고려사절요』 15:2a;『고려사』 129:37b,『고려사절요』 16:8b~9a;『고려사』 129:31a,『고려사절요』 15:31a~b;『고려사』 130:3b~4a, 23:27a~b,『고려사절요』 16:17a~b.

19. 예컨대 태집성이 사람들을 자신의 부대에 강제로 입대시키자 최충헌은 분노하면서 모든 행동을 중단시켰다. 최충헌은 이런 부대가 너무 소란을 일으켜

자신의 권력을 약화시키지 않도록 경계했다. 『고려사』 129:25b~26a; 『고려사절요』 15:13b~14a 참조.

20. 도방과 문객으로 불린 그 밖의 최씨 가병은 모두 비슷한 임무를 수행했기 때문에 학자들은 그들이 기본적으로 같은 조직이었다고 결론 내렸다. 예컨대 Yi Kibaek, "Korea: The Military Tradition," 21~22쪽 참조.

21. 『고려사』 129:14a; 『고려사절요』 14:8a~b.

22. 김당택, 『고려의 무인정권』, 184쪽; 유창규, 「최씨무인정권하의 도방의 설치와 그 향방」, 홍승기 편, 『고려무인정권 연구』, 121쪽.

23. 『고려사』 129:20a~b; 『고려사절요』 14:29a~30a. 최씨의 사병을 결집시키는데 도움을 준 노영의는 다방 소속이었다. 다방은 왕실의 필요에 부응하고 호위병으로 활동했다. 이기백, 『고려사 병지 역주』, 96쪽 참조.

24. 김상기, 「고려 무인정치기구고」, 『동방문화교류사논고』, 을유문화사, 1948. 김당택은 도방이 왕실 부대의 여러 기능을 흡수해 그것을 무력하게 만든 과정을 보여주었다(『고려의 무인정권』, 231쪽).

25. 김상기, 『고려시대사』, 457쪽; 민병하, 「최씨정권의 지배기구」, 국사편찬위원회 편, 『한국사』 7, 탐구당, 1973, 174쪽. 이케우치 히로시池內宏는 마별초가 신의군의 일부가 되었다는 조금 다른 해석을 제시했는데, 매우 흥미롭지만 증거는 부족하다고 생각된다(「高麗の三別抄について」, 『史學雜誌』 37-9, 1926, 809~848쪽).

26. 이케우치 히로시(같은 논문)와 나이토 슌포 모두 삼별초를 연구했다(「高麗兵制管見」, 『青丘學叢』 15 · 16 · 18, 1934, 1~46쪽). 김상기의 「삼별초와 그의 난에 대하여」(『진단학보』 9, 1939, 1~29쪽)는 한국어로 작성된 가장 긴 연구다. 야별초에 관련된 이해는 '별초'라고 불리는 이전의 왕조 부대가 발전하면서 복잡해졌다(Shultz, "Ch'oe Ch'unghon: His Rise to Power," 142~144쪽 참조). 김수미는 야별초의 역할이 몇 년에 걸쳐 바뀌었다고 지적했다(「고려 무인정권기의 야별초」, 홍승기 편, 『고려무인정권 연구』).

27. 『고려사』 129:38a~b; 『고려사절요』 16:15a~16a. 최우가 병법을 묻자 야별초의 장교는 대답하지 못했다.

28. 김수미, 「고려 무인정권기의 야별초」, 159~165쪽.

29. 『고려사』 122:28a~29a, 129:51b~52a, 103:37a~b; 『고려사절요』 17:1b,

32b.

30. 『고려사』 103:37a~b; 『고려사절요』 16:16b~17a.

31. 『고려사』 129:45b, 『고려사절요』 17:1b; 『고려사』 122:28a~29a, 『고려사절요』 17:32b.

32. 『고려사』 129:43a, 『고려사절요』 16:40a~b; 『고려사』 24:33a, 『고려사절요』 17:37b. 지방의 야별초를 언급한 기록은 두 개다. 1202년(신종 5)에 경주의 야별초가 언급되었다(『고려사』 57:2b). 1254년(고종 41)에 경상도와 전라도에서는 도성을 지키기 위해 각 80명의 야별초를 보냈다(『고려사』 24:15a, 『고려사절요』 17:17~18a). 이것은 지방 군사제도의 일부이며 최우의 야별초와는 무관한 것으로 보인다.

33. 『고려사』 129:51b~52a; 『고려사절요』 17:28b~29a.

34. 『고려사』 24:33b, 81:15b. 이제현은 거의 한 세기 뒤 『역옹패설』(경인문화사, 1972)에서 삼별초의 구성을 서술하면서 삼별초는 신의군·마별초·야별초로 구성되었다고 잘못 언급했다. 대부분의 학자들은 여기서 제시한 『고려사』에 동의하고 있다. 윌리엄 헨톤William Henthorn은 야간에 순찰한 신의군은 신기군에서 나왔다고 지적했다(*The Mongol Invasion of Korea*, Leiden: E. J. Brill, 1962, 232쪽). 김당택은 신의군이 강화도에서 본토로 다시 천도하는 계획에 저항하려는 목적에서 만들어졌다고 보았다(『고려의 무인정권』, 198쪽).

35. 『고려사』 24:10b, 24:15a, 23:29b, 26:35a, 27:33b; 『고려사절요』 17:13a, 17:17b~18a, 16:23a. 아울러 김수미, 「고려 무인정권기의 야별초」, 131~170쪽도 참조. '1만'이라는 표현은 그저 매우 많은 병력을 말하는 것이며 실제로 1만 명을 의미하지는 않는다는 측면에 유의해야 한다.

36. 김수미, 「고려 무인정권기의 야별초」, 153~155쪽.

37. 『고려사』 129:38a~b, 『고려사절요』 16:15a~b; 『고려사』 103:37a~b, 『고려사절요』 16:16b~17a; 『고려사』 23:32a, 『고려사절요』 16:25a. 김상기는 삼별초가 최씨의 사적 기구인 도방과 대조되는 공적인 조직이었다는 약간 다른 해석을 제시했다(『삼별초와 그의 난에 대하여』, 27~28쪽). 그러나 이때 발달한 기구들은 공적 또는 사적이라는 기준에 따라 판단해서는 안 되는데, 최씨 정권은 기존의 왕조 질서 위에 그 권한을 겹친 법률 외적인 조직을 구축했기

때문이다.

38.『고려사』129:18a;『고려사절요』14:21b. 김당택은 최충헌이 너무 많은 문객을 보유한 인물들을 의심했다고 지적했다(『고려의 무인정권』, 74~76쪽).

39. 문객제도가 일본이나 서유럽만큼 발달하지 않았다는 사실은 그 사회들 사이의 뚜렷한 차이를 보여준다. 좀 더 자세한 논의는 Yi Kibaek, "Korea: The Military Tradition," 22쪽; 金鍾國,「高麗武臣政權の特質に關する一考察」참조.

40. John W. Hall, "Feudalism in Japan—A Reassessment," In *Studies in the Institutional History of Early Modern Japan*, ed. John W. Hall and Marius B. Jansen, Princeton: Princeton University Press, 1968, 33쪽.

41. Peter Duus, *Feudalism in Japan*, New York: Knopf, 1969, 50쪽.

42. 문객은 그 주군의 후원과 지원만을 받았다. 주군과 문객 사이에 봉인된 충성의 서약이 있었다는 증거는 없다. Yi Kibaek, "Korea: The Military Tradition," 22쪽; 金鍾國,「高麗武臣政權の特質に關する一考察」.

43. 金鍾國,「高麗武臣政權の特質に關する一考察」, 64~65쪽.

44.『朝鮮金石總覽』1:577; 최자, 『보한집』, 『고려명현집』2:1a.

45. 최자, 『보한집』2:22a~b;『朝鮮金石總覽』1:593.

46. 최자, 『보한집』3:11b.

4장 문반 구조와 주요 인물들—최충헌과 최우

1. Edward Shultz, "Twelfth Century Korea: Merit and Birth," *Journal of Korean Studies*(forthcoming) 참조. 〈부록 5〉도 참조.

2. 허흥식, 『고려 과거제도사연구』, 252~253쪽 참조. 매년 과거에 급제한 사람의 평균 숫자는 예종 때 22.5명에서 신종(재위 1197~1204) 때 28.4명, 희종(재위 1204~1211) 때 27.7명, 강종 2년 동안 35.5명으로 늘었다. 최영호는 조선 시대의 대부분 동안 중앙 관원의 80퍼센트 정도가 과거에 급제했다고 분석했다(*The Civil Examinations and the Social Structure in Early Yi Dynasty Korea: 1392-1600*, Seoul: Korea Research Center, 1981 참조).

3. 김당택은 이때 재추의 4분의 1은 경주 김씨 · 횡천 조씨 · 정안 임씨 · 통주 최 씨 등 4개의 유력 가문 출신이었다고 밝혔다(『고려의 무인정권』, 96쪽).

4. 한 세기 앞인 예종 때와의 비교는 Shultz, "Twelfth Century Korea: Merit and Birth" 참조.

5. 김당택은 왕권을 위한 그의 지지를 보여주기 위한 최충헌의 노력을 자세하게 서술했다(『고려의 무인정권』, 139~146쪽). 아울러 이 책의 제9장 참조.

6.『고려사』129:13a;『고려사절요』14:5a, 14:10b~11a.

7. 1209년에 암살 시도를 들은 최충헌은 교정도감을 만들고 개경으로 들어오는 성문을 닫았다(『고려사』129:18b~19a,『고려사절요』14:25a~b). 아울러『고 려사』96:37b~38a;『고려사절요』14:35a~b도 참조.

8. 12세기 전반의 주요 인물이었던 윤관의 손자인 윤세유는 정숙첨에게 원한을 품고 그를 제거하기를 바라면서 이 임명을 국왕에게 주청했다. 최충헌은 윤세 유를 체포해 유배 보냈다(『고려사』96:37b~38a,『고려사절요』14:35a~b).

9.『고려사』129:32b;『고려사절요』15:38a.

10. 1250년(고종 37)의 사건은『고려사』129:44a,『고려사절요』16:39b 참조. 한 승려는 사찰을 짓고자 황해도 강음현江陰縣에서 목재를 베려고 감무 박봉시朴 奉時에게 부탁했다. 박봉시가 거절하자 태집성은 분노해 그를 고발하는 서한 을 교정도감에 보냈다(『고려사』129:35a,『고려사절요』15:43a).

11. 예부 원예랑이었던 윤세유는 예외다. 그가 자신이 별감이 될 수 있다고 생각 한 까닭은 확실치 않지만 그 관서에 있던 인물은 모두 당시의 가장 강력한 무 신들이었다. 이 관직을 바란 윤세유의 주청은 거절되었다.

12. 민병하,「최씨정권의 지배기구」, 149쪽. 김상기는 비슷한 분석을 제시하면서 교정도감은 사실상 중방을 대체했다고 파악했다(『고려사대사』, 455쪽).

13. 김당택은 이런 해석에 의문을 나타내면서 최충헌은 합의에는 관심을 갖지 않 았다고 지적했다(『고려의 무인정권』, 78쪽). 최충헌은 실제로 독재자였지만, 고려를 성공적으로 다스리는 데도 유의했다. 그는 정책 결정에 전통적인 합 의적 접근을 다시 시행해 자신의 목표를 이루는 효과적 방법을 찾았다.

14.『고려사』129:31b;『고려사절요』15:34b. 처음에 교정도감은 인사행정을 맡 았다. 교정도감은 최씨의 최고 기구로 선발을 관장했지만, 이런 제도들이 성 숙해가면서 천거의 실제 과정은 정방에 넘어갔다.

15. 『고려사』 75:2b~3a. 비슷한 기사는 『역옹패설』 1:8b~9a 참조. '필자치'라는 용어는 몽골어에서 나왔으며 최씨 정권이 사라진 뒤 정방과 결합되었다. 그 관서는 소속 관원들에게 봉토를 하사했다.

16. 김당택은 이 관서는 왕권과 긴밀히 연관되어 정방에 정통성을 부여했다고 주장했다(『고려의 무인정권』, 121쪽). 재추의 승선은 국왕과 관원 사이의 연락을 맡았다.

17. 『고려사』 129:32b.

18. 존 던컨은 이런 생각을 제안했다(1998년 8월 개인적 발언).

19. 『고려사』 129:52a, 『고려사절요』 17:29a; 『고려사』 24:33a, 『고려사절요』 17:37b. 조인성은 최우가 문학적 재능이 있는 인물들을 서방에 두고 인사 문제를 감독케 했다고 파악했다(「최우 정권하의 文翰官」, 홍승기 편, 『고려무인 정권 연구』, 234~249쪽).

20. 『고려사』 101:11a; 『고려사절요』 14:26a.

21. 『동문선』(대한공론사, 1970) 9:650; 『고려사』 21:30a~b, 101:11a~12a; 『고려사절요』 14:32a; 『고려사』 60:36a.

22. 이인로, 『파한집』(『고려명현집』, 경인문화사, 1972) 1:6b; 『고려사절요』 12:47b.

23. 『고려사』 21:4b; 『고려사절요』 12:14b, 13:52a.

24. 『고려사』 20:17a, 99:23b, 102:1a~3a; 『고려사절요』 13:3a.

25. 『고려사』 22:18b; 『고려사절요』 15:23a~b.

26. 『고려사』 129:42a, 『고려사절요』 16:36a~37a, 『고려사』 101:22b.

27. 『고려사』 129:28b, 『고려사절요』 15:28b; 『고려사』 22:21b, 129:30b, 『고려사절요』 15:29a.

28. 『고려사』 74:6a; 『고려사절요』 16:1b.

29. 『고려사』 129:32a; 『고려사절요』 15:35b. 『고려사』에서는 최우가 문치와 서리 업무에 뛰어난 인물을 우선적으로 고위 관직에 임명했다고 기록했다. 문치에 유능하지만 서리 업무에는 그렇지 않은 인물은 그다음이었다. 서리 업무에는 뛰어나지만 문치 업무에는 그렇지 않은 사람은 그다음이고, 서리와 문치 업무에 모두 무능한 인물은 맨 아래였다. 『고려사』 102:15a; 『고려사절요』 18:8a~b.

30.『고려사』129:31b;『고려사절요』15:26b. 안석정은 사노비의 아들이었기 때문에 대간에는 적합하지 않다고 사람들은 생각했다.

31. 김약선과 김경손의 열전은 각각『고려사』101:21b~22a, 103:26a~29a 참조.

32.『고려사』103:7a~20a;『고려사절요』16:20b~21b.

33.『고려사』129:43a;『고려사절요』16:40a~b. 주숙과 태씨 가문의 관계는『고려사』26:14a~b;『고려사절요』18:25a~b 참조.

34.『고려사』102:3a~5b.

35. 최종준은『고려사』99:9b,『고려사절요』16:30b, 최린은『고려사』99:4a~5b, 임경숙은『고려사』73:37a~38a,『보한집』1:7a~b, 김양경은『고려사』102:7a~9a · 73:35b~36b 참조.

36. 한유한은 결국 은거하다가 사망했다(『고려사』99:42b~43a,『고려사절요』14:18a~b).

37.『고려사』102:11a~b.

38.『고려사』102:10b,『파한집』3:9b~10a,『동국이상국집』22:17a~18a.

39. 조동일,『한국문학통사』2, 지식산업사, 1989, 11~13쪽.

40.『동국이상국집』1a~3a.

41.『고려사』102:3a~5b.

42.『고려사』129:16b~17a;『고려사절요』14:19a. 비슷한 모임은 1199년(『보한집』2:17a)과 1207년(『동국이상국집』9b)에도 열렸다.

43. 이 시기의 주요 문인은『서하집』을 쓴 임춘,『파한집』을 쓴 이인로,『보한집』을 쓴 최자,『지포집』을 쓴 김구,『매호유고梅湖遺稿』를 쓴 진화 등이다.

44. 박창희는 이들 중 일부의 삶과 시대 상황에 대한 그들의 서술을 언급했다(「무인정권하의 문신들」,『한국사시민강좌』8, 1991, 40~59쪽).

45. John B. Duncan, "Confucianism in Late Koryo and Early Choson," *Korean Studies* 18, 1994, 779~780쪽.

46. 같은 논문, 87~91쪽. 던컨은 "최자는 고려의 고문古文과 유학적 전통의 계승자일 뿐만 아니라 14세기 후반 척불 운동을 이끈 인물로 자부했다"고 평가했다.

47.『고려사』21:20a;『고려사절요』14:19a~b.

48.『고려사절요』14:5a.

5장 문반 구조와 인사—최항과 최의

1. 최우의 딸은 남편 김약선이 최우의 애첩과 관계를 맺었다고 고소했다. 그녀가 항의하자 최우는 김약선을 우선 귀양 보낸 뒤 처형했다(『고려사』101:21b~22a 참조). 최우는 김약선의 아들 김정을 후계자로 삼지 않기로 결정했다—표면적으로는 그의 아버지의 불명예 때문이지만 최항의 지지자와 김정의 후원자 사이에 벌어진 막후의 권력 투쟁이 더 큰 이유로 생각된다.

2. 『고려사절요』16:38a.

3. 주숙은 이 태씨 일파였다. 송국첨·박훤·유천우는 최우의 정방에 소속되어 있었는데, 최항은 집권한 뒤 그 관서의 권력을 박탈했다.

4. 『고려사』129:43b; 『고려사절요』16:39a.

5. 『고려사』129:43b~44a; 『고려사절요』16:39a~b.

6. 최항은 국왕에게 가마를 바쳤다(『고려사』24:5a, 『고려사절요』17:6a). 그는 국왕에게 궁궐도 지어주었다(『고려사절요』17:7b).

7. 예컨대 『고려사절요』17:15a~16b 참조.

8. 민병하, 「고려 무신집정 시대에 대한 일고」, 62~63쪽; 허흥식, 『고려 과거제도사연구』, 126~166쪽; 박용운, 『고려시대 음서제와 과거제 연구』, 271~272쪽 참조. 국자감시는 과거만큼 권위 있거나 엄격하지는 않았지만 많은 준비가 필요했다. 이를 통과한 사람은 국자감에 입학할 수 있었고 관직 근무도 잘 준비할 수 있었다.

9. 최양백은 『고려사』129:43a, 『고려사절요』17:34a~36a, 최영은 『고려사』24:20b~21a, 129:52a, 『고려사절요』17:21a 참조

10. 『고려사』102:12a~b.

11. 『고려사』105:1a.

12. 조계순은 『고려사』103:6b, 129:44b, 『고려사절요』16:41a~b, 선인열은 『고려사』24:31b, 129:51b, 『고려사절요』17:31b, 유능은 『고려사』129:53a, 『고려사절요』17:34a, 채청은 『고려사』129:52a, 102:16b~17a 참조.

13. 『고려사』129:45a~b; 『고려사절요』16:44b. 이때 사천대는 상당히 대담해졌다. 그들은 달이 여러 별의 궤도를 침범했다고 보고하면서 이런 현상은 어떤 인물이 권력을 지나치게 확대해 왕위를 찬탈했음을 보여주는 것이라고 설명

했다. 최항은 이런 비판을 자신의 지위에 대한 위협으로 생각했다.

14. 『고려사절요』 17:21b. 지도자들은 자주 역사의 설명에 관심을 갖는다. James B. Palais, "Records and Record Keeping in Nineteenth-Century Korea," *Journal of Asian Studies* 30, 1971, 583~591쪽 참조.

15. 백성의 생각에 두려움을 느낀 것은 『고려사절요』 16:40a, 그의 정책에 대한 비판은 『고려사절요』 17:6a 참조.

16. 창고를 연 것은 『고려사』 129:52a, 『고려사절요』 17:29b, 토지 · 옷 · 기름 · 꿀을 하사한 것은 『고려사』 129:52a~b, 『고려사절요』 17:29b, 토지를 되돌려준 것은 『고려사절요』 17:32a, 수회사의 파견은 『고려사』 129:52b~53a, 『고려사절요』 17:33b 참조.

17. 최의의 승진은 『고려사』 129:51b~53a, 『고려사절요』 17:22b~23a, 28b~29b, 30b, 33b 참조.

18. 『고려사』 129:53a, 『고려사절요』 17:34a에는 약간 다른 내용이 실려 있지만 의미는 같다.

19. 『고려사절요』 17:32b~33b. 역사서들은 김준을 "추악하지만 활을 잘 쏘았고 다른 사람들의 마음을 얻기 위해 선물을 잘 주었다. 그는 매일 사람들과 만나 술을 마시면서 업무를 처결했다"고 직설적으로 서술했다.

20. 정수아는 김준에게 협력한 인물들을 연구해 다수가 최항의 후원 아래 성공을 처음 경험했다고 결론지었다(「김준세력의 형성과 그 향배」, 홍승기 편, 『고려 무인정권 연구』, 286~287쪽).

21. 『고려사』 105:1a. 정수아는 "김준이나 이공주 등은 가병의 지휘자로, 유경은 정방의 주요 인물로, 송길유나 박송비는 문객장군으로 급격히 출세하게 되었다"고 결론 내렸다(같은 논문, 290쪽). 최의에게서 소외된 이들은 반란밖에는 대안이 없었다.

22. 최씨 정권이 몰락한 뒤의 기간에 관련된 전체적인 논의는 정수아, 같은 논문과 최원영, 「임씨 무인정권의 성립과 붕괴」, 홍승기 편, 『고려무인정권 연구』 참조. 아울러 김당택, 「임연 정권과 고려의 개경환도」, 『이기백선생 고희기념 한국사학논총』 1, 일조각, 1994, 783~806쪽도 참조. 이 논문은 영문으로 요약 발표되었다("Im Yon's Regime and Koryo's Return of the Capital to Kaesong," *Korean Social Science Journal* 23, 1997, 103~111쪽).

23. 한 기록에서 정안 임씨 출신 임경숙은 "그 문하에서 고위직에 오른 10여 명 중 장군 3명, 낭장 1명이 배출되었는데, 이것은 일찍이 듣지 못한 일이었다" 고 언급했다. 『보한집』 1:7a~b 참조.

24. 고려의 가장 유명한 문인 중 한 사람인 최자는 3권으로 된 『보한집』에서 1199년(신종 2) 여름 석류가 익었을 때 열린 시회에 대해 썼다(『보한집』 2:17a~b). 비슷한 모임은 1205년(희종 1)에도 열렸다(『고려사절요』 14:19a).

25. 이런 변화들은 같은 시기 일본에서 일어난 사건들과 비슷하다. John W. Hall, *Government and Local Power in Japan, 500 to 1700*, Princeton: Princeton University Press, 1966, 153~154쪽 참조. 여기서 필자는 제도 적 발전의 독특한 유사함 때문에 홀의 견해를 다른 표현으로 바꿔 서술했다.

26. G. Cameron Hurst Ⅲ, "The Structure of the Heian Court: Some Thoughts on the Nature of 'Familial Authority' in Heian Japan," in *Medieval Japan: Essays in Institutional History*, ed. John W. Hall and Jeffrey P. Mass., Stanford: Stanford University Press, 1974.

27. Jeffrey P. Mass, *Antiquity and Anachronism in Japanese History*, Stanford: Stanford University Press, 1992, 82~85쪽. 84쪽에서 매스는 조시키와 부교닌을 "대토지를 소유한 봉신이 아니라 녹봉을 받는 문객이었 다. 그 때문에 그들은 자신의 생계를 직접 책임진 주군에게 조종되었다"고 서 술했다.

6장 농민과 천민

1. 한때 학자들은 천민이 향·소·부곡 같은 특별 구역에 살았다고 믿었다. 예컨 대 旗田巍, 「高麗時代の賤民制度部曲について」, 『朝鮮中世社會史研究』, 東京: 法政大學出版局, 1972, 57~74쪽. 아울러 김용덕, 「향, 소, 부곡고」, 『백낙준박 사 화갑기념논문집』, 사상계사, 1955, 171~246쪽도 참조. 이 논문은 박종기 의 비판을 받았는데(『고려시대 부곡제도연구』, 서울대학교 출판부, 1990), 그 는 부곡민이 실제로는 추가적인 부담을 진 평민이었음을 보여주었다.

2. John Duncan, *The Origins of The Choson Dynasty: Kings, Aristocrats,* *and Confucianism*, Seattle: University of Washington Press, 2000, 57쪽 참조.

3. 고려의 지방제도에 관련된 최근의 논의는 박종기, 『고려시대 부곡제도연구』, 77~112쪽 및 하현강, 「지방의 통치조직」, 국사편찬위원회 편, 『한국사』13, 탐구당, 1993 참조.

4. 1172년(명종 2)에 새 조정은 53개 현에 감무를 파견할 것을 요청했다. 아울러 박종기, 같은 책, 117쪽 및 Duncan, *The Origins of The Choson Dynasty*, 58~59쪽 참조.

5. 변태섭, 「농민·천민의 난」, 230쪽.

6. 旗田巍, 「高麗の明宗·神宗代に於ける農民一揆」2, 『歷史學研究』2-5, 7~8쪽.

7. 『고려사』21:11a~b; 『고려사절요』14:7b~8a.

8. 박종기는 농민의 불만은 계층화된 지방 거주 제도의 일부인 부곡의 거주자라는 그들의 지위에 대한 불만에서 연유했다고 주장했다. 박종기, 『고려시대 부곡제도연구』 및 이정신, 『고려 무신 정권기 농민·천민항쟁 연구』, 74~75쪽 참조.

9. 하현강, 「고려 지방제도의 일연구」, 『사학연구』14, 1962, 95쪽.

10. 『고려사절요』13:30a~b. 아울러 변태섭, 「농민·천민의 난」, 238~239쪽 참조.

11. 『고려사』100:31a~b; 『고려사절요』14:12a.

12. 김당택, 『고려의 무인정권』, 168쪽. 1217년(고종 4)에는 친고구려 사건도 있었는데, 불만을 품은 군인들은 서경에서 반란을 일으켜 다른 사람들을 자신의 거사에 참여시키려고 했다. 그러나 그들은 거의 즉시 실패했고 죽임을 당했다. 『고려사』121:11a; 『고려사절요』15:8b.

13. 『고려사절요』13:42b.

14. 『고려사』22:5a; 『고려사절요』14:37a.

15. 예컨대 의성현은 패배했다는 이유로 신종 때 강등되었다. 노사신 외, 『동국여지승람』(민족문화추진회, 1964) 25:13b. 대조적으로 청주는 1231년(고종 18)에 승급되었다(『동국여지승람』25:23a). 『동국여지승람』을 보면 지명은 강요되었고 그 지방의 이전 명칭은 다시 효력을 발휘했다는 것을 알 수 있다.

16. 박종기, 『고려시대 부곡제도연구』, 183~196쪽.

17. 『고려사』128:223a; 『고려사절요』14:2b~3a. 최충헌은 풍수지리설을 따를 뿐만 아니라 이의민과 연관된 계획을 무너뜨리려고 했다.

18. 최충헌은 1조와 9조에서 국가의 문제를 야기한 다양한 지리적 재난을 언급하면서 그것을 바로잡아야만 한다고 경고했다. 이 책 2장 참조.

19. 『고려사』 21:8b~9a; 『고려사절요』 14:5a.

20. 『고려사』 21:7b; 『고려사절요』 14:4b.

21. 경주(동경)에 이런 처벌이 내려지자 최충헌은 "동경의 백성은 신라를 재건하겠다고 말하면서 반란 계획을 주군州郡에 보냈으니 처벌할 수밖에 없다"고 말했다. 그 지방은 삼경 중 하나였기 때문에 일부 인물들에게 이것은 극단적인 조치였다. 그러나 끊임없는 반란과 음모에 지친 최충헌은 더 이상의 도적 활동과 농민 반란을 끝내려고 했다. 『고려사절요』 14:7a~b 참조.

22. 『고려사절요』 15:34a, 16:30b · 35a.

23. 1232년(고종 19)에 일어난 첫 번째 사건은 『고려사절요』 16:16b~17a 참조. 1232년의 두 번째 사건은 『고려사』 130:4a, 23:27a~b, 『고려사절요』 16:19a~b 참조. 경주의 반란은 『고려사』 103:38b~39a, 『고려사절요』 16:18b~19a 참조. 1237년에는 나주에서도 반란이 일어났는데, 이 봉기도 단호하게 진압되었다(『고려사』 103:27b~28b, 16:26a~b).

24. 이 저항에 관련된 자세한 연구는 윤용혁, 『고려 대몽항쟁사 연구』 참조.

25. 사심관은 1318년(충숙왕 5)에 결국 폐지되었다. 旗田巍, 「高麗の事審官」, 『朝鮮中世社會史研究』, 130쪽 참조. 호장은 최씨 정권의 지휘를 받았으며 중앙에서 파견된 관원에게서 철저한 감시를 받았다.

26. David Brion Davis, *The Problem of Slavery in Western Culture*, Ithaca: Cornell University Press, 1966, 32쪽. 고려의 노비제도에 관련된 자세한 논의는 홍승기, 『고려귀족사회와 노비』와 Ellen Salem, "Slavery in Medieval Korea," Ph.D. dissertation, Columbia University, 1978 참조. 이 주제의 쟁점에 관련된 검토는 "Slavery and Slave Society in the Koryo Dynasty," *Journal of Korean Studies* 5, 1984, 173~190쪽도 참조. 아울러 Palais, *Confucian Statecraft and Korean Institutions; Views on Social History, Institute for Modern Korean Studies, Special Lecture Series*, No.2, Seoul: Yonsei University, 1998도 참조.

27. Hatada Takashi, *History of Korea*, 39쪽. 하타다는 세 구분─국가 · 관청 · 개인에게 소속된─에서 관청과 국가에 소속된 노비는 사실상 거의 동일했다

고 보았다.

28. Kang Chin-ch'ol, "Traditional Land Tenure," in Hugh H. Kang, ed., *The Traditional Culture and Society of Korea*, 62쪽.

29. 이재창, 「사원노비고」, 『황의돈선생 고희기념 사학논총』, 동국대학교 출판부, 1960, 251~261쪽.

30. 旗田巍, 「高麗時代における土地の嫡長子相續と奴婢の子女均分相續」, 『東洋文化』22, 1957; 『朝鮮中世社會史研究』, 355쪽.

31. 『고려사』129:12a~13a; 『고려사절요』14:2a~b.

32. 이런 해석에 대한 확신은 변태섭, 「만적란 발생의 사회적 소지」, 『고려 정치제도사연구』, 449~478쪽 참조.

33. 개인적 대화에서 박종기 교수는 최충헌이 노비를 소유한 문반 지배층의 신뢰를 얻으려고 노력했으며 그의 엄격한 노비 정책은 그들의 인정을 받는 데 필수적이었다고 지적했다.

34. 변태섭은 최충헌이 사회 질서를 유지하려고 노력했지만 그 때문에 노비 반란이 일어났다고 파악하지는 않았다(「농민·천민의 난」, 241쪽).

35. 변태섭도 비슷한 결론을 제출했다(「만적란 발생의 사회적 소지」, 471~472쪽).

36. 농민이 표출한 것과 같은 그 밖의 불만도 분명히 존재했지만, 이때 노비들이 마주한 변화된 사회·정치·경제적 조건은 그들에게 가장 불만스러운 것이 분명했다.

37. 진주 반란은 『고려사』128:26a와 『고려사절요』14:6b~7a, 개경 반란은 『고려사절요』14:14a 참조. 만적의 계획을 폭로한 노비는 면천되어 평민이 되었다. 『고려사』129:12b~13a, 『고려사절요』14:2a~b 참조.

38. 『고려사』81:15a, 103:14a; 『고려사절요』15:8a.

39. 『고려사』129:25b~26a; 『고려사절요』15:13b~14a.

40. 홍승기는 최씨 가문에 협력한 노비를 연구했다. 「최씨 무인정권과 최씨의 가노」, 『고려귀족사회와 노비』 참조. 「고려 최씨 무인정권과 최씨가의 가노」, 홍승기 편, 『고려무인정권 연구』, 177~202쪽에서 그는 최씨 가문의 노비는 최씨 집정들에게 매우 헌신적이었다고 지적했다. 그러나 주인이 몰락하자 노비들은 최씨 집정들과 가까웠던 관계 때문에 반역의 근원이 되었다.

41. 『고려사』129:27b~28a; 『고려사절요』15:20b~21a.

42. 의종과 명종 때 환관의 활동은 앞 장에서 논의했다. 태어날 때 어떤 결함이 있는 남자아이들은 자연스럽게 환관의 후보가 되었지만, 환관이 되기로 선택하거나 부모에게 거세된 부류도 환관이 되었다. 이우철, 「고려시대의 환관에 대하여」 참조.

43. 『고려사』 129:9a; 『고려사절요』 13:47a.

44. 공장은 『고려사절요』 14:4a, 형제를 제한하는 규정은 『고려사』 101:10b, 『고려사절요』 14:14b 참조.

45. 남반은 서반(무반)·동반(문반)과 함께 행정의 세 번째 집단이었다. 고려가 개창되었을 때 남반은 명망 있는 인물들로 채워졌지만, 그 뒤 비천한 사회적 배경을 가진 부류도 들어갈 수 있게 되었다. 남반은 국왕을 수행하고 지방 관서에서 근무했다. 조좌호, 「麗代南班考」 『동국사학』 5, 1967, 1~17쪽; 이병도, 「고려남반고」 『서울대학교 논문집』 16, 1966, 157~168쪽 참조.

46. 『고려사』 129:17b; 『고려사절요』 14:21a.

47. 『고려사』 129:31b; 『고려사절요』 15:26b. 최씨 집정들은 일군의 노비를 소유했다. 홍승기, 「최씨 무인정권과 최씨의 가노」 283쪽 참조.

48. 유석은 『고려사』 121:3b~4a, 손변은 『고려사』 102:17b, 『고려사절요』 17:3b, 유천우는 『고려사』 105:33b 참조. 과거에 처음으로 급제한 환관은 『고려사』 74:12b 참조.

49. 최항의 어머니는 고위 관원인 사홍기의 딸이었지만, 최우의 첩이었으므로 결국 천민이었다. 그녀의 어머니도 첩이었을 것으로 추정된다. 이 두 여성의 천민 신분에 관련된 증거는 『고려사』 129:51b, 『고려사절요』 17:29a 참조.

50. 『고려사』 75:24b, 129:53a; 『고려사절요』 17:33b~34a.

51. 『고려사절요』 17:15b~16a.

52. 『고려사』 103:39b~40a; 『고려사절요』 17:14a. 그는 자신의 지역에 있는 노비 문서만 불태웠을 것으로 추정된다.

53. 김용덕은 일반적으로 천민은 향·소·부곡 같은 지역에서 살았지만 무신 집권기에 그런 지역은 국내의 불안 속에 사회적 해방이 일어나면서 그 의미를 잃기 시작했다고 주장했다(「향, 소, 부곡고」). 김용덕의 자료와 역사적 증거는 이 용어가 최충헌과 최우 집권기 내내 유지되었음을 보여준다. 몽골의 침입이 심각해진 뒤에야 천민의 사회적 이동 가능성과 함께 향·소·부곡의 변화

가 나타났다. 박종기, 『고려시대 부곡제도연구』도 참조.

54. 今石二三雄, 「高麗朝における奴婢について」, 『桑原博士還曆紀念東洋史論叢』, 1931, 1160~1161쪽. 아울러 홍승기, 「고려시대 노비연구」 및 Palais, *Confucian Statecraft and Korean Institutions*, 214~217쪽도 참조.

55. 『고려사』 24:5a; 『고려사절요』 17:6b.

56. 『고려사』 24:9b~10a; 『고려사절요』 17:11b~12a.

57. 『고려사』 24:33a; 『고려사절요』 17:36b~37a, 18:8a.

7장 무신 집권기의 불교

1. 많은 학자가 이 주제를 연구했다. 민현구, 「월남사지 진각국사비의 음기에 대한 일고찰」, 『진단학보』 36, 1973, 5~38쪽; 김당택, 「고려 최씨무인정권과 수선사」, 『역사학연구』 10, 1981(『고려무인정권연구』, 새문사, 1987 재수록); Ch'oe Pyonghon(Byong-Hon), "Significance of the Foundation of Susonsa in the History of Koryo Buddism," *Seoul Journal of Korean Studies* 1, 1988, 49~68쪽; 채상식, 『고려후기 불교사연구』, 일조각, 1991; 유영석, 「최씨 무신정권과 조계종」, 『백산학보』 33, 1986, 157~189쪽; 김광식, 『고려 무인정권과 불교계』, 민족사, 1995.

2. 로버트 버스웰Robert E. Buswell Jr.의 *The Collected Works of Chinul* (Honolulu: University of Hawai'i Press, 1983)은 이 시기의 철학적 발전을 영어로 소개하는 데 크게 공헌했으며 이 시기 불교가 추구한 사상을 필자가 이해하는 데 견고한 기초를 제공했다. 아울러 Jae Ryong Shim, "The Philosophical Foundation of Korean Zen Buddhism: The Integration of Son and Kyo by Chinul(1158-1210)," Ph.D. dissertation, University of Hawai'i, 1979와 허흥식, 『고려불교사연구』, 일조각, 1986도 참조.

3. 허흥식, 『고려불교사연구』, 145~178쪽.

4. 의천에 관련된 연구는 최병헌, 「천태종의 성립」, 국사편찬위원회 편, 『한국사』 6, 탐구당, 1975; 「한국 화엄사상사에 있어서의 의천의 위치」, 『한국화엄사상연구』, 동국대학교 출판부, 1982; 조명기, 『고려 대각국사와 천태사상』, 민중서

관, 1964 참조.

5. 버스웰은 의천이 선종에 반감을 가졌다고 언급했다(*The Collected Works of Chinul*, 16~17쪽). 선종에 대한 이런 새로운 관심은 Shultz, "Twelfth-Century Koryo Politics: The Rise of Han Anin and His Partisans," 3~39 쪽;「한안인 파의 등장과 역할」,『역사학보』99 · 100, 1983, 147~183쪽; 김상용,「고려 예종대 선종의 부흥과 불교계의 변화」,『청계사학』5, 1988, 49~89 쪽 참조. 최병헌은 예종 때 도교의 연구와 결부해 선종에 대한 새로운 관심을 연구했다(「고려 중기 이자현의 선과 居士佛敎의 성격」,『김철준박사 화갑기념 사학논총』, 지식산업사, 1983).

6. Ch'oe Pyonghon, "Significance of the Foundation of Susonsa in the History of Koryo Buddism," 54쪽 참조.

7.『동문선』64:27a~30b에 실린 김부철의 글 참조.

8.『고려사』7:37a, 8:31a;『고려사절요』4:62a.

9.『고려사』98:20a;『고려사절요』11:37b. 저명한 두 가문인 해주 최씨와 인주 이씨는 교종의 적극적인 후원자였다. 예컨대 최영의 한 아들은 홍호사의 승려가 되었다(『朝鮮金石總覽』1:363). 이공수의 한 아들은 천관사天冠寺의 승려였다 (『한국금석문추보』103).

10. 유교성,「고려 사원경제의 성격」,『불교학논문집』, 1959, 608~610쪽. 예컨대 1020년에 현화사는 그 소유 외에도 1240결을 더 하사받았다(『고려사』4:34a, 『고려사절요』3:40b). 아울러 旗田巍,「高麗朝における寺院經濟」,『史學雜誌』, 43-5, 1934, 1~37쪽 참조.

11. 이재창은 사원 노비를 연구했다(「사원노비고」, 608~610쪽). 유교성은 3년 동안 사찰들은 100퍼센트의 비율로 이자를 걷었다고 지적했다(「한국상공업사」, 『한국민족문화사대계』2(하), 고려대학교 출판부, 1967, 1038~1044쪽).

12. 100명이 넘는 귀법사의 승려들은 도성의 북문을 공격했다. 이튿날 중광사 · 홍호사 · 홍화사 등의 승려 2000여 명이 이의방을 죽이려는 목표를 갖고 도성의 동문 근처에 모였다. 이의방은 보복했고 중광사 · 홍호사 · 귀법사 · 용흥사龍興寺 · 묘지사妙智寺 · 복흥사福興寺 등을 파괴하려고 했다. 무신들은 사찰을 불태우거나 약탈했고, 승려들은 군사를 공격해 보복했다.『고려사절요』 12:11a~b;『고려사』128:15b~16a 참조.

13. 1192년에 명종은 후궁에게서 낳은 왕자에게 승려가 되라고 명령했다. 『고려
사절요』의 기록은 다음과 같다. "겨울 10월에 후궁에게서 얻은 아들 선사善思
에게 승려가 되게 했는데 겨우 10세였다. 그는 의복과 등급이 적자嫡子와 다
를 바 없었고 소군小君이라고 일컬으면서 궁궐을 드나들면서 권세를 크게 부
렸다. 그러자 여러 후궁의 아들들이 모두 머리를 깎고 이름난 절을 골라서 차
지해 권세를 부리고 뇌물을 받았다." 『고려사절요』 13:29a 참조.

14. 채상식, 『고려후기 불교사연구』, 16쪽.

15. 예종은 연복사로 알려진 이 선종 사찰의 후원자였다. 12세기에 송에서 고려
를 방문한 서긍은 보제사는 궁궐의 남쪽에 있었다고 기록했다(『고려도경』, 아
세아문화사, 1981, 86쪽). 영어로 된 참고문헌은 Buswell, *The Collected
Works of Chinul*, 83쪽 주106 참조.

16. 『고려사』 19:19b~20a; 『고려사절요』 12:6b. 한 해 전 그는 도성의 또 다른 선
종 사찰인 봉은사를 방문했다(『고려사』 19:19a). 그는 보제사도 여러 번 찾았
다. 예컨대 『고려사』 19:21b, 『고려사절요』 12:7b 참조.

17. 『고려사』 19:24b; 『고려사절요』 12:17a~b.

18. 『고려사』 128:8b; 『고려사절요』 12:23b~24a 참조. 정중부는 호화로운 만찬
을 준비했고 국왕은 주요 신하들에게 참석하라고 지시했다. 교종의 반란이
일어난 뒤 대간에 있던 이런 관원들은 선종에 나쁜 감정을 갖게 되었고 그 종
파와 무신을 화해시키려는 국왕의 시도를 막으려 했다고 생각된다.

19. Shultz, "Twelfth-Century Koryo Politics: The Rise of Han Anin and
His Partisans," 32쪽.

20. 예컨대 1183년(명종 13)에 홍원사洪圓寺에서 열린 화엄법회를 들 수 있다(『고
려사』 20:14a, 『고려사절요』 12:56b). 그해 후반 국왕은 미륵사를 찾았다(『고
려사』 20:15a, 『고려사절요』 12:60b). 1185년에 국왕은 짙은 안개가 끼자 부
처에게 특별 기도를 드렸다(『고려사절요』 13:9b).

21. 1178년에 왕실에서는 승려들의 특별 법회인 도량을 후원했다(『고려사』
19:37b, 『고려사절요』 12:37a). 한 달 뒤 왕실은 경건함의 표시로 전국에서 3
만 명이 넘는 승려들을 초청해 음식을 대접했다(『고려사』 19:37b, 『고려사절
요』 12:38b). 비슷한 사례는 치세 내내 주기적으로 반복되었다. 예컨대 『고려
사절요』 12:53a~b · 13:3a 참조.

22. 1176년(명종 6)에 소규모 전투에서 패배한 뒤 지방의 군사 지휘관들은 승려를 입대시켜 병력을 강화할 것을 건의했다(『고려사』 19:29a, 『고려사절요』 12:25a). 1178년에 한 승려는 임시 관서를 설치해 늘어나는 봉기를 진압하자고 제안했다(『고려사절요』 12:36b).

23. 망이는 홍경원弘慶院을 불태우고 10명이 넘는 승려를 죽였다(『고려사』 19:32a, 『고려사절요』 12:30a). 1178년의 공격은 『고려사절요』 12:37b 참조. 1183년에 또 다른 도적인 김사미가 운문사를 거점으로 반란을 일으켰다(김광식, 『고려 무인정권과 불교계』, 63쪽).

24. 1177년에 한 승려는 국왕의 동생 충희冲曦가 모반을 꾸미고 있다고 고변했지만, 그 뒤의 조사에서 혐의가 없는 것으로 밝혀졌다(『고려사』 19:36a, 『고려사절요』 12:29a). 그 뒤의 사건은 『고려사절요』 12:34a 참조.

25. 1180년에 중방은 정중부 가문과 매우 가까웠다는 이유로 종참宗旵을 비롯한 승려 10여 명을 먼 섬으로 유배 보냈다(『고려사』 128:19a, 『고려사절요』 12:47b~48a).

26. 『고려사』 99:23b~24b; 『고려사절요』 13:19a~20a 참조.

27. 김광식, 『고려 무인정권과 불교계』, 63쪽.

28. 『고려사절요』 13:13b.

29. 왕자 출신 승려인 홍기洪機를 한 예로 들 수 있다(『고려사』 129:7a, 8b, 『고려사절요』 13:42b, 45a~46a). 선종 승려들은 최충헌의 견책을 피하지 않았다. 1197년에 최충헌은 연담淵湛 등 선종 승려들을 남동 지방으로 유배 보냈다(『고려사』 129:8b, 『고려사절요』 13:45a~46a). 아울러 김광식, 『고려 무인정권과 불교계』, 53쪽도 참조.

30. 1202년(신종 5)의 사건은 『고려사』 21:14a~b, 『고려사절요』 14:11b~12a 참조. 1203년의 반란은 『고려사절요』 14:14b 참조. 1209년에 몇 사람은 최충헌을 살해하려고 승려들을 모았으며 개경의 귀법사로 승려들을 소집하는 과정에서 계획이 탄로나 진압되었다(『고려사』 129:18b~19a, 『고려사절요』 14:25a). 1211년(희종 7)의 실패한 암살 시도는 『고려사』 129:20a~21a, 『고려사절요』 14:29a~b 참조. 마침내 1217년(고종 4)에 불만을 품은 승려들은 거란의 침입을 이용해 다시 한번 최충헌을 죽이려고 시도했다(『고려사』 129:24a~b, 『고려사절요』 15:1a~2a).

31. 金鍾國, 「高麗武臣政權と僧徒對立抵抗に關する一考察」, 『朝鮮學報』21·22, 1961, 567~589쪽도 참조. 최씨 정권에 반대해 선종이나 천태종과 연합한 사원이 있었다는 증거는 없다. 민현구, 「월남사지 진각국사비의 음기에 대한 일고찰」, 31쪽 참조.

32. 1196년 최충헌이 정변을 일으킬 때 길인吉仁이 왕륜사에서 승려들을 이끌고 반란을 일으키려고 한다는 고발이 들어왔다. 최충헌은 나중에 이 속임수를 밝혀냈다(『고려사』, 129:2b~4a, 『고려사절요』13:39b~40a). 이듬해 두경승과 흥왕사의 승려 요일은 반역을 꾸미고 있다는 혐의로 고발되었다(『고려사』 129:7a~b, 『고려사절요』13:44b~45a).

33. 최충헌에 대한 음모를 고발한 익명서 때문에 이 방문은 이뤄지지 않았다(『고려사』 129:7a~b, 『고려사절요』13:44b~45a).

34. 『고려사』 129:31a; 『고려사절요』15:31b.

35. Ch'oe Pyonghon, "Significance of the Foundation of Susonsa in the History of Koryo Buddism," 55쪽 참조. 아울러 채상식은 최우가 많은 종파와 협력했다고 지적했다(『고려후기 불교사연구』, 19쪽). 김광식은 최씨 정권이 거란과의 항쟁에서 정신적 도움을 얻고자 교종에 호소했다는 측면을 논의했다(『고려 무인정권과 불교계』, 215~217쪽).

36. 민현구, 「월남사지 진각국사비의 음기에 대한 일고찰」, 32쪽.

37. 조지 샌섬George Sansom은 일본 무사들도 선종에 비슷한 호감을 보였다고 지적했다(A History of Japan to 1334, Stanford: Stanford University Press, 1958, 429쪽). 그러나 선종의 이런 측면은 지나치게 강조되어서는 안 되는데, 글로 쓰인 법문도 선종의 실천에 상당히 중요했기 때문이다. Robert E. Buswell Jr., The Zen Monastic Experience, Princeton: Princeton University Press, 1992 참조.

38. 일반적으로 유학자들은 『고려사』 같은 기존의 고려시대 역사서에서 이런 승려들을 비판했다. 특히 묘청의 정책은 궁극적으로 국왕의 안전을 위협하는 것이었다. 그러나 국왕들은 견고한 지배층에서 벗어나는 수단으로 어느 정도는 계속 승려들에게 의존했다.

39. 김당택은 선종이 최충헌에게 숙청에서 연유한 죄책감으로부터 정신적 안정을 얻는 데 도움을 주었다고 지적했다(『고려의 무인정권』, 236쪽). 그는 최우도

자신의 정통성을 높이는 수단으로 선종을 이용했다고 파악했다(239~240쪽).

40. 주1, 2 참조.

41. 지눌의 삶에 관련된 자세한 영문 설명은 Buswell, *The Collected Works of Chinul*, 19~30쪽 참조. 버스웰은 오늘날 송광사가 된 수선사가 원래 길상사로 불렸다고 지적했다. 이 절은 정혜사로 이름 붙여질 예정이었지만, 이미 다른 사찰이 그 이름을 갖고 있어 수선사로 불리게 되었다. 이때 산의 이름이 송광에서 정혜로 바뀌었다.

42. Ch'oe Pyonghon, "Significance of the Foundation of Susonsa in the History of Koryo Buddism," 54쪽 참조. 지눌은 전달자로서도 칭송받았다. 안계현, 「조계종과 오교양종」, 국사편찬위원회 편, 『한국사』7, 탐구당, 1973, 312쪽 참조.

43. 최충헌은 한 아들을 정각국사에게 보내 공부시켰다(『朝鮮金石總覽』 1:576~577 및 민현구, 「월남사지 진각국사비의 음기에 대한 일고찰」, 33쪽 참조). 최우는 두 아들 최항(만전)과 만종을 혜심(진각국사)에게서 배우게 했다(『朝鮮金石總覽』1:463~464, 『고려사』129:41b 참조).

44. 김구, 『지포집』, 『고려명현집』, 경인문화사, 1972, 1:1b. 승려였을 때 최항은 자주 제멋대로 사람들을 위협해 많은 불만을 야기했다(『고려사』129:42a~b, 『고려사절요』16:28b~29b).

45. 창복사는 1211년에 재건되었다(『동국여지승람』, 25:8b). 안계현은 태안사의 중건을 지적했다(「조계종과 오교양종」, 312쪽). 김당택은 최충헌의 초상화는 그가 사망한 뒤 창복사에 안치되었는데, 이것은 그가 축복을 바라고 그 절에 시주했음을 보여준다고 지적했다(『고려의 무인정권』, 236쪽). 또한 김당택은 최우가 수선사에 토지를 기부했다고 서술했다(239쪽). 유영석은 최항이 보제사의 부속 건물을 완공했으며 최씨 집정들은 네 선종 사찰—단속사·쌍계사·수선사·선원사—을 통해 경제적으로 중요한 지방에 있는 사찰을 후원할 수 있었다고 지적했다(「최씨 무신정권과 조계종」, 187쪽).

46. 『동문선』 9:577~578 및 민현구, 「월남사지 진각국사비의 음기에 대한 일고찰」, 36쪽. 선원사는 강화도로 옮긴 도성에서 수선사의 지부로 기능했는데, 최씨 정권과 수선사의 매우 가까운 관계를 보여준다. Ch'oe Pyonghon, "Significance of the Foundation of Susonsa in the History of Koryo

Buddism," 57쪽 참조. 다른 사찰에 관련된 자세한 정보는 김광식,『고려 무
인정권과 불교계』, 264~324쪽 참조.

47. 안계현,「조계종과 오교양종」, 324쪽.

48. 『朝鮮金石總覽』1:576~577 · 593.

49. 민현구,「월남사지 진각국사비의 음기에 대한 일고찰」, 34쪽;『朝鮮金石總覽』
1:463~464. 아울러 진명으로도 알려진 승려 혜원이 선과에 급제해 최우의
도움으로 승진했다는 사실도 유익하다(『朝鮮金石總覽』1:593~595).

50. Buswell, *The Collected Works of Chinul*, 26~27쪽; Ch'oe Pyonghon,
"Significance of the Foundation of Susosnsa in the History of Koryo
Buddism," 52~53쪽; 채상식,『고려후기 불교사연구』, 51 · 80쪽 참조. 채상
식은 1장의 대부분을 백련사를 연구하는 데 할애했다. 또한 그는 지눌과 요
세가 강력한 지역적 연고의 특징을 가진 불교의 새로운 후원층을 만드는 데
노력했다고 생각했다(27~28쪽). 수선사는 점차 최충헌 정권과 연합했다. 백
련사는 지역적 후원과 계속 관계를 유지했다. 아울러 김광식,『고려 무인정권
과 불교계』, 209~215쪽 참조.

51. 유영석,「최씨 무신정권과 조계종」, 164~165쪽.

52. 교종이든 선종 또는 천태종이든 불교 의례와 연회는 모두 고려 사회생활의
중심이었다. 팔관회와 연등회는 왕실이 자주 중심 역할을 맡으면서 모든 사
회 계층이 즐기는 중요한 국가 휴일이었다.

53. 예컨대 신종은 1198년(신종 1)에 왕륜사를 방문했다(『고려사』 21:5a,『고려사
절요』 14:1b). 이 거둥 직전 그는 영통사를, 그 뒤에는 묘통사를 찾았다. 고
종은 1252년(고종 39)과 1258년에 같은 사찰들을 방문했다(『고려사』 24:5a,
『고려사절요』 17:6b, 17:37b). 재위 6년 신종은 보제사를 방문했다(『고려사』
21:15b,『고려사절요』 14:13b).『고려사』를 잠깐 훑어보면 신종은 치세 첫
3년 동안 도성 지역의 적어도 11개 사찰을 방문한 것으로 나온다(『고려사』
21:4a~11b).

54. 13세기 전반 거란의 침입 동안 한 점술가術㐱는 왕조를 보존하려면 이 사
찰로 거처를 옮기라고 국왕에게 주청했다(『고려사』 22:14b,『고려사절요』
15:12b).

55. 『고려사』 22:12b,『고려사절요』 15:10a~b · 12b. 8년 뒤 강종의 초상화는 현

화사에 있었다(『고려사절요』 15:34b).

56. 『고려사』 21:22b, 『고려사절요』 14:23a~b.

57. 왕실은 전국의 사찰을 후원했지만, 이런 호소는 침략을 받는 동안 더욱 절박해졌다. 예컨대 『고려사절요』 14:33b, 15:35b · 43b, 16:8a 참조. 최씨 집정들은 3년마다 한 번씩이 아니라 해마다 특별 법회를 열었다. 김광식, 『고려 무인정권과 불교계』, 144쪽.

58. 채상식은 천태종의 중요성을 논의했다(『고려후기 불교사연구』, 81쪽). 김광식은 최우가 고려의 북방 침입을 물리치기 위해 다양한 종파를 결집시켰음을 보여주었다(『고려 무인정권과 불교계』, 81쪽).

59. 김광식, 『고려 무인정권과 불교계』, 215쪽.

60. Ch'oe Pyonghon, "Significance of the Foundation of Susonsa in the History of Koryo Buddism," 52쪽. 채상식은 이 작업을 수행하는 데 필요한 거대한 노력은 선종과 교종을 연합시켰다고 지적했다(『고려후기 불교사연구』, 21쪽). 유영석도 이 결과를 언급했다(『최씨 무신정권과 조계종』, 181쪽).

61. 『고려사절요』 14:44b. 1년 뒤 거란군 6명이 국청사를 침범하자 승려들이 1명을 잡아서 죽였으며 나머지는 모두 달아났다(『고려사』 22:9b, 『고려사절요』 15:4a~b). 두 달 뒤 지방군은 승군과 연합해 거란군을 막으려고 출발했다(『고려사』 22:11a~b, 『고려사절요』 15:7a).

62. 몽골의 장수 살리타를 죽인 승려 김윤후는 용기와 겸손의 일화를 많이 남겼다(『고려사』 103:39b, 『고려사절요』 16:18a). 몽골의 침입으로 야기된 지방의 소요를 진정시키는 데 공헌한 승려 우본牛本은 최우의 상찬을 받았다(『고려사』 129:37a~b, 『고려사절요』 16:12a).

63. 고려 말엽 사찰이 너무 거대해졌기 때문에 조선의 새 지도자들은 불교의 영향력을 줄이려고 결심했음이 분명하다. 1328년(충숙왕 15) 통도사의 규모는 4만7000보가 넘었고 12개의 마을을 거느렸다. 武田幸男, 「高麗時代における通度寺の寺域支配」, 『東洋史研究』 25-1, 1966, 71쪽 참조. 최항은 원래 전라도에 있는 진도의 한 사찰을 맡고 있었다. 자기 가문의 힘에 의지해 그는 불량한 승려들을 모아 지방 사찰에 침투시켜 재산을 빼돌렸다. 다른 승려들은 제자라고 속여 주변 지역에서 비슷한 요금을 갈취했다(『고려사』 129:41b~42a, 『고려사절요』 16:28b~29b). 유영석은 최씨 정권이 경상도를

착취하는 데 사찰과의 관계를 이용했다고 주장했다(『최씨 무신정권과 조계종』, 161~162쪽). 또한 유영석은 특히 수선사가 기부에 힘입어 성장했음을 보여주었다(171~173쪽). 전라도와 경상도의 단속사와 쌍봉사는 최씨 집정들이 이 지역의 자원을 이용하면서 주요 사찰로 떠올랐다.

64. 『고려사』 110:22b~23a. 데이비드 맥뮬런David McMullen은 당대唐代에도 많은 유학자들이 불교·도교의 성직자와 연합하는 비슷한 변화가 있었다고 지적했다(*State and Scholars in T'ang China*, New York: Cambridge University Press, 1988, 48~49쪽). 필자는 이것을 지적해준 UCLA의 존 던컨에게 감사한다.

65. 이런 변화의 뿌리는 학자들이 선종과 도교, 그리고 유학을 동시에 추구하던 예종 때까지 거슬러 올라갈 수 있다. Shultz, "Twelfth-Century Koryo Politics: The Rise of Han Anin and His Partisans," 7쪽 및 "Twelfth Century Korea: Merit and Birth" 참조. 비슷한 분석은 Ch'oe Pyonghon, "Significance of the Foundation of Susonsa in the History of Koryo Buddism," 65~66쪽; 채상식, 『고려후기 불교사연구』, 8쪽; 이원명, 「고려 중기 북송 성리학의 전래와 성격고」, 『서울여자대학교 논문집』 18, 1989, 79~94쪽 참조.

66. 그의 글은 대부분 『동국이상국집』에 실려 있다. 예컨대 『동국이상국집』 25:8b, 『朝鮮金石總覽』 1:460 참조.

67. 『고려사절요』 15:24b~25a.

68. 예컨대 지눌의 전기를 쓴 김군수金君綏를 들 수 있다(『고려사』 98:21b~22a). 또는 선종 승려들과 특히 밀접한 관련을 갖고 있던 백분화白賁華를 들 수 있다(『동국이상국집』 36:1a~2b, 『朝鮮金石總覽』 1:473~474).

69. 최항은 이미 언급했다. 최씨 가문의 또 다른 친척으로 최우의 손자인 김정은 처음에 실행失行 때문에 사찰에 보내졌지만 뒤에 최우가 다시 불렀다(『고려사』 101:22a~b, 『고려사절요』 16:31a, 36a~37b). 역관이 되어 원 조정에서 활동한 조이趙彝는 한때 승려였다(『고려사절요』 18:19b~20a).

70. 『朝鮮金石總覽』 1:460~464. 혜심은 수선사 근처에서 자랐으며 어머니가 세상을 떠난 뒤 지눌 문하에서 수학했다. 이규보는 그의 묘지명을 썼다. 최병헌은 수선사를 이끈 인물의 다수는 유학자이자 지방 향리 출신이었다고 지적했

다("Significance of the Foundation of Susonsa in the History of Koryo Buddism," 59쪽).

71. 『파한집』 3:18b~19b. 천인에 관련된 자세한 논의는 채상식, 『고려후기 불교 사연구』, 83~89쪽 참조.

72. 채상식, 『고려후기 불교사연구』, 91~93쪽 참조. 과거에 급제한 또 다른 인물 은 유자원이었다. 이미 5세의 어린 나이에 그는 최우에게서 공부하라는 격 려를 받았다. 자라면서 그는 불교에 관심을 가져 승려가 되었다. 『보한집』 3:26a 참조.

73. 김지대金之岱는 과거에 급제하고 수십 년 동안 관직에 있었지만 은퇴한 뒤 승 려가 되었다(『고려사』 102:21a~22b). 유명한 파평 윤씨 출신인 윤위尹威는 과거에 급제하고 나라에 공로를 세웠지만 승려로 사는 것을 더 좋아했다(『동 국이상국집』 37:3b~4a).

74. 지눌의 가장 유명한 저작에는 「권수정혜결사문勸修定慧結社文」 「계초심학인문 誡初心學人文」 「수심결修心訣」 「진심직설眞心直說」 등이 있다. 이 저작들의 영역 은 Buswell, The Collected Works of Chinul 참조.

75. 혜심은 『선문염송집』을 썼다. 혜심은 지눌이 쓴 글의 다수를 편집했다.

76. 이 연구는 Peter H. Lee가 Lives of Eminent Korean Monks: The Hae-dong Kosung chon, Cambridge, Mass.: Harvard University Press, 1969 로 번역했다.

77. 영역은 Lee, Sourcebook of Korean Civilization, 420~421쪽 참조. 원문 은 『한국불교전서』 6:46c~47b. 해주 최씨 출신인 최홍균은 급제하고 최우 아래서 고위 문반이 되었다. 혜심은 한때 최홍균 아래서 공부했다(『朝鮮金石 總覽』 1:463). 혜심의 편지를 번역한 로버트 버스웰도 "혜심의 글들은 학자와 승려들이 폭넓은 생각을 활발하게 교류하면서 논의한 이 시대의 지적 열정을 보여주면서 도교의 논의까지 이끌었다"고 지적했다(Lee, 같은 책, 411쪽).

78. 채상식, 『고려후기 불교사연구』, 83쪽도 참조. 그는 임주일의 발언을 인용하 면서(『동문선』 83) 천인이 어떻게 불교와 유교를 결합시키고 도행道行을 고결 하게 만들었는지를 지적했다. 아울러 허흥식, 『고려불교사연구』, 506쪽도 참 조.

8장 토지와 그 밖의 경제적 쟁점들

1. 『고려사』 20:18b; 『고려사절요』 13:5b~6a, 13:15a. 토지 소유의 확대는 제2장 참조. 1183년 이준창은 한 남자에게서 토지를 빼앗았다는 고발을 당했다(『고려사』 100:25b~26a; 『고려사절요』 12:56a~b).

2. 토지제도에 관련된 포괄적 논의는 제임스 B. 팔레와 강진철의 연구를 참조.

3. 『고려사』 129:5a; 『고려사절요』 13:41a.

4. 제임스 B. 팔레는 이런 해석을 제시했다(1998년 8월의 개인적 발언).

5. 강진철은 최충헌의 개혁은 그저 권력을 좀 더 확대하려는 위장이었다고 주장했다(「한국토지제도사(상)」, 『한국문화사대계』 2, 고려대학교 출판부, 1965, 1342쪽). 이것은 어느 정도 사실이지만, 최충헌은 국가 체제를 재건하고 관료제도를 강화함으로써 자신의 지위도 동시에 구축할 수 있었다는 사실을 간과해서는 안 된다.

6. 강진철, 같은 논문, 1342~1343쪽.

7. 『고려사절요』 14:19a. 앞서 지적했듯이 공해전과 공전은 수확의 4분의 1만 세금으로 걷었다.

8. 『고려사』 129:28a~b; 『고려사절요』 15:23b. 제임스 팔레는 최우는 토지와 백성 또는 토지와 노비를 돌려주었다고 추정했다(개인적 발언).

9. 『고려사』 129:34b; 『고려사절요』 15:42b~43a.

10. 『고려사절요』 17:32a.

11. 『고려사』 129:35a~b; 『고려사절요』 15:46a~b.

12. 예컨대 왕실은 최충헌에게 토지 100결을 하사했다(『고려사절요』 14:19a).

13. 강진철, 「한국토지제도사(상)」, 1350쪽; 旗田巍, 「高麗時代の王室莊園 庄·處」, 『朝鮮中世社會史研究』, 77쪽. 앞으로 보듯이 왕실은 이때 식읍의 권리를 갖지 않았다. '처處'는 줄어든 수입을 보충하는 수단으로 변화되었다고 생각된다.

14. 『고려사절요』 17:32a.

15. 김종국은 이 시기의 특징은 소유주가 모든 지대와 토지의 이전, 생산권을 통제한 장원이 발달한 것이었다고 주장했다(「高麗武臣政權の特質に關する一考察」). 지주의 지위와 권력이 강화되면서 경작자는 소작권을 잃고 노비로 전락

했다. 김종국의 전체적인 이론을 뒷받침할 수 있는 증거는 거의 발견되지 않았다.

16. 최충헌의 식읍은 『고려사』 129:16b; 『고려사절요』 14:19b 참조. 최우는 『고려사』 129:39b; 『고려사절요』 16:30b~31a 참조. 최항은 『고려사』 129:50b; 『고려사절요』 17:23b 참조. 하현강, 「고려식읍고」, 『역사학보』 26, 1965, 137쪽도 참조.

17. 『고려사』 129:50b; 『고려사절요』 17:23b.

18. 『고려사』 129:17a~b; 『고려사절요』 14:20b. 이 사건에서 최충헌은 '후'의 작위를 정중하게 거절하고 좀 더 낮은 '공'을 받았다. 6년 뒤 그는 자신의 부 이름을 '진강부晉康府'로 바꿨다.

19. 최우는 『고려사』 129:39a; 『고려사절요』 16:21b~22a 참조. 최항은 『고려사』 129:47b~48a, 『고려사절요』 17:4b, 7a~b 참조.

20. 『朝鮮金石總覽』 1:442. 하현강은 최충헌이 경상도에 머무른 기간과 관련해 다른 의견을 제시했다. 하현강은 최충헌이 진주에 식읍을 받기 전에는 그곳과 가까운 관련을 맺을 필요가 없었다고 생각했지만, 김종국은 최충헌이 그 지역에서 거의 10년을 지냈다고 주장했다. 하현강, 「고려식읍고」, 132~133쪽 참조. 최충헌의 어머니가 진주 출신이고 자녀와 손자녀들도 외가에서 자주 길러졌음을 감안하면 최충헌이 진주에서 적어도 유년의 일부를 보냈을 가능성이 크다고 생각된다. 혼인과 가족 관계는 Deuchler, *The Confucian Transformation of Korea*, 66쪽 참조.

21. 이경희, 「최충헌 가문연구」, 11쪽.

22. 하현강은 일반적으로 더 큰 수치는 공식적이지만 허구의 규모였음을 보여주었다(「고려식읍고」). 나중의 수치, 이 경우는 300호가 식읍의 실제 규모를 좀 더 잘 반영한다고 말했다.

23. 최충헌의 식읍은 『고려사』 129:16b; 『고려사절요』 14:19b 참조. 최우는 『고려사절요』 16:30b~31a 참조. 최항은 『고려사』 129:49b~50b; 『고려사절요』 17:23b 참조.

24. 『고려사』 129:40a; 『고려사절요』 16:31b~32a; 하현강, 「고려식읍고」, 129쪽.

25. 『고려사』 129:44a~b; 『고려사절요』 16:39b.

26. 윤회 등, 『세종실록지리지』, 세종대왕기념사업회, 1973, 150:27b~28a.

27. 하현강, 「고려식읍고」, 134쪽; 강진철, 「한국토지제도사(상)」, 1356쪽.

28. 『고려사』 130:15a; 하현강, 「고려식읍고」, 138쪽.

29. 『고려사절요』 16:28b~29a. 아울러 7장 주63 참조. 1석은 5부셀bushel 정도 된다. 만전은 최항이다.

30. 이런 관계의 자세한 논의는 김광식, 『고려 무인정권과 불교계』, 237~347쪽 참조.

31. 『고려사』 22:6a; 『고려사절요』 14:38a. 이 기록의 비판적 어조에는 15세기에 왕조 기록을 편찬한 인물들의 반상업적 편견이 많이 반영되어 있다.

32. 1205년(희종 1)의 사건은 『고려사』 21:20a; 『고려사절요』 14:19b 참조. 1231 년(고종 18)의 사례는 『고려사』 129:36b 참조.

33. 최우의 노력은 『고려사』 129:34b~35a; 『고려사절요』 15:43b 참조. 1244 년(고종 31)의 사건은 『고려사』 23:37a~b; 『고려사절요』 16:32b~33a 참 조. 이 시기의 왜구의 침략에 대한 설명은 Benjamin Harrison Hazard Jr., "Japanese Marauders and Medieval Korea," Master thesis, University of California at Berkeley, 1958 참조.

34. 『고려사』 130:8b~9a; 『고려사절요』 17:15a~b.

35. 노역의 감소는 『고려사』 22:27a 참조. 1202년의 사건은 『고려사절요』 14:10b 참조.

36. 『고려사』 129:5a~b, 『고려사절요』 13:41a~b; 『고려사』 22:14a, 『고려사절요』 15:12a. 고려시대를 연구한 많은 학자들이 받아들인 추정─예컨대 강진철의 연구를 참조하라─은 특히 무신 집권 이후에 나타난 토지 소유의 확대가 나 라를 파산시켰다는 것이다. 그러나 이 증거는 최씨 집권기에도 대토지 소유 가 확대되었지만 국가와 최씨 정권은 조세를 걷고 자신들의 정책을 추진하는 데 조세 제도를 이용할 수 있었다는 것을 보여준다.

37. 『고려사』 80:27a; 『고려사절요』 16:22b.

38. 『고려사절요』 17:33b, 『고려사』 24:21b; 『고려사절요』 17:21b, 『고려사』 23:29b~30a; 『고려사절요』 16:35a, 17:24a~b.

39. 『고려사』 21:22a~b, 『고려사절요』 14:23a.

40. 『고려사』 103:8b, 129:22a~b; 『고려사절요』 14:40b~41a.

41. 『고려사절요』 17:30b.

42.『고려사절요』17:32a. 이 분배가 최씨 정권이 몰락하기 1년 전에 있었다는 사실을 다시 한번 염두에 둘 필요가 있다.

43. 진주 외에도『고려사』에서는 최씨 정권이 전라도 임피(현재 이리 부근)에 토지를 갖고 있었다는 사실을 특별히 언급했다(『고려사』104:39b~40a). 최씨의 소유를 보여주는 지도는 윤용혁,『고려 대몽항쟁사 연구』, 222쪽 참조.

44.『고려사절요』17:45a · 43a.

45.『고려사』129:55b.

46. Kang Chin-ch'ol, "Traditional Land Tenure," 62쪽.

9장 최씨 정권의 난제

1.『고려사』129:7b;『고려사절요』13:45a.

2.『고려사』129:2a;『고려사절요』13:37a.

3. 제2장에서 최충헌이 왕실의 존엄을 지키기 위해 동생 최충수와 대결한 사실을 보여주었다.『고려사』129:9b~12a 참조.

4. 명종의 장례는『고려사』64:6b;『고려사절요』14:13a 참조. 신종은『고려사』64:7a · 21:17a~18a;『고려사절요』14:15b~16b 참조.

5. 최충헌은 호감을 가진 국왕에게는 대체로 태묘太廟에서 중요한 위치를 부여했다. 예컨대 신종은 태묘에서 세 번째 목穆(태묘에서는 태조의 신위를 중앙에 두고 그 뒤 국왕들의 신위를 좌우로 배치하는데 왼쪽 줄을 소昭, 오른쪽 줄을 목이라고 한다―옮긴이)에 안치했으며(『고려사절요』14:20a~b) 그 뒤 강종은 11세기의 국왕인 문종을 제거했다는 이유로 비슷한 대우를 받았다(『고려사절요』14:35a). 희종과 명종은 그런 대우를 받지 못했다. 김당택,『고려무인정권 연구』, 152쪽도 참조.

6.『고려사』24:23b;『고려사절요』17:23a.

7.『고려사』100:28a;『고려사절요』15:2a~b.

8.『고려사』129:26a;『고려사절요』15:19b.

9.『고려사』88:34b. 이 인물의 다른 사항은 거의 알려지지 않았으며, 가문도 확실치 않다.

10. 『고려사』 129:19b; 『고려사절요』 14:27b~28a. 1232년의 선물은 『고려사』 129:38a; 『고려사절요』 16:15a 참조.

11. 『고려사』 129:52b; 『고려사절요』 17:29b.

12. 김당택, 『고려무인정권연구』, 155쪽.

13. 『고려사』 129:18a~b; 『고려사절요』 14:21b~22a.

14. 『고려사』 129:32b~33b; 『고려사절요』 15:38a~39b.

15. 신종의 사면은 『고려사절요』 13:51b 참조. 노인 등에 대한 선물 하사는 『고려사』 21:22b~23a, 68:10b~11a; 『고려사절요』 14:23b 참조. 내시 파견은 『고려사』 22:33b; 『고려사절요』 15:42a~b 참조.

16. 희종의 요구는 『고려사』 21:22b; 『고려사절요』 14:23a~b 참조. 인용문은 『고려사』 20:38b~39b; 『고려사절요』 13:46a~47a, 14:8b 참조.

17. 유교 이념은 절대 군주지만 실제로는 대립적 집단의 중재자로 자주 기능하는 국왕을 용인했다. 거기서는 국왕을 가정의 아버지로 상정하는 개인적 관계를 중시했다. 조정은 백성의 복지를 책임졌고, 법률보다는 사례가 가장 효과적인 설득의 수단으로 여겨졌다. 장점과 능력을 가진 사람이 관직에 나아가야 한다는 것이 유교의 격언이었다. 유교의 제도들은 권위 있는 고전들에 토대를 두었다. 추가적 논의는 Edward A. Kracke, *Civil Service in Early Sung China*, Cambridge, Mass.: Harvard University Press, 1953, 21~24쪽 참조.

18. Kang, "The Development of the Korean Ruling Class from Late Silla to Early Koryo," 사상의 흐름은 특히 5장 참조.

19. 『고려사』 129:7b~9a; 『고려사절요』 13:45a~46b. 자신의 첩을 매개로 최충수와 연관되었을 가능성을 제외하면 사공 진의 신원은 확실치 않다. 최충수는 진을 선호했지만 최충헌이 지지한 후보가 승리했다는 사실을 고려하면, 명종을 누가 계승할 것인가 하는 문제 때문에 최충헌과 최충수는 사이가 틀어졌다고 김당택은 주장했다(『고려무인정권연구』, 149쪽).

20. Michael C. Rogers, "Sukchong of Koryo: His Accession and His Relations with Liao," *T'oung Pao* 47, 1959, 30~42쪽 및 "Koryo's Military Dictatorship and Its Relations with Chin," *T'oung Pao* 47, 1959, 43~62쪽 참조. 이때 최충헌은 의종의 퇴위를 설명하기 위해 정중부가 사용

했던 것과 동일한 전례를 따랐다.

21. Rogers, "Koryo's Military Dictatorship and Its Relations with Chin," 55 쪽 참조. 로저스는 최충헌이 "호(명종)를 완전히 제거해 그의 꼭두각시인 탁(신종)에 대한 금의 인정을 얻는 과정을 앞당기려고 결정했음이 분명하다"고 말했다. 명종의 이른 붕어는 최충헌이 이 국왕을 왕비의 의례로 안장하려고 한 까닭을 설명하는 데 도움을 준다. 그는 장례 기간을 단축해 금이 위조를 알지 못하게 하면서 관심을 덜 끌려고 했다.

22. 로저스는 금의 역사서는 "왕영(희종)이 1212년 8월에 붕어하자 아들이 계승했다고 서술했다. 따라서 이것은 『고려사』에 최후의 일격을 가한다. 왜냐하면 그 달 9일에 사망한 사람은 왕오였으며 그를 계승한 사람은 그의 아들 왕철(고종)이었기 때문이다. 왕영은 유배 가서 1237년까지 생존했다. 결론적으로 고려에서는 국왕의 붕어를 알리는 데 왕영의 이름을 그대로 유지하는 것 외에는 대안이 없었다고 생각되는데, 금이 관련되어 있는 한 그는 계속 재위하고 있는 국왕이었기 때문이다"라고 지적했다("Koryo's Military Dictatorship and Its Relations with Chin," 60쪽).

23. 『고려사』 99:32a~33b, 19:14a~b; 『고려사절요』 12:2a~3b, 22b~23a 참조. 로저스는 이런 각본을 제시했다(같은 논문, 46~52쪽).

24. 2장 및 『고려사』 100:9a~b; 『고려사절요』 12:21b~22a, 23a~b 참조. 아울러 Rogers, 같은 논문, 50~52쪽 참조. 로저스가 지적했듯이 금의 황제는 이미 명종의 즉위를 인정했으며 따라서 조위총의 호소를 무시한 것이었다.

25. 광종은 권력을 갖고 통치한 국왕의 좋은 사례다. 예컨대 Hugh H. W. Kang, "Institutional Borrowing: The Case of the Chinese Civil Service Examination in Early Koryo," *Journal of Asian Studies* 24, no. 1, 1974, 109~125쪽 참조.

26. 윤용혁, 『고려 대몽항쟁사 연구』, 40~41쪽.

27. 같은 책, 163~170쪽.

28. 예컨대 1235년(고종 22) 몽골과 정신적으로 싸우기 위한 방법의 하나로 어의御衣를 개경과 남경(지금의 서울)에 번갈아 봉안했다(『고려사절요』 16:22a~b). 1243년(고종 30)에 고려의 지도자들은 산성의 방어를 준비하기 위해 장수들을 파견했다(『고려사절요』 16:31b).

29. 조세 면제는 제8장과 『고려사절요』 16:35a, 39b, 17:21b 참조. 국고가 빈 것은 『고려사절요』 17:14b, 15a~b 참조. 그리고 국고에서 식량을 배급한 것은 『고려사절요』 17:29b, 30a 참조.

30. 최항이 몽골의 사신을 만나기를 거부한 것은 『고려사』 129:49a~b; 『고려사절요』 17:7b~8b 참조. 국왕의 의견을 따른 것은 『고려사』 24:9b~10a; 『고려사절요』 17:11b~12a 참조. 몽골은 그런 의도를 간파했다. 『고려사절요』 17:19a. 최항이 저항을 호소한 것은 『고려사』 130:32a~b, 『고려사절요』 17:26a~b 참조. 최씨 정권이 사라진 뒤 왕실은 그들이 몽골과 좋은 관계를 방해했다고 비판했다.

참고문헌

『고려사』, 경인문화사, 1972.

『고려사절요』, 學習院, 1969.

국사편찬위원회 편, 『조선왕조실록』, 1955~1958.

국사편찬위원회 편, 『한국사』 18—고려무신정권, 탐구당, 1973.

김구, 『지포집』, 『고려명현집』, 경인문화사, 1972.

김부식 등 편, 『삼국사기』, 고전간행회, 1931.

김종서 등 편, 『고려사절요』, 아세아문화사, 1973.

노사신 외, 『동국여지승람』, 민족문화추진회, 1964.

『동문선』, 대한공론사, 1970.

박한주 편, 「만성대동보」, 학문각, 1972.

서거정, 『동국통감』 전6권, 朝鮮硏究會, 1915.

서긍, 『고려도경』, 아세아문화사, 1981.

윤회 등, 『세종실록지리지』, 세종대왕기념사업회, 1973.

이규보, 『동국이상국집』, 경인문화사, 1972.

이인로, 『파한집』, 『고려명현집』, 경인문화사, 1972.

이제현, 『역옹패설』, 『고려명현집』, 경인문화사, 1972.

일연, 『삼국유사』, 민중서관, 1946.

정인지 등, 『고려사』, 경인문화사, 1972.

『증보문헌비고』, 동국문화사, 1964.

최자, 『보한집』, 『고려명현집』, 경인문화사, 1972.

강진철, 「고려초기의 군인전」, 『숙명여대 논문집』 3, 1963.

_____, 「한국토지제도사(상)」, 『한국문화사대계』 2, 고려대학교 출판부, 1965.

_____, 「고려전기의 공전/사전과 그의 차율수조에 대하여」, 『역사학보』 29, 1965.

김광식, 『고려 무인정권과 불교계』, 민족사, 1995.

김낙진, 「견룡군과 무신의 난」, 홍승기 편, 『고려무인정권 연구』, 서강대학교 출판부, 1995.

김당택, 『고려무인정권연구』, 새문사, 1987.

_____, 『고려의 무인정권』, 국학자료원, 1999.

_____, 「고려 최씨무인정권과 수선사」, 『역사학연구』 10, 1981; 『고려무인정권연구』, 새문사, 1987 재수록.

_____, 「고려 무인집권 초기 민란의 성격」, 『국사관논총』 20, 1990.

_____, 「정중부, 이의민, 최충헌」, 『한국사시민강좌』 8, 1991.

_____, 「상정고금예문의 편찬시기와 그 의도」, 『호남문화연구』 21, 1992.

_____, 「고려 의종대의 정치적 상황과 무신의 난」, 『진단학보』 75, 1993.

_____, 「임연 정권과 고려의 개경환도」, 『이기백선생 고희기념 한국사학논총』, 일조각, 1994.

김두담, 「고려 무신집정시대에 관한 소고」, 『부산대학교 문리대학보』 6, 1968.

김상기, 『고려시대사』, 동국문화사, 1961.

_____, 「삼별초와 그의 난에 대하여」, 『진단학보』 9, 1939.

_____, 「고려 무인정치기구고」, 『동방문화교류사논고』, 을유문화사, 1948.

김상용, 「고려 예종대 선종의 부흥과 불교계의 변화」, 『청계사학』 5, 1988.

김성준, 「고려정방고」, 『사학연구』 13, 1962.

김수미, 「고려 무인정권기의 야별초」, 홍승기 편, 『고려무인정권 연구』, 서강대학교 출판부, 1995.

김용덕, 「향, 소, 부곡고」, 『백낙준박사 화갑기념논문집』, 사상계사, 1955.

김용선, 『고려음서제도연구』, 일조각, 1991.

김윤곤, 「고려 귀족사회의 제모순」, 국사편찬위원회 편, 『한국사』 7, 탐구당, 1973.

김의규, 「고려 무인정권기 문사의 정치적 활동」, 『한우근박사 정년기념 사학논총』, 지식산업사, 1981.

민병하, 『고려 무신정권연구』, 성균관대학교 출판부, 1990.

_____, 「고려 무신집정 시대에 대한 일고」, 『사학연구』 6, 1959.

_____, 「최씨정권의 지배기구」, 국사편찬위원회 편, 『한국사』 7, 탐구당, 1973.

민현구, 「월남사지 진각국사비의 음기에 대한 일고찰」, 『진단학보』 36, 1973.

박용운, 『고려시대 대간연구』, 일지사, 1980.

_____, 『고려시대 음서제와 과거제 연구』, 일지사, 1990.

_____, 「고려조의 대간연구」, 『역사학보』 52, 1971.

박종기, 『고려시대 부곡제도연구』, 서울대학교 출판부, 1990.

박창희, 「최충헌 소고」, 『사학지』 3, 1969.

_____, 「무신정권 시대의 문인」, 국사편찬위원회 편, 『한국사』 7, 탐구당, 1973.

_____, 「무인정권하의 문신들」, 『한국사시민강좌』 8, 1991.

변태섭, 『고려 정치제도사연구』, 일조각, 1971.

_____, 「만적란 발생의 사회적 소지」, 『고려 정치제도사연구』, 일조각, 1971.

_____, 「무신의 난과 최씨정권의 성립」, 국사편찬위원회 편, 『한국사』 7, 탐구당, 1973.

_____, 「농민·천민의 난」, 국사편찬위원회 편, 『한국사』 7, 탐구당, 1973.

_____, 「중앙의 정치조직」, 국사편찬위원회 편, 『한국사』 13, 탐구당, 1993.

슐츠, 에드워드 J., 「한안인 파의 등장과 역할」, 『역사학보』 99·100, 1983.

안계현, 「고려시대의 무인정치에 대하여」, 『해군』 46, 1956.

_____, 「팔관회고」, 『동국사학』 4, 1966.

_____, 「여대 승관고」, 『동국사학』 5, 1967.

_____, 「조계종과 오교양종」, 국사편찬위원회 편, 『한국사』 7, 탐구당, 1973.

유교성,「한국상공업사」,『한국민족문화사대계』2(하), 고려대학교 출판부, 1967.

_____,「고려 사원경제의 성격」,『불교학논문집』, 1959.

유영석,「최씨 무신정권과 조계종」,『백산학보』33, 1986.

유창규,「최씨무인정권하의 도방의 설치와 그 향방」, 홍승기 편,『고려무인정권
      연구』, 서강대학교 출판부, 1995.

윤용혁,『고려 대몽항쟁사 연구』, 고려대학교 출판부, 1991.

이경희,「최충헌 가문연구」,『부산여대사학』5, 1987.

이기백,『국사신론』, 대성사, 1961.

_____,『고려 병제사연구』, 일조각, 1968.

_____,『고려사 병지 역주』1, 경인문화사, 1969.

이난영,『한국금석문추보』, 중앙대학교 출판부, 1968.

이병도,『고려시대의 연구』, 을유문화사, 1954.

_____,『한국사─중세편』, 을유문화사, 1961.

_____,「고려남반고」,『서울대학교 논문집』16, 1966.

이우성,「고려조의 '吏'에 대하여」,『역사학보』14, 1961.

_____,「고려중기의 민족서사시」,『성균관대 논문집』7, 1963.

이우철,「고려시대의 환관에 대하여」,『사학연구』1, 1958.

이원명,「고려중기 북송 성리학의 전래와 성격고」,『서울여자대학교 논문집』18,
      1989.

이재창,「사원노비고」,『황의돈선생 고희기념 사학논총』, 동국대학교 출판부,
      1960.

이정신,『고려 무신정권기 농민·천민항쟁 연구』, 고려대학교 출판부, 1991.

이홍직 편,『국사대사전』, 백만사, 1974.

이훈상,「고려중기 향리제도의 변화에 대한 일고찰」, 홍승기 편,『고려무인정권
      연구』, 서강대학교 출판부, 1995.

장원규,「조계종의 성립과 발전에 대한 고찰」,『불교학보』1, 1963.

정수아,「김준세력의 형성과 그 향배」, 홍승기 편,『고려무인정권 연구』, 서강대학
      교 출판부, 1995.

조규태,「최씨 무신정권과 교종도감체제」, 홍승기 편,『고려무인정권 연구』, 서강

대학교 출판부, 1995.

조동일, 『한국문학통사』 2, 지식산업사, 1989.

조명기, 『고려 대각국사와 천태사상』, 민중서관, 1964.

조인성, 「최우 정권하의 文翰官」, 홍승기 편, 『고려무인정권 연구』, 서강대학교 출판부, 1995.

조좌호, 「麗代南班考」, 『동국사학』 5, 1967.

지명관, 「만적과 홍경래」, 『동서춘추』 1, 1967.

채상식, 『고려후기 불교사연구』, 일조각, 1991.

최병헌, 「천태종의 성립」, 국사편찬위원회 편, 『한국사』 6, 탐구당, 1975.

_____, 「한국 화엄사상사에 있어서의 의천의 위치」, 『한국화엄사상연구』, 동국대학교 출판부, 1982.

_____, 「고려 중기 이자현의 선과 居士佛敎의 성격」, 『김철준박사 화갑기념 사학논총』, 지식산업사, 1983.

최원영, 「임씨 무인정권의 성립과 붕괴」, 홍승기 편, 『고려무인정권 연구』, 서강대학교 출판부, 1995.

최진환, 「최충헌의 봉사십조」, 홍승기 편, 『고려무인정권 연구』, 서강대학교 출판부, 1995.

하현강, 「고려 지방제도의 일연구」, 『사학연구』 14, 1962.

_____, 「고려식읍고」, 『역사학보』 26, 1965.

_____, 「고려 현종의 정변」, 『사학연구』 20, 1968.

_____, 「고려 의종대의 성격」, 『동방학지』 26, 1981.

_____, 「무신정변은 왜 일어났는가?」, 『한국사시민강좌』 8, 1991.

_____, 「지방의 통치조직」, 국사편찬위원회 편, 『한국사』 13, 탐구당, 1993.

한국역사연구회, 『역사와 현실』 11, 1994.

허흥식, 『고려 과거제도사연구』, 일조각, 1981.

_____, 『고려불교사연구』, 일조각, 1986.

홍승기, 『고려시대 노비연구』, 한국연구원, 1981.

_____, 『고려귀족사회와 노비』, 일조각, 1983.

_____, 「고려 최씨 무인정권과 최씨가의 가노」, 홍승기 편, 『고려무인정권 연구』,

서강대학교 출판부, 1995.

今石二三雄, 「高麗朝における奴婢について」, 『桑原博士還曆紀念東洋史論叢』, 1931.

旗田巍, 「高麗の明宗・神宗代に於ける農民一揆」(1・2), 『歷史學研究』 2-4・5, 1934.

_____, 「高麗朝における寺院經濟」, 『史學雜誌』, 43-5, 1934.

_____, 「高麗時代における土地の嫡長子相續と奴婢の子女均分相續」, 『東洋文化』 22, 1957.

_____, 「高麗時代の賤民制度部曲について」, 『朝鮮中世社會史研究』, 東京:法政大學出版局, 1972.

_____, 「高麗時代の王室莊園 庄・處」, 『朝鮮中世社會史研究』.

金鍾國, 「高麗武臣政權の特質に關する一考察」, 『朝鮮學報』 17, 1960.

_____, 「高麗武臣政權と僧徒對立抵抗に關する一考察」, 『朝鮮學報』 21・22, 1961.

內藤雋輔, 「高麗兵制管見」, 『靑丘學叢』 15・16・18, 1934.

_____, 「高麗時代の重房及政房に就いて」, 『稻葉博士還曆紀念滿鮮史論叢』, 1937.

末松保和, 「高麗兵馬使考」, 『東洋學報』 39-1, 東洋學術協會, 1956.

武田幸男, 「高麗時代における通度寺の寺域支配」, 『東洋史研究』 25-1, 1966.

尹容均, 「高麗毅宗朝に於ける鄭仲夫亂の素因とその影響」, 『靑丘學叢』 2, 1930.

周藤吉之, 「高麗朝における三司とその地位」, 『朝鮮學報』 77, 1975.

池內宏, 「高麗の三別抄について」, 『史學雜誌』 37-9, 1926.

Buswell, Robert E. Jr., *The Collected Works of Chinul*, Honolulu: University of Hawai'i Press, 1983.

_____, *The Zen Monastic Experience*, Princeton: Princeton University Press, 1992.

Ch'oe Pyonghon(Byong-Hon), "Significance of the Foundation of Susonsa in the History of Koryo Buddism," *Seoul Journal of Korean*

Studies 1, 1988.

Ch'oe Yong-ho, *The Civil Examinations and the Social Structure in Early Yi Dynasty Korea: 1392—1600*, Seoul: Korea Research Center, 1981.

Davis, David Brion., *The Problem of Slavery in Western Culture*, Ithaca: Cornell University Press, 1966.

Deuchler, Martina., *The Confucian Transformation of Korea: A Study of Society and Ideology*, Cambridge, Mass.: Harvard University Press, 1992.

Duncan, John B., "Confuncianism in Late Koryo and Early Choson," *Korean Studies* 18, 1994.

_____, "Formation of the Central Aristocracy in Early Koryo," *Korean Studies* 12, 1988.

_____, *The Origins of The Choson Dynasty: Kings, Aristocrats, and Confucianism*, Seattle: University of Washington Press, 2000.

Duus, Peter., *Feudalism in Japan*, New York: Knopf, 1969.

Hall, John W., "Feudalism in Japan—A Reassessment," In *Studies in the Institutional History of Early Modern Japan*, ed. John W. Hall and Marius B. Jansen, Princeton: Princeton University Press, 1968.

_____, *Government and Local Power in Japan, 500 to 1700*, Princeton: Princeton University Press, 1966.

Hazard, Benjamin Harrison Jr., "Japanese Marauders and Medieval Korea," Master thesis, University of California at Berkeley, 1958.

Henthorn, William., *The Mongol Invasion of Korea*, Leiden:E. J. Brill, 1962.

Hurst, G. Cameron., "The Structure of the Heian Court: Some Thoughts on the Nature of 'Familial Authority' in Heian Japan," In *Medieval Japan: Essays in Institutional History*, ed. John W. Hall and Jeffrey P. Mass., Stanford: Stanford University Press, 1974.

Kang, Hugh H. W., "The Development of the Korean Ruling Class from

Late Silla to Early Koryo," Ph.D. dissertation, University of Washington, 1964.

_____, "Institutional Borrowing: The Case of the Chinese Civil Service Examination in Early Koryo," *Journal of Asian Studies* 24, no. 1, 1974.

Kracke, Edward A., *Civil Service in Early Sung China*, Cambridge, Mass.: Harvard University Press, 1953.

Kim Tangt'aek, "Im Yon's Regime and Koryo's Return of the Capital to Kaesong," *Korean Social Science Journal* 23, 1997.

Lee, Peter H., *Lives of Eminent Korean Monks: The Haedong Kosung chon*, Cambridge, Mass.: Harvard University Press, 1969.

_____, ed. *Sourcebook of Korean Civilization*. Vol. 1, New York: Columbia University Press, 1993.

Mass, Jeffrey., *Antiquity and Anachronism in Japanese History*, Stanford: Stanford University Press, 1992.

McMullen, David., *State and Scholars in T'ang China*, New York: Cambridge University Press, 1988.

Palais, James B., *Confucian Statecraft and Korean Institutions: Yu Hyongwon and the Late Choson Dynasty*, Seattle: University of Washington Press, 1996.

_____, *Views on Social History*, Institute for Modern Korean Studies, Special Lecture Series, No.2, Seoul :Yonsei University, 1998.

_____, "Land Tenure in Korea: Tenth to Twelfth Centuries," *Journal of Korean Studies* 4, 1982 · 83.

_____, "Records and Record Keeping in Nineteenth–Century Korea," *Journal of Asian Studies* 30, 1971.

_____, "A Search for Korean Uniqueness," *Harvard Journal of Asian Studies* 55, 1995.

_____, "Slavery and Slave Society in the Koryo Dynasty," *Journal of Korean Studies* 5, 1984.

Rogers, Michael C., "Koryo's Military Dictatorship and Its Relations with Chin," *T'oung Pao* 47, 1959.

_____, "National Consciousness in Medieval Korea: The Impact of Liao and Chin on Koryo," *In China Among Equals: The Middle Kingdom and Its Neighbors, 10th to 14th Centuries*, ed. Morris Rossabi, Berkeley: University of California Press, 1983.

_____, "P'yonnyon t'ongnok: The Foundation Legend of the Koryo State," Journal of Korean Studies 4, 1982~1983.

_____, "Sukchong of Koryo: His Accession and His Relations with Liao," *T'oung Pao* 47, 1959.

Rutt, Richard, ed. *James Scarth Gale and His History of the Korean People*, Seoul: Taewon, 1972.

Salem, Ellen, "Slavery in Medieval Korea," Ph.D. dissertation, Columbia University, 1978.

Sansom, George, *A History of Japan to 1334*, Stanford: Stanford University Press, 1958.

Shim Jae Ryong, "The Philosophical Foundation of Korean Zen Buddhism: The Integration of Son and Kyo by Chinul(1158−1210)," Ph.D. dissertation, University of Hawai'i, 1979.

Shultz, Edward J., "Ch'oe Ch'unghon: His Rise to Power," *Korean Studies* 8, 1984.

_____, "Institutional Developments in Korea Under the Ch'oe House: 1196−1258," Ph.D. dissertation, University of Hawai'i, 1976.

_____, "Military Revolt in Koryo: The 1170 Coup d'Eat," *Korean Studies* 3, 1979.

_____, "Twelfth Century Korea: Merit and Birth," *Journal of Korean Studies*(forthcoming).

_____, "Twelfth−Century Koryo Politics: The Rise of Han Anin and His Partisans," *Journal of Korean Studies* 6, 1983.

Weems, Clarenec N., ed. *Hulbert's History of Korea*, New York: Hillary

House, 1962.

Yi Kibaek(Kibaik Lee), "Korea: The Military Tradition," *In The Traditional Culture and Society of Korea: Thought and Institutions*, ed. Hugh H. W. Kang, Honolulu: Center for Korean Studies, 1975.

옮긴이의 글

연구를 포함한 모든 일의 가장 우선적인 가치는 새로움일 것이다. 이미 있는 것을 조금이라도 뛰어넘어 자신만의 독창적인 세계를 구축하는 것은 생명의 탄생과 성장에 견줄 만한 길고 어려운 과정이다.

그러나 바로 이 말이 알려주듯, 모든 새로움은 이미 있는 것을 바탕으로 한 부분적인 새로움이다. 그러므로 독창적 세계로 나아가려고 할 때 가장 먼저 해야 하는 작업은 기존의 성과를 빠짐없이 꼼꼼하게 살펴보는 것이다. 그런 수고가 선행되지 않는다면 새로운 성취라고 여겨진 일은 이미 있던 것의 반복이나 변주일 뿐으로 밝혀질 것이다.

번역은 익숙하지 않은 언어로 구축된 뛰어난 성과를 익숙한 언어로 바꿔 널리 전달하고 보급하는 작업이다. 종교 경전이나 과학 기술을 비롯한 수많은 역사적 선례가 보여주듯, 번역은 인식의 지평을 확장하고 지식을 보급하는 데 크게 기여했다. 새로움을 판정하는 기준 또한 그동안 몰랐거나 부분적으로만 알았던 성과의 전모가 번역으로 드러남으로써 한층 더 엄격하고 정교해졌다. 번역이 창조는 아니지만 교류와 탐구의 주요한 방식이라고 인정한다면, 해외에서 발표된 주요한 연구들을 좀더 적극적으로 번역해 소개할 필요가 크다고 생각한다.

이 책은 한국사에서 매우 독특한 국면인 고려 중기의 무신정권을 살펴본 연구다. 현재 해외 한국사 연구를 이끄는 대표적 학자 가운데 한 분인 저자의 주저라는 점에서 주의 깊게 읽어볼 필요가 있다고 생각한다. 그런 생각과 그 전모를 알고 싶다는 호기심 때문에 언어와 공부 모두 부족하지만 이 책을 번역하게 되었다. 저자의 의도와 원서의 체재를 훼손하지 않고 전달하고자 나름대로 최선의 노력을 기울였다.

그동안 지녀온 꿈과 목표를 생각해본다. 하루하루 열심히 살려고 노력할 뿐이다.

2014년 10월

김범

찾아보기

무신과 문신

1판 1쇄	2014년 11월 17일
1판 5쇄	2022년 10월 13일

지은이	에드워드 J. 슐츠
옮긴이	김 범
펴낸이	강성민
편집장	이은혜
마케팅	정민호 이숙재 김도윤 한민아 정진아 이민경 정유선 김수인
브랜딩	함유지 함근아 김희숙 고보미 박민재 박진희 정승민
제작	강신은 김동욱 임현식
독자모니터링	황치영

펴낸곳	(주)글항아리	출판등록 2009년 1월 19일 제406-2009-000002호

주소	10881 경기도 파주시 회동길 210
전자우편	bookpot@hanmail.net
전화번호	031-955-8897(편집부) 031-955-2696(마케팅)
팩스	031-955-2557

ISBN	978-89-6735-135-9 93900

www.geulhangari.com